Ong Iok-tek
王育德著
侯榮邦 等譯
台灣獨立的歷史波動

# 總序

日本昭和大學名譽教授
黃昭堂

轉瞬間，王育德博士逝世已經十七年了。現在看到他的全集出版，不禁感到喜悅與興奮。

出身台南市的王博士，一生奉獻台灣獨立建國運動。台灣獨立建國聯盟的前身台灣青年社於一九六〇年誕生，他是該社的創始者，也是靈魂人物。當時在蔣政權的白色恐怖威脅下，整個台灣社會陰霾籠罩，學界噤若寒蟬，台灣人淪爲二等國民，毫無尊嚴可言。王博士認爲，台灣人唯有建立屬於自己的國家，才能出頭天，於是堅決踏入獨立建國的坎坷路。台灣青年社爲當時的台灣人社會敲響了希望之鐘。這個以定期發行政論文化雜誌《台灣青年》，希望啓蒙台灣人的靈魂、思想的運動，說起來容易，實踐起來卻是非常艱難的一椿事。

當時王博士雖任明治大學商學部的講師，但因爲是兼職，薪水寥寥無幾。他的正式「職業」是東京大學大學院博士班學生。而他所帶領的「台灣青年社」，只有五、六位年輕的台灣留學生而已，所有重擔都落在他一人身上。舉凡募款、寫文章、修改投稿者的日文原稿、校正、印刷、郵寄等等雜務，他無不親身參與。

《台灣青年》在日本首都東京誕生，最初的支持者是東京一帶的台僑，後來漸漸擴張到神戶、大阪等地。尤其很快地獲得日益增加的在美台灣留學生的支持。後來台灣青年社經過改組爲台灣青年會、台灣青年獨立聯盟，又於一九七〇年與世界各地的獨立運動團體結合，成立台灣獨立聯盟，以至於台灣獨立建國聯盟。王博士不愧爲一位先覺者與啓蒙者，在獨立運動的里程碑上享有不朽的地位。

在教育方面，他後來擔任明治大學專任講師、副教授、教授。在那個時代，當日本各大學猶尚躊躇採用外國人教授之際，他算是開了先鋒。他又在國立東京大學、埼玉大學、東京外國語大學、東京教育大學、東京都立大學開課，講授中國語、中國研究等課程。尤其令他興奮不已的是台灣話課程。此是經由他的穿梭努力，首在東京都立大學與東京外國語大學開設的。前後達二十七年的教育活動，使他在日本眞是桃李滿天下。他晚年雖罹患心臟病，猶孜孜不倦，不願放棄這項志業。

他對台灣人的疼心，表現在前台籍日本軍人、軍屬的補償問題上。這群人在日本治台期間，或自願或被迫從軍，在第二次大戰結束後，台灣落到與日本作戰的蔣介石手中，他們既不敢奢望得到日本政府的補償，連在台灣的生活也十分尷尬與困苦。一九七五年，王育德博士號召日本人有志組織了「台灣人元日本兵士補償問題思考會」，任事務局長，舉辦室內集會、街頭活動，又向日本政府陳情，甚至將日本政府告到法院，從東京地方法院、高等法院、到最高法院，歷經十年，最後不支倒下，但是他奮不顧身的努力，打動了日本政界，於一九八六年，日本國會超黨派全體一致決議支付每位戰死者及重戰傷者各兩百萬日圓的弔慰金。這個金額比起日本籍軍人得到的軍人恩給年金顯然微小，但畢竟使日本政府編列了六千億日幣的特別預算。這個運動的過程，以後經由日本人有志編成一本很厚的資料集。這次【王育德全集】沒把它列入，因爲這不是他個人的著作，但是厚達近千頁的這本資料集，很多部分都出自他的手筆，並且是經他付印的。

王育德博士的著作包含學術專著、政論、文學評論、劇本、書評等，涵蓋面很廣，而他的《閩音系研究》堪稱爲此中研究界的巔峰。王博士逝世後，他的恩師、學友、親友想把他的這本博士論文付印，結果發現符號太多，人又去世了，沒有適當的人能夠校正，結果乾脆依照他的手稿原文複印。這次要出版他的全集，我們曾三心兩意是不是又要原封不動加以複印，最後終於發揮我們台灣人的「鐵牛精神」，兢兢業業完成漢譯，並以電腦排版成書。此書的出版，諒是全世界獨一無二的經典「鉅著」。

關於這本論文，有令我至今仍痛感心的事，即在一九八〇年左右，他要我讓他有充足的時間改寫他的《閩音系研究》，我回答說：「獨立運動更重要，修改論文的事，利用空閒時間就可以了！」我眞的太無知了，這本論文那麼重要，怎能是利用「空閒」時間去修改即可？何況他哪有什麼「空閒」！

他是我在台南一中時的老師，以後在獨立運動上，我擔任台灣獨立聯盟日本本部委員長，他雖然身爲我的老師，卻得屈身向他的弟子請示，這種場合，與其說我自不量力，倒不如說他具有很多人所欠缺的被領導的雅量與美德。我會對王育德博士終生尊敬，這也是原因之一。

我深深感謝前衛出版社林文欽社長，長期來不忘敦促【王育德全集】的出版，由於他的熱心，使本全集終得以問世。我也要感謝黃國彥教授擔任編輯召集人，及《台灣—苦悶的歷史》、《台灣話講座》以及台灣語學專著的主譯，才能夠使王博士的作品展現在不懂日文的同胞之前，使他們有機會接觸王育德的思想。最後我由衷讚嘆王育德先生的夫人林雪梅女士，在王博士生前，她做他的得力助理、評論者，王博士逝世後，她變成他著作的整理者，【王育德全集】的促成，她也是功不可沒。

# 序

王雪梅

育德在一九四九年離開台灣，直到一九八五年去世爲止，不曾再踏過台灣這片土地。

我們在一九四七年一月結婚，不久就爆發二二八事件，育德的哥哥育霖被捕，慘遭殺害。

一九四九年，和育德一起從事戲劇運動的黃昆彬先生被捕，我們兩人直覺，危險已經迫近身邊了。在不知如何是好，又一籌莫展的情況下，等到育德任教的台南一中放暑假之後，育德才表示要赴香港一遊，避人耳目地啓程，然後從香港潛往日本。

一九四九年當時，美國正試圖放棄對蔣介石政權的援助。育德本身也認爲短期內就能再回到台灣。

但就在一九五〇年，韓戰爆發，美國決定繼續援助蔣介石政權，使得蔣介石政權得以在台灣苟延殘喘。

育德因此寫信給我，要我收拾行囊赴日。一九五〇年年底，我帶着才兩歲的大女兒前往日本。

我是合法入境，居留比較沒有問題，育德則因為是偷渡，無法設籍，一直使用假名，我們夫婦名不正，行不順，當時曾帶給我們極大的困擾。

一九五三年，由於二女兒即將於翌年出生，屆時必須報戶籍，育德乃下定決心向日本警方自首，幸好終於取得特別許可，能夠光明正大地在日本居留了，我們歡欣雀躍之餘，在目黑買了一棟小房子。當時年方三十的育德是東京大學研究所碩士班的學生。

他從大學部的畢業論文到後來的博士論文，始終埋首鑽研台灣話。

一九五七年，育德為了出版《台灣語常用語彙》一書，將位於目黑的房子出售，充當出版費用。

育德創立「台灣青年社」，正式展開台灣獨立運動，則是在三年後的一九六〇年，以一間租來的房子為據點。

在育德的身上，「台灣話研究」和「台灣獨立運動」是自然而然融為一體的。

育德去世時，從以前就一直支援台灣獨立運動的遠山景久先生在悼辭中表示：「即使在你生前，台灣未能獨立建國，但只要台灣人繼續說台灣話，將台灣話傳給你們的子子孫孫，總有一天，台灣必將獨立。民族的原點，既非人種亦非國籍，而是語言和文字。這種認同，最具體的證據就是『獨立』。你是第一個將民族的重要根本，也就是台灣話的辭典編纂出版的台灣人，在台灣史上將留下光輝燦爛的金字塔。」

記得當時遠山景久先生的這段話讓我深深感動。由此也可以瞭解，身爲學者，並兼台灣獨立運動鬥士的育德的生存方式。

育德去世至今，已經過了十七個年頭，我現在之所以能夠安享餘年，想是因爲我對育德之深愛台灣，以及他對台灣所做的志業引以爲榮的緣故。

如能有更多的人士閱讀育德的著作，當做他們研究和認知的基礎，並體認育德深愛台灣及台灣人的心情，將三生有幸。

一九九四年東京外國語大學亞非語言文化研究所在所內圖書館設立「王育德文庫」，他生前的藏書全部保管於此。

這次前衛出版社社長林文欽先生向我建議出版【王育德全集】，說實話，我覺得非常惶恐。《台灣—苦悶的歷史》一書自是另當別論，但要出版學術方面的專著，所費不貲，一般讀者大概也興趣缺缺，非常不合算，而且工程浩大。

我對林文欽先生的氣魄及出版信念非常敬佩。另一方面，現任教東吳大學的黃國彥教授，當年曾翻譯《台灣—苦悶的歷史》，此次出任編輯委員會召集人，勞苦功高。同時，就讀京都大學的李明峻先生數度來訪東京敝宅，蒐集、影印散佚的文稿資料，其認眞負責的態度，令人甚感安心。乃決定委託他們全權處理。

在編印過程中，給林文欽先生和實際負責編輯工作的邱振瑞先生以及編輯部多位工作人員造成不少負荷，偏勞之處，謹在此表示謝意。

二〇〇二年六月　王雪梅謹識於東京

# 目次

# 台灣人意識與中國人意識

本文想要探討的是九百萬本土台灣人的意識形態，以及形成該意識形態的歷史過程。至於該意識形態將帶來怎樣的價值觀，以及要以何種政治體制來應對較妥當，等等問題，我希望交給讀者自行判斷，本文將不會觸及。

## 台灣人意識與中國人意識

筆者身為一個本土台灣人，根據我的觀察及向多位友人採證，再依據許多文獻資料，盡可能客觀進行考察的結果，發現絕大多數的台灣人都有一個共同點，那就是他們意識到自己是台灣人。我的結論一定會招致部分台灣人的激烈抨擊，但是攻擊我的那些人，正是屬於絕對多數之外的少數派。

我可以確定地指出，目前有兩個極端的看法，亦即異於中國人的台灣人意識以及以中國為正統的中國人意識。事實上，前者多支持台灣獨立運動，後者則多攻擊台灣獨立運動。二者立場雖不同，卻有一個共同點，即任何一方都主張自己和絕對多數的台灣人有相同意識，也都主張能代表對方。雖然台灣能否全民公投仍有疑問，但第三者很難在這兩個對立的主張之間做出判斷。

對此，筆者這樣判斷：從正面來看，台灣人意識會漸漸增強，但從反面來看，中國人意識亦會逐漸削弱，進而在某處變得模糊。即使是同一個人，也會因環境變化或某種刺激，使這兩種意識的強弱有所改變。當台灣人意識占絕對多數時，即可看出另一些人以某種步調減弱中國人意識。

附帶一提的是，如果想要論述旅日台灣人的意識，則很明顯地可以發現他們和島內的台灣人不同，這是因為日本和台灣的環境不同所致。在一般日本人眼中，旅日台僑與日本華僑是一樣的。也就是說，旅日台僑與日本華僑在意義上相同。在日本，兩者間的對立關係幾乎不存在。大部分旅日台僑所抱持的意識並不固定，他會依刺激性質的不同，各自抱持台灣人意識或中國人意識。對象若是日本人，異鄉人通常會自發性地將它當作一種護身符，因此中國人意識（以中華人民共和國為主）較強於台灣人意識。若對象設定在日本出生的第一代台僑，一般來說會較為單純。戰後美蘇的對峙，顯示資本主義和社會主義的對立與割裂關係，也由於社會的正義感普遍傾向中共，而明確地支持中國人意識，台灣人意識則被視為邪惡的思想。

但在這樣的環境下，雖說日本沒有政治上的對立，但先天上、歷史上、習慣上、感情上的對立並不容易忘卻。在台灣島內激烈的政治對立之下，經過眼、耳的傳達，台灣人意識自然顯得強烈。

## 歷史產物下的台灣人意識

台灣人意識並非昨天或今天突然產生的，也不是部分野心家利用人爲的移植或煽動就能形成。它是過去四世紀以來台灣歷史下的產物，是經歷不同時代、不同殖民者，在持續對立的關係中，慢慢於台灣人心中萌芽生成。現在，正以更強的力量牽引著台灣人意識的是中國人意識。當然，這是基於台灣人從大陸渡海而來的這個事實。

台灣「自古即屬中國神聖的領土」，這是中共與國民黨政府都提出的主張，而信服這種說法的外國人也不在少數。然而，這個主張眞是建立在正確的歷史認知上嗎？即使以領土來說，我們能無視一百八十公里的台灣海峽所分隔的這個地理環境嗎？以下，我們一面回顧台灣的歷史進程，一面詳述它與台灣人意識的形成有何關聯。

## 台灣的「前史」

台灣島最早記載於中國的《漢書地理志》（西元一世紀），當時稱之爲「東鯷」。《吳志》「孫權傳」(西元三世紀)中稱爲「夷州」。《後漢書》「東夷傳」(五世紀)中，沈瑩(三國時代的人)引用《臨海水土志》(散佚)的記載，提及「夷州在臨海(現浙江省臨海)東南，去郡二千里」、「土地無雪霜，草木不死。四面山谿，爲山夷所居」、「人皆髡頭穿耳」、「唯用鹿觡之矛以戰鬥，摩礪青石以作矢鏃」。很明顯地，那不是漢人的島嶼。

台灣與大陸最早的接觸始於隋大業六年(西元六一〇年)，亦即虎賁中郎將陳稜遠征攻打番人之役。後來中共賦予這個事件許多不同的意義，並廣爲宣傳利用。總之，當時的中國人和台灣已有過接觸。

在《舊唐書》(十世紀)與《新唐書》(十一世紀)中沒有任何關於台灣的記載。主要是當時的大唐帝國，單是弱小鄰邦相繼來朝進貢已忙得不可開交，豈會將台灣放在眼裡?到唐朝中葉以後，有施肩吾(江西人)率領族人移住澎湖島，此點雖亦爲連雅堂的《台灣通史》所記載，但卻不爲大家所公認。

陳稜的遠征並不是妄動之舉。根據市村瓚次郎博士的考證，《漢書地理志》中的「東鯷」和《吳志》「孫權傳」中的「夷州」，就是現今的台灣。由於沈瑩在《後漢書》「東夷傳」中引用《臨海水土志》對「夷州」進行詳細說明，陳稜的遠征軍才被派遣至此。

《文獻通考》(元延祐六年，西元一三二九年)中難得出現台灣的相關記錄。書中記載：宋淳熙年間(十二世紀後葉)，台灣的番人酋長曾率數百名部下在福建沿海地區進行掠奪。

《元史》「流求傳」記載：至元二十八年(西元一二九一年)時，楊祥曾遠征台灣，但因爲發生內鬨，失敗而歸。大德元年(西元一二九七年)，高興也曾派遣部將遠征台灣，並俘擄當地番人帶回國內。此時，已有一千多名漢人居住在澎湖島上。記載指出，馬公港一年中最多曾停泊過數十艘貿易船。此後，在元末的至正二十年(西元一三六〇年)時，元朝政府爲了取締漁民，在澎湖島設立巡檢司，隸屬於福建省同安縣。

明洪武五年(西元一三七二年)，湯和因擔心澎湖島民不肯臣服於政府，乃對島民發出強制命令，派遣大軍與之爭戰，再於洪武二十一年(西元一三八八年)將所有島民撤回福建，並廢除設於澎湖的巡檢司。

後來，台灣本島與澎湖島從海盜根據地變成日本朱印船的停泊港岸。十六世紀末，航經台灣近海的葡萄牙船員把台灣取名爲"Ilha Formosa"(美麗之島)。

一六二四年，荷蘭人進駐安平，建熱蘭遮城，從此至一六六一年的三十八年間，一直統治著台灣島。天啓二年(西元一六二二年)，荷蘭艦隊襲擊葡萄牙的根據地澳門失敗之後，便北上佔領澎湖島。天啓四年，福建巡撫派兵與荷蘭艦隊開戰，並約定如果荷蘭撤出澎湖島，明朝同意其佔領台灣，但荷蘭軍仍在猛攻之下才進駐台灣島。

以上是鮮爲人知的台灣「前史」概略。這部「前史」與現在的台灣沒有什麼直接的關係。還有一件事必須指出，澎湖島上在十四世紀初有一千多名移民，明朝因對其厭惡而出兵加以討伐。可以想見當時的移民是如何地憤怒、怨恨!這或許可說是台灣人與中國人對立的開始。

在荷蘭領台時期，住在今天台南地區的荷蘭官民約有六百名平民和二千名守衛兵士，而漢人移民約有二萬五千到七萬戶，人口約有十萬人。當時的開發主要是在台南地區，因此估計當時台灣全島的移民至多不會超出十五萬人。之所以會有這些移民，原因之一是明末持續發生旱災，難民大舉至台避難，另一個原因是鄭芝龍與荷蘭人大力鼓勵殖民的緣故。

做爲統治者的荷蘭人隨之移住台灣，但較荷蘭人早到台灣的漢人也不在少數，因爲顏思齊、鄭芝龍等海盜從很早以前就以台灣爲根據地，而且當時日本人也能自由進出台灣。我不認爲這些先住者會無條件接受荷蘭人的統治。以日本人濱田彌兵衛當時抗拒荷蘭人的徵稅即可證實。一六五七年，郭懷一爲了教訓荷蘭人，還組織移民引發大暴動。郭懷一的反抗值得大書特書，移民軍雖然在普羅民遮城遭荷蘭軍殲滅而受挫，但因有原住民前來支援，反而使得熱蘭遮城的荷軍飽嚐強烈反撲的苦頭，由此便可看出原住民、移民與荷蘭人之間的對立關係。

從郭懷一暴動事件到鄭成功進駐台灣，歷時僅僅四年。由此不難想像移民們將鄭成功視爲解放者而大肆歡迎的情形，許多文獻資料對此也都有記載。移民們擁護鄭氏政權打著「反清復明」的口號，就如同今天國民黨政府高唱「反攻大陸」的政策一般，其中存在著很大的問題。

明末有部分知識份子渡海來台，教化移民，給予文化上的薰陶，又教導移民基本的經商概念，此舉被賦予極高的評價。然而，鄭氏政權對移民的管理較荷蘭人嚴格，其強壓搾取也是不爭的事實。在荷蘭人重商主義的方針下，移民們已懂得提高貿易的利潤。鄭氏政權比較重視農業政策，以強行收奪土地爲主。荷蘭人對原住民採取教化政策，但鄭氏政權卻不斷施以殘酷的武力鎭壓，由此也能窺見其部分政策。特別是在鄭成功和陳永華死後，因嚴厲要求協助防備清軍的進攻，使得移民的民心完全渙散，只有期待施琅軍隊的到來。因此，我們可以看到移民與鄭氏政權在這個時代的對立狀態。

台灣納入中國版圖的正式記錄是在清康熙二十二年(西元一六八三年)。清朝沿襲明朝時期的對台政策，將移民強行送返大陸，意圖淨空台灣本島。倘若沒有施琅上諫，洪武年間的慘烈事件早就再度上演。但他對移民的猜忌與嫌惡亦極爲強烈，直到乾隆二十五年(西元一七六〇年)爲止約一百年間，新定的法規都持續禁止或限制移民活動。

## 移民的性格

儘管有些台灣人自稱「我們的祖先來自大陸」，但這些人無法想像當時先民們是以何種心情渡海來台。其中不但有政府無情的法令，更須渡過颱風肆虐的海峽，乍到時，既要面對瘴癘之地，還得防備生番的獵首攻擊，只能一手拿槍一手拿斧從事開墾。《台灣縣志》記載：

「謹畏者不來，重厚者不來，有身家妻子者不來，士農工商卓然可以自立於內地者不來。無所依者必來，有所迫者必來，多所貪者必來，窘所施者必來。」其中甚至包括流氓集團。如果知道自己的祖先是流氓，台灣人會覺得可恥嗎？我覺得沒有必要。如同英國人以海盜子孫為榮，台灣人也要以自己是流氓子孫為榮。

對這些流氓來說，台灣是大陸所痛恨之地，卻是他們的希望之地。即使如此，他們仍多少對大陸有懷鄉之情，但沒有人想再回去大陸生活。以下將我個人的考察提供大家參考：台灣人稱大陸為「唐山」，稱大陸來台短期旅行者為「唐山客」，從這些稱呼中，可看出其對大陸懷有「熟悉」、「思鄉」等情緒。他們想觀光之地，首為福建舊蹟或是蘇州名勝，大家會選擇探訪這些地方一了思鄉之情，但我認為他們並不會長住大陸。

今天，渡海來台的中國人會對台灣人微聲說：「你們是早先來到台灣的中國人，我們是比你們晚一步來到台灣的中國人。你們不會排斥我們吧？」然而，渡海來台的早晚，不是問題所在。因為台灣人祖先渡台的時期也不盡相同。有的在明末；有的在道光初年；也有的在光緒年間來台。當新人來到台灣時，也許會受到當地先到者的排斥（勞動者受到歡迎的可能性比較大），我們不難想像當時也許會有新來者與先到者的對立。除此之外，史料還記載福建族群與客家族群的對立。即使同樣是福建籍，也有像泉州籍與漳州籍的對立，可見當時還是存在著種種的對立關係。然而，這些對立最晚在台灣割讓給日本後就幾乎消失了，因為他們必須先團結起來與日本人對立。日本據台後就沒有來自大陸的移民了。

不過，話說中國人，本身就語義模糊。他們是爲了根留台灣或爲開發建設而來呢？還是只將台灣當成一時的避難所呢？他們大多像是爲了證明台灣嚴苛的現狀，希冀搾取和統治台灣人而來。如果他們守著新來者的本分，如同以往來台的新來者，協助先到的台灣人進行開發建設，我確信現在的台灣人也會熱烈歡迎他們。

## 中國版圖中的台灣

清朝從康熙二十二年（西元一六八三年）到光緒二十一年（西元一八九五年）間，統治台灣長達二百一十二年，但政治方面並沒什麼作爲。伊能嘉矩說：「清朝領台二百餘年，大半對匪徒的作亂和掠奪視而不見。」所謂「三年一小反、五年一大亂」的盜匪之亂，是移民對清朝政府的一種反抗。

有人說台灣「三年一小反、五年一大亂」，絕對不是因台灣的特殊環境才發生，而是繼承整個大陸對清朝統治的反抗活動。這是不知歷史的人所做的政治性發言。清朝的康熙（六十年）、雍正（十三年）、乾隆（六十年）三帝被稱爲中國史上最安定繁榮的時代，進入道光、咸豐後，國運漸衰，但也有同治年間的中興等。而台灣的政治景況又是如何呢？道光末年的分巡台灣兵備道——等於現在的台灣警備總司令——徐宗幹表示：「各省吏治之壞，至閩而極，閩中吏治之壞，至台灣而極。」道光十三年（西元一八三三年）二月，從駐屯兵的記錄《東華錄》中得知「台兵（從大陸輪流來台駐屯的兵士）居住娼家，整日聚賭，攬載違禁品，欺虐百姓……」官員爲亂，民不聊生。一八三四年的《中華叢報》卷二曾引用同年五月十八日的廣東《REGISTER》，其中提到：「台灣總人口有二百到三百萬，大部分爲農民或廈門地方的商人、漁民、船夫等，住民人數雖不少，但卻都是一些無賴，惡意違背國家法令條規，特別是島內出生的人民，因種族結合而不承認清國官吏爲統治者。台人雖不服從政府，但十分勤勞。政府官吏因遠離本國監督，更恣意對住民施以苛法，貧困移民爲償還負債，委身於官吏之下，以奴隸身份受官吏箝制。另一方面，面對當局的無法無天，住民結夥進行抗爭。官吏的壓迫是經常發生反叛的重要原因。」

從各種史料的記載，清領時代與荷蘭、鄭氏政權相比，其移民與政府的對立關係給我的感觸更爲深刻而廣泛。

因此，甲午戰爭後日方提出割讓台灣的要求時，清朝政府便極爲爽快地答應。日本所要求割讓者，除台灣之外，還包含遼東半島。對於割讓遼東半島，清朝強硬反對，因爲他們認爲遼東是骨肉之地。清朝的反對招致三國干涉，日本只好抱憾而歸。

台灣割讓之際，我們應如何解釋台灣民主國的建立呢？此點衆說紛紜，難有定論。我認爲這是對未知的新統治者本能上的恐懼，使得移民和清吏合作進行對抗。台灣民主國的首腦人物為台灣巡撫唐景崧(廣西人，任總統)、南澳鎮總兵幫辦台灣軍務劉永福(廣東人，任抗日主力軍)、兵部主事丘逢甲(台灣人，任副總統兼義勇統領)、副將陳季同(任外長，前法國駐在參事官)、撫墾局幫辦林維源(台灣人，任議會議長)，他們會發起台灣獨立，不難理解。慌亂中成立的獨立國政府抱著對清一面倒的方針，以現在發達的民主制度、普及的媒體來類推，不難認為大多數移民對此深有同感，然而妄下斷言，仍很危險。

台灣民主國成立於一八九五年五月二十日，總統唐景崧從淡水遁逃是在六月五日。就連頑強抵抗的劉永福也於十月十九日逃往廈門。由此可知建構台灣民主國的本質為何。在這期間，殘留的移民仍做困獸之鬥，直至大正四年(西元一九一五年)的西來庵事件為止，持續有近二十年的武力抗爭。

日本取得台灣後，遵照國際慣例，賦與移民選擇國籍的權利。在兩年之內，想回大陸者，保障其生命財產，期限過後還繼續留下者，則視為日本臣民。當時的移民是否知道選擇國籍的權利呢？此點實在令人懷疑。《台灣大事表》(大正十四年六月，台灣經世新報社)明治三十年五月的記載中，「因為本島人入籍期限在即，謠言流布，土匪檄文隨處張貼，因而有不少資產家撤回清國」(一日)、「至住民決定去留之期，台灣住民移出者在台北縣有一五七四人，台中縣有三〇一人，台南縣有四五〇〇餘人，澎湖島有八一人」(八日)。累計全島移出人數不超過一萬人。以日本領台時的總人口數(除去軍人)有二六二萬七六五六人來看，移出者未達〇・〇四%。大多數留住者是否願意成爲善良的日本臣民呢？那是不可能的。如果他們眞的願意，則在前期如此激烈的武力抗爭後，即沒有理由在後期進行政治鬥爭。對他們而言，大陸是應該回歸的故鄉——但已經不是祖國。除了堅信「生爲台灣人，死爲台灣鬼」之外，移民沒有其他生存之道。

即使如此，日本領台時代，台灣人的抵抗精神支柱就是「中國」的存在這個事實。在前期抗爭中，除有大陸革命風潮所給予的影響外，更有革命同盟會志士潛入組織反叛活動，而後期的政治鬥爭係受五四運動所給予的重大影響，當時只要政治鬥士們遭遇失敗，便一定會逃回中國。儘管如此，台灣人受到日本的政治、經濟、社會、文化等各方面的影響也很多，因而在不知不覺間形成日本人的要素，這也是不爭的事實。因此，在台灣承受迫害而「流亡內地」者，亦爲數不少。

筆者認爲，全面性、計畫性地滲入日本人的要素，必須花上很長的一段時間。無可否認地，台灣人的意識形態，不是中國人，也不是日本人，而是存在著一種獨特的形式。以唯物論的看法，人的意識形態會隨其生活環境而衍生。

接著，筆者將一八九五年以後三十年間台灣人的生活環境與中國人作個簡單的比較。

| | 台灣 | 中國 |
|---|---|---|
| 一八九六年 | 第一次戶口調查，創設國語學校，輸入夏威夷產之甘蔗種苗 | 中俄密約，簽定東清鐵路契約 |
| 一八九七年 | 發佈台灣銀行法 | 德國佔領膠州灣 |
| 一八九八年 | 兒玉・後藤搭檔就任，發佈保甲條令，三井台北支店成立 | 德國租借膠州灣，俄國租借旅順、大連，英國租借威海衛，戊戌政變 |
| 一八九九年 | 設立台灣銀行，創設醫學院，名士渡台 | 法國租借廣州灣，美國高唱門戶開放 |
| 一九〇〇年 | 解除纏足、開設揚文會、公共電話，台糖創業 | 義和團之亂 |
| 一九〇二年 | 伊能嘉矩發行台灣誌 | 梁啓超發行新民叢報 |
| 一九〇五年 | 台灣土地調查完結，發佈臨時台灣舊慣調查會章程 | 廢科舉，設立戶部銀行，結成中國革命同盟會 |
| 一九〇六年 | 發佈台灣種痘規則，新渡戶博士渡台 | 革命運動蜂起 |
| 一九〇七年 | 本島命令航路 | 革命運動蜂起 |
| 一九〇八年 | 縱貫鐵路開通，公佈民事令 | 制定憲法，德宗、西太后崩 |
| 一九一〇年 | 台北市內電話、無線電信開始 | 開設資政院 |
| 一九一一年 | 斷髮會，花蓮港線開通，全島電信開通 | 辛亥革命 |
| 一九一二年 | 商銀貯銀開行，商事會社相繼創立 | 成立中華民國，袁世凱任大總統 |
| 一九一三年 | 常陸山一行巡業，全島產繭及果物展覽會 | 二次革命勃發，中俄條約簽署 |

| 一九一四年 | 風俗改良會，飛機准予飛翔，台灣同化會發起，新台灣雜誌於東京發行 | 一月國會解散，日本軍佔領青島 |
| --- | --- | --- |
| 一九一五年 | 同化會解散，西來庵事件 | 二十一條要求，護國軍起義 |
| 一九一六年 | 勸業共進會，全國新聞記者大會，全島自行車競走大會 | 袁世凱死，黎元洪繼任大總統 |
| 一九一七年 | 廈門觀光團來台，早大棒球隊來台，私立學校陸續設立 | 張勳復辟運動，文學革命興起 |
| 一九一八年 | 政談大演說會，全島礦業大會，國勢調查施行令，設置商業會議所 | 奉天軍進擊關內，徐世昌任大總統，高呼南北停戰 |
| 一九一九年 | 公佈台灣教育令，公佈高等學官制，台電設立 | 五四運動 |
| 一九二〇年 | 謝文達訪問鄉里，台中商業遊行，台灣青年創刊 | 安直戰爭，廣西廣東交戰 |
| 一九二一年 | 美國棒球隊來台，汕頭觀光團來台，公佈府評議會員官制，台灣文化協會成立 | 外蒙叛亂，孫文就任廣東政府大總統，中共結成，阿Q正傳出版 |
| 一九二二年 | 朝鮮視察團來台 | 直奉戰爭，新憲法公佈 |
| 一九二三年 | 民法商法施行，台灣議會設置運動，杜聰明台灣人醫博第一號 | 第二次直奉戰爭，曹錕賄選 |
| 一九二四年 | 施行刑事訴訟法，公益會幹部會，文化協會總會成立 | 第三次直奉戰爭，馮玉祥侵入北京，段瑞祺執政就任 |
| 一九二五年 | 始政三十年紀念展覽會 | 孫文逝世，五卅事件 |

日本的統治為台灣帶來政治上的安定，其資本主義的進出也為台灣帶來急速的現代化。另一方面，大陸正處於清末民初的動亂期，人民的基本生活受到威脅，而近代化卻遙遙無期。

若論述日本的殖民地統治政策，於現在的時點來看，並無任何意義。就如同在印度與巴基斯坦分離獨立運動命運攸關的時刻，談論英國人分化政策的好壞，同樣沒有任何意義。我們應該認清現實，進而思考未來我們應該如何求取進步。

日本於第二次大戰戰敗，當知道中國將取代日本統治台灣時，大多數台灣人在心中出現一抹不安，但卻又開心地回歸祖國，當時他們認為自己是中國人。直至目前，看到筆者說明的讀者在為當時台灣的中國人意識感到驚異時，一定會懷疑實質上究竟如何？之後，立刻就證實這只是極短暫的中國人意識。

當時台灣人回歸祖國的感覺，事實上是歷經五十年戰勝日本的喜悅（雖然不是憑一己之力戰勝），與即將回歸苦難時期的心中精神支柱——「中國」的懷抱，台灣人誤認自己就要與中國人擁有平等的政治權力了。

然而，中國人卻以新統治者的身分統御台灣，當人們得知自己的地位並不會有所改變時，即開始與中國人對立。當時為統治者的日本人，台灣人因憎惡而罵其為狗，然而對新統治者的中國人，除了憎惡還加上輕蔑，因此以豬做為中國的象徵。狗因吠叫而讓人害怕，而豬除了下等之外，從來不勞動也是惹人討厭的原因。

此種對立比預期還早到達爆發點，那即是二二八事件。王添灯起草的「三十二條要求」中，表明台灣主張高度自治。此時，台灣人與中國人的對立確實已經到了流血革命一般的尖銳化，可是台灣人沒有想到自己並未脫離中國的政治圈。但還是有補救的策略，即大陸來台的中國人改變其統治態度，給予台灣人平等的政治權利。事實上，陳儀曾做過該項承諾，反抗果然快速地平息。但是陳儀卻瞞著台灣人從大陸調來軍隊，中國人再度對台灣人施行徹底的鎮壓。之後，台灣人與中國人之間的對立更加嚴重，台灣人產生極明確的台灣人意識，而台灣獨立運動也蓄勢待發。

雖然如此，台灣人仍對中國不能忘情。國民黨政府逃至台灣的一九四九年，大多數台灣人都不清楚它的本質，心中還抱著一線希望，心想若蔣介石能親臨台灣調解二二八事件，則陳儀、魏道明等殘餘軍閥的惡政就會馬上遭到改革。然而，蔣經國擴張其特務組織，這次是以軟刀殺人的方式，有計畫地對台灣人展開新的鎮壓。至今，台灣人在國民黨政府的統治下，已經對將來不抱任何幻想和希望。從台灣來的觀光客都說：大多數的台灣人希望能夠獨立或交付聯合國託管。我也從各種資料中看出這種判斷。然而，儘管希冀能夠獨立，台灣人是否能明確地抱持台灣人意識，堂而皇之地提出獨立的主張呢？我對此點還是存有疑問。國民黨政府崩潰後——沒人相信有任何人能讓國民黨政府起死回生，中共所謂「解放」的實現性也不存在。此外，台灣也不想成爲美國的殖民地，也許就是採取這種不拒絕也不答應的消極態度，使得情況不得不朝獨立或聯合國託管的方向前進。

如果國民黨政府的統治者能下一劑猛藥，跳脫與台灣人的對立關係，那麼也許還有補救之道。中共從遙遠的西北延安支持著台灣的二二八事變，當時若能提出十五年來的一貫防線——要求台灣人擁護自治，那麼也許台灣人頓時就能區別中國人的好壞，而強忍著等待中共「解放」台灣。屆時，之前流亡海外推動台灣獨立運動的人士便會喪志，獨立運動也將會受挫。然而，中共在一九五七年秋天對謝雪紅及其所帶領的「台盟」進行「強化地方意識」的整肅以來，即停止對台灣人的號召，反而轉換爲向國民黨政府要人招手的政策。中共應該活用打倒國民黨政府的經驗，將台灣人吸收爲同伴，持續攻擊一味替蔣介石撐腰的美國。如此一來，即使中共的軍事力量再弱，無法渡過台灣海峽，即使讓台灣看到能藉由「美國之力」獨立，但是台灣人也許會在某一天擺脫美國，投身於中共的懷抱。

從以上的歷史考察，我得到一個結論。台灣人在三百五十年之間交替對抗各種勢力，持續這種強烈對立的結果，就是一種獨特的台灣人意識。

這股台灣人意識是從他們身上自然發生的，依各人的情況不同，有些人在無意中就會抱持這股意識，但不能忘記的是，對立者常會加以意識性地勸說。由於時間過於長久，無法取得正確的資料，在此予以省略，至少在日治時代，日本人常稱台灣人爲「清國奴」。此外，板垣退助創設台灣同化會時，在台日本人卻堅持主張台灣人與日本人是完全不同的民族，同化會不久即自行解散。國民黨政府統治時代，中國人只要一開口，就會語帶輕蔑地說：「你們接受的是日本人的奴化教育。」不僅立法委員在議會中稱呼台灣人是「未開化的頑民」，就連文盲的中國三輪車夫也會在台灣人下車後吐著口水罵道：「什麼東西嘛，台灣的野蠻人。」中共為什麼要轉換其台灣政策呢？是不是忘記國民黨政府壓迫人民的往事，認為台灣人不可能迎合中共歷來的口號，因為他們不可能認識毛澤東、周恩來等人。如果中共能相信台灣人就像大陸的農民、勞動者一般，經過三十年的內戰而希冀擺脫戰爭的他們，在打倒國民黨政府後仍會回歸他們的懷抱。但那是絕對不可能的。中共和國民黨政府一樣，台灣人這個特殊的集團是不可能取得他們信任的。我們只能這麼解釋，台灣人無需懷有信任中共的情義。今後台灣人意識將會愈來愈強大，這股意識是不可能被削弱的。

（手稿・一九六二年一月二十日）

# 一個台灣獨立論者的主張

在親共台灣人或左傾的日本人看來，台灣人尋求獨立的願望，常被指稱為一部分懷有野心的獨立運動者偽造與欺騙的行徑。

我即是被這種砲火集中攻擊的其中一人，他們企圖使我與同志失去社會信用，慣用「買辦化的本土資產階級」（《世界》去年三月號，陳來明），或「他們預期可能取代日本人的地位，結果卻因權位悉數被國府集團壟斷，從而產生前途破滅的情緒性反彈」（《世界》今年二月號，周望曉）等，散佈不實的謠言。

由於《世界》是一本高格調的評論雜誌，所以陳氏或周氏的筆鋒都還算客氣，若是親共華僑總會發行的宣傳品，一定會用「數典忘祖」、「出賣民族」、「美國帝國主義走狗」來咒罵與醜化。

最為敵視獨立運動的國民黨政府也採取同樣的態度。他們因有「第三次國共合作」的焦躁感，所以「台奸」份子（如內政部長連震東、無任所大使蔡培火等）即大放厥詞說：「我們永遠是中國人，獨立是荒唐的事！」此外，還有日本學者木內氏爲國民黨政府辯護說：「台灣人有今日的成就，全託國民黨之福。」

在自由主義世界中，沒有比不懂還裝懂更危險的了。社會黨和日中友好協會目前不斷高喊「台灣爲中國的神聖領土」、「解放台灣爲中國的內政問題」，我不禁想問：他們到底對台灣問題研究過多少，憑什麼聲嘶力竭地亂喊？我想警告的是：思而不學則殆！

也有部分自由主義的日本人對蔣介石的「以德報怨」感恩戴德，因而忽視國民黨政府過去的暴政。若要論日本人的利益，過去五十一年間台灣對日本經濟的貢獻是無可估量的。數百萬台灣人付出五十一年的貢獻，難道不值蔣介石一分鐘的談話嗎？

有一位日本記者對我表示，他因畏懼中共的壓力與對國民黨政府的信義，使他遲遲無法執筆。我覺得他也許是出於日本曾侵略中國的原罪意識，因而有「即使犧牲九百萬台灣人也不得不屈就」的變態心理在作祟。

證據之一即爲最近發生在印尼的西伊里安紛爭，日本各大新聞豈不是一致喊出正義之聲，要大家聽一聽巴布亞人的心聲嗎？在此，我無意貶低巴布亞人，其實他們的部族還生活在石器時代，連這樣的住民的心聲都受到重視，那麼爲何不重視在亞洲文化水準僅次於日本的台灣人呢？

在日本，有二萬五千名台僑與八百名留學生。其中到底有幾%喊「中共萬歲」、「國民黨政府萬歲」？若有中立人士進行此項民意調查，一定相當有趣。如果只看到國慶日或蔣介石誕辰時，某某會長某某理事在日本來賓之前高舉酒杯的祝賀姿態，就誤認為台灣人支持國民黨政府，那眞是天大的錯誤。他們只不過為了護照與簽證，不得不如此做秀罷了。

不知台灣現況的親共台灣人比親國民黨政府的台灣人更令人困擾（部分是在日本出生的第二代）。他們依仗堂堂的「祖國」，因不想被日本人看不起而奮發圖強，在國民黨政府為四大強國之一時擁抱國民黨政府，但在中共取得內戰勝利後就把希望轉向中共。中共祖國論因恰巧符合日本的左傾氣氛而威勢大振。

他們把來自台灣的留學生定位為資產階級的子弟，沒有虛心接受台灣人建言的度量，反而全盤接受中共的人民公社宣傳。

極端地說，住在自由的日本享受舒適生活的台僑，其意見並沒有多大的份量。被封閉在島內，被強制過著奴隸生活的九百萬台灣人，他們的心聲才是問題的關鍵。我總是小心翼翼地體察島內同胞的心情，尋思如何才能正確地為島內同胞發聲，因而盡量與台灣的旅客接觸、和留學生為友，並搜尋台灣的新聞雜誌或有關台灣的報導，希望不至於成為「流亡白痴」。

我認為，九百萬的本土台灣人與中國人不同。他們具有共同的台灣人意識，但若要將此旺盛的台灣人意識轉化為政治能量，則除了建立一個獨立國家之外別無他途。對於此點，我們是帶著俯仰不愧於天地的氣概從事獨立運動的。

從事獨立運動的台灣人才是繼承祖先遺業並發揚光大的好子孫。我也堅信自己是忠於民族的一份子，沒有必要背負「美國帝國主義走狗」的污名。台灣並不存在「美國帝國主義」，如果存在的話，我也有加以拒絕的勇氣。

台灣有史以來是否為中國的神聖領土，我們追溯歷史即可明瞭。請不要相信「速成」史家的片面之詞，應該去請教和田清與井出季和太兩位學者才對。僅以某一時期領有台灣，就主張永久領有權，也許美國人或印度人會比台灣人更不能忍受。開羅宣言或波茨坦宣言的效力，在國際法學者之間已有定論。

說台灣人的祖先來自大陸，所以台灣人是中國人，這是極為幼稚的理論！的確，台灣人的祖先是從大陸渡海而來，但他們是因為不能容身於中國社會，為生活所迫而渡台追求新天地的。他們以台灣為葬身之地，一手拿斧一手拿槍，類似美國的西部開拓，屯墾並建設蠻荒之地，把台灣打造成蓊鬱美麗的寶島。台灣人民與荷蘭、鄭成功政權、清朝政府、日本總督府抗爭，也與蔣介石政權抗衡。總之，他們都曾反對所有外來政權的統治。由於特殊的地理環境，歷經特殊的歷史變遷，所以建構出特殊命運共同體的台灣人。

請不要認為我的說法過於誇張，赴美的第二代日本人在二次大戰中組織部隊，勇敢地與軸心國戰鬥是著名的例證。僅經過一個世代，他們就發展成美國意識。難能可貴的是，當時沒有一個日本人說他們是「賣國奴」。美國建國僅兩百年，但美國人的氣質與英國人的氣質顯然不同。那麼親共的中國人爲什麼緊咬不放，一再質疑台灣人在戰後回歸中國時的欣喜呢？當時我也曾是喜極而泣的其中一人，但其心理並非只因變成中國人那麼單純。第一，不論戰爭勝敗，只因戰爭終於結束即會感到喜悅。這一點也許同時代之人都有相同的記憶。第二，五十年來的統治者垮台，從隸屬關係得到解放的喜悅。第三，認爲中國打敗日本即是我們獲得勝利的喜悅。此乃重大的錯誤。日本共產黨不也視麥克阿瑟爲解放者，在GHQ（聯軍總司令部）門前大喊萬歲嗎？難道他們也是因戰勝而喜悅嗎？第四，誤認從此可在中國的政治圈內平等行使政治權利的喜悅。此點是因台灣人太不瞭解中國這個國家所致。

事實上，中國人代替日本人成爲統治者，台灣人的從屬地位並沒有改變。而正當台灣人醒悟到將比以前更糟時，二二八事件就已發生了。

但是，有學者批判說「三十二條要求」僅主張地方自治，並未要求獨立，這是因爲對方共有四百卅餘萬正規軍，我們卻是身無寸鐵的市民兵，所以在「無靠山」且得知增援軍隊將至的情勢中，認爲只要自治能實現，也許明日就可要求獨立。

但是，連自治的要求也受到空前的鎮壓而煙消雲散，國民黨政府撒出險惡的天羅地網，徹底壓迫台灣人。事實上，台灣人的文化水準比被西班牙人征服的印加人還高，且當時國民黨政府已經窘迫到沒有給台灣人自治的力量，而台灣人也不能滿足於自治。這樣一來，即會形成即使付出代價也希望獨立的情勢。

在台灣自治的要求中，最有趣的是中共的台灣政策。二二八事件發生之際，延安《解放日報》登載支持台灣人要求自治的社論，大大鼓勵台灣人對蔣介石政權鬥爭。但是，在嚴苛的報導管制下，絕大部分台灣人幾乎不知道這件事。二二八挫敗之後，許多台灣知識份子轉爲左傾。他們大都在蔣經國自一九四九至五〇年的鎮壓中被槍殺，早先逃亡香港的謝雪紅與「台灣民主自治同盟」接受中共的招安，參加聯合政府（廖文毅的「台灣再解放聯盟」改變方針，朝向獨立）。謝雪紅本身是所謂的土共（民族派），本質上是民族主義者，中共一時曾經利用他們進行統戰，但不久就遭到整肅。因爲中共認爲，台灣人的地方民族主義難以控制，日後終將成爲禍患。

如果中共一貫呼籲台灣人獨立的話，或許其情勢會與今日不同。「打倒國民黨政府，趕走國民黨政府後盾的美國帝國主義！」這豈不是中共在內戰勝利後的大義名份嗎？但是，中共與國民黨政府交易的結果，卻選擇把台灣人當成敵人。

一個日本朋友對我說，台灣一旦獨立，將成爲美國帝國主義的殖民地，故其結果未必是好的。這是僭越的說法。因爲台灣人認爲，即使成爲美國帝國主義的殖民地也無妨，外國人也無權阻止。換一個相反的立場，若我說日本要如何如何才好，他們會是什麼表情呢？

爲什麼硬要把台灣獨立等同於美國帝國主義的殖民地呢？我的理想是，獨立後的台灣成爲非武裝地區，將對亞洲做出貢獻。在這種情況下，美國撤退巡弋台灣海峽的第七艦隊以及裁撤台灣島內的美軍基地，是台灣獨立後必須首先折衝的外交課題。但是，其前提是必須促使中共放棄「解放台灣」的野心。我不認爲中共所宣傳的「美國軍事佔領」的說詞是事實，也不認爲美國有軍事佔領台灣的企圖。只要中共「解放台灣」的威脅還存在，就會因無法獨力防衛，不得不訴諸集體防衛一途。

限於篇幅而有意猶未盡之憾，請讀者諸賢惠賜批判爲幸。

（一九六二年二月十二日）

（刊於《世界》一九六二年四月號）

# 訴諸熱愛自由的台灣國民

## 為九百萬台灣人吶喊

在史無前例的殘酷鎮壓之下（按：二二八事件），九百萬台灣人別說沒有言論的自由，就連保持沈默的自由也沒有。

爲聲援身處絕望中的島內台灣人，我們這些生活在海外自由環境下的台灣人，必須將他們心中的吶喊確實地傳達給全世界知道，這是我們應盡的義務！

我們的發言不但可以代表被蔣介石政府控制的台灣人，還可以代替被北京政府忽視的一百五十多萬在台中國人的聲音。

## 面對現實

某位美國人曾將中國大陸與金門的關係比喻成美國的紐約與長島；而周恩來也曾將中國

與台灣的關係比喻成美國本土與夏威夷。我們就從這個比喻開始探討。

假設美國本土遭到赤化，總統、參衆兩院議員、華盛頓的聯邦政府、國務院、國防部官員、中央情報局、聯邦調查局官員以及軍隊全部逃往夏威夷或波多黎各，又假定總統、參衆兩院、聯邦政府組織全部照舊在這島上運作十年，然後向國內外宣稱自己是美國的正統政府，這是何等荒謬的事！事實上，這是在島上實行恐怖專制政治的藉口。

這個比喻也適用於國民黨政府統治下的台灣。逃亡到台灣的中國人大多被編入警察國家所設的機關，爲分得極少好處，賣力鞏固這個體制，壓迫絕大多數台灣人的自由，使台灣人生活在極度的恐怖之中。台灣人在槍斃與流放的威嚇下，被迫高喊「反攻大陸」、「一個中國」、「蔣介石萬歲」，被迫宣誓擁護這個持續腐化、欺瞞人心的國民黨政府！

## 我們的目標

我們台灣人追求的目標是，希望從暴力與虛僞的束縛中解放出來，以獲得政治和自決的自由。

同時，這也是大部分在台中國人的希望。因爲他們知道反攻大陸已不可能，只想逃出統治者的束縛，尋求和平的歸鄉之路。

## 中國難民也是犧牲者

這些中國難民除扣在腳上的枷鎖之外，在台灣還擁有什麼呢？我們且舉個事例說明他們的苦悶與悲慘。

七年前，在韓戰中成爲俘虜的一萬四千名中國人被帶到台灣。其中結婚而組成家庭的不過一百人而已。不只人民義勇軍的俘虜如此，近五年來從兵營中除役的十萬名軍人也如此。這些退役軍人中，結婚者亦不滿一千人。

他們就像監禁在台灣這個強制收容所的囚犯，忍耐程度已快到極限，只要給予他們小小的衝擊，原先對蔣介石與美國的不滿與反抗難保不會一舉爆發。

## 支持蔣介石的美國與中共

我們必須注意的是，蔣介石政權並非依靠自己的力量來維持獨裁統治。

維持這個政權的是美國政府以及北京政府兩大強國。北京政府希望蔣介石統治台灣，以「團結」在台灣的中國人，他們擔心這些中國人分裂以及蔣介石失去政權。因爲北京政府已成功地將蔣介石孤立在台灣，若蔣介石手下的中國人分裂，即等於分裂蔣介石的力量，結果將導致台灣人奪取主導權，屆時要「解放」台灣就相當困難了。

毋庸贅言，蔣介石物質和精神上的強大支持者就是美國政府。美國給予蔣介石軍事與經濟的援助以及確保其在聯合國的代表權。美國政府等於是協助蔣介石在專制主義下壓迫台灣人與在台的大多數中國人，山姆大叔並未對弱勢的被壓迫者伸出援手。

美國這種擁護獨裁者的政策，導致台灣人強烈的反美情緒，但其所以未加深台灣人傾向北京政府的唯一理由，是因爲台灣人有堅決的獨立志向。同時，台灣人亦在觀察之後，對北京政府因台灣人的這種傾向而希望與獨裁者蔣介石交涉一事有所疑慮。

美國政府爲與蔣介石勾結，要求台灣人忍受過重的壓迫，這使得靜待轉機出現的台灣人深受挫折。

如果北京政府有更大的視野，不再目光短淺地接受獨裁者的引誘，選擇與被壓迫的台灣人對話，那麼大多數台灣人將會改變目前對中共的看法。因爲我們台灣人迫切地希望能有最快的解決方法。

## 首先讓蔣介石撤出金門馬祖

如果美國政府知道台灣人目前的處境，第一步必須採取的行動就是讓九百萬台灣人獲得自由。而現實上唯一具體的方法，即是讓國民黨這個專制政府承諾撤出大陸沿岸諸島。

金門和馬祖絕不是國民黨政府所宣傳的「東亞的柏林」，那裡居住著爭取自由的五萬人民。國民黨只不過爲維持自身的獨裁政權，束縛著從故鄉到島上的台灣兵及日夜思念原鄉的中國兵而已。

國民黨政府高層希望這些島嶼能成爲中國與美國之間的摩擦點，而且試圖將其做爲第三次世界大戰的導火線，這已是過去的事實。

如今，這些島成爲北京政府與蔣介石之間不可欠缺的「國共合作」最後銜接點。蔣介石現在藉保有金門和馬祖，第一、勉勉強強可以提倡「一個中國」，並以此做爲統治台灣人的根據。第二、利用「反攻大陸」的口號，使在台灣的中國人服從和維持中國人的「團結」。

也就是說，蔣介石統治體制的存續爲北京政府所期待，而大陸沿岸諸島（金門、馬祖）即是遙控蔣介石政權的搖桿。蔣介石自然會強烈反對撤出沿岸諸島，因爲沿岸諸島是他僅存的政治資本。但是美國政府即使無法動搖北京政府，也應該有能力推動國民黨政府。

可以明顯推測的是，由於這個行動將使國民黨政府統治台灣的體制發生動搖，成爲瓦解統治機構的契機，如此，則等待解放的台灣人就有獲得政治自由的機會，也不會再陷入希望誰能給予台灣人自由的妄想。

爲了解決政治混亂與獲得自由，讓我們獻出堅強的意志與犧牲的勇氣！

## 中國難民與殖民地歐洲後裔不同

如果想像法國在阿爾及利亞與FLN（阿爾及利亞民族解放戰線）之間存有第三勢力，這簡直就是愚蠢的幻想。相同地，以此設定國民黨政府與台灣人之間存有妥協勢力，那也是毫無意義的。

這十年之間，國民黨政府的高官紛紛將財產與子弟送往美國，預做最後逃亡的準備。如果有人為國民黨政府的瓦解感到悲傷，那無疑是滑稽之至。

同時，無法逃亡的中國人不是阿爾及利亞國內那些有家歸不得的歐洲後裔，大部分中國人都希望回到中國故鄉，當然也有部分不想回共產中國的中國人，那麼，留下來當台灣公民的中國人當然就是台灣人。

## 「解放」的意涵模糊

最後談一談北京政府主張的「解放」。我們台灣人所期望的政治自由、自決權是基本的權利，先不談它是否具有現代民族國家的意義，只因台灣曾是中國的領土即要求統一合併，這在國際法上也說不通。因為台灣人的自決權先於一切的「人權」。我相信此點可以爭取到世界輿論的奧援，以及得到世界各國強力的支持。

（刊於《新勢力》一九六二年四月號）

# 台灣獨立運動的思考

## 台灣歷史的認知

吾等須知：正確認識台灣歷史及現況，除了可以促進台灣人的自覺，使他們燃起獨立運動的熱情之外，也是促進外國人理解及同情獨立運動不可或缺的前提。

台灣人的歷史就是台灣民族形成的過程。因此，正確認識台灣人的歷史，不但可以打破各種被教導的錯誤觀念，更對促進獨立建國有積極性的貢獻。

台灣人的祖先爲了追求經濟利益以及逃離政治壓迫而移居台灣。從移居的動機看來，可以認定台灣人是爲了創造異於中國的國度。台灣人之所以未能如移居美國的歐洲人一般明確地以獨立爲志向，是因爲受到「漢民族」意識的束縛，這是儒教思想的餘毒。「漢民族」意識阻礙台灣人理解自己與中國人是不同的民族，而儒教思想卻使脫離中國另建國家的想法無法萌芽。這些思想的毒害非常深刻，直到現在仍可在一部分台灣人身上看到。因此，我們不能不質疑台灣人祖先的保守性。

然而，這種「漢民族」意識及儒教思想絲毫不能解決台灣人的現實困境。台灣人曾受荷蘭人、西班牙人、鄭成功、清朝、日本人、蔣介石政權等各種外來政權統治，而任何一種政權對台灣的統治都極盡壓迫及搾取之能事。台灣人都是忍耐到極限時才加以反抗，其間偶爾會有一兩次暫時的成功，但總是無法獲得最後的勝利。然而，隨著時代的演變，台灣人的追求不但克服封建壓迫及階級對立，更表現出生命共同體的團結性。特別是進入日治時代以後，台灣歷經與中國大陸截然不同的現代化過程，奠定成爲現代化民族的基礎。

雖然台灣民族的眞正建立應是在獨立建國之後，但台灣民族意識早在二二八事件後即已實質形成。清末之前，台灣人是處於Volk的階段，而這個Volk是附屬於「漢民族」的其中一支。我認爲將「漢民族」的「民族」以Volk解釋非常正確。

所謂附屬於「漢Volk」的小民族，我們可在中國大陸的華北、華南、蜀、吳、閩、越等地隨處可見。一旦中央政府威信衰退，各地即亂象不斷，群雄割據，其社會基礎即在於這許多不同的小民族。然而，台灣是與中國大陸隔絕的孤島，由於具有這種特殊的地理環境，以及在這種特殊地理環境中產生的特殊歷史演變，使得台灣經歷與中國大陸各小Volk截然不同的成長過程，從而發展爲另一個特殊的區域。

雖然台灣人在進入日治時代後，因加入特殊的語言、共同的文化等要素，具有形成近代民族的基礎，但仍與中國大陸之間維持著最重要的聯繫，那就是之前所說的「漢民族」意識以及儒教思想。然而，在一九四五年八月之後，由於中國人移入台灣造成二二八事件，台灣人的「漢民族」意識及儒教思想實際上已被消除。

（手稿・一九六三年五月）

# 台灣獨立的歷史意義與方法論

我是在日本從事台灣獨立運動的人。

可惜日本人對台灣獨立運動的認識並不充分與正確，此大致有兩個原因：一爲台灣人缺乏宣傳，一爲日本人「先天性」的漠視。究竟那一個原因比較重要？當然是前者。但是現在列席的諸位先生給我今夜的機會，能夠一聽我的宣傳，若大體上尚能接納的話，就令我無上歡喜了。得隴望蜀，如諸位有機會能對周遭友人代爲啓蒙，則更是幸甚。

從事台灣獨立運動的人會遭到國民黨與共產黨的非難攻擊，因爲他們要除之而後快，所以被非難攻擊是當然的，但他們的攻擊對手說「那是因爲個人仇恨使然」或造謠「他們想孤注一擲，以期獲得富貴」等等，完全是情結性的攻訐。

茲舉一例，我的兄長王育霖在二次大戰期間於京都地檢署擔任檢察官，戰後歸台在新竹再任檢察官，卻因檢舉貪污而被解職，最後於一九四七年的二二八事件中被暗殺，迄今仍查不出兇手是誰。因此，敵人就中傷說：我之所以發起獨立運動，是爲了替兄長復仇。日本歷史中「曾我兄弟」或「忠臣藏」懷抱復仇初衷，臥薪嚐膽未敢忘卻，此點可謂爲美談，但可惜我沒有那種執著。

此外，我的一位友人因參與二二八而負傷，其後被迫流亡日本，「一定要報仇」一度成爲他的口頭禪，但他後來在餐廳當廚師又轉任小鋼珠店店員，終日沈迷競輪與賽馬，終於墮落爲社會的落伍者。

從以上的事例，我想對大家說明，獨立運動並非僅靠個人的仇恨就能夠成就的事業。

其次，是否能以「勝者爲王，敗者爲寇」的思考方式來參與獨立運動呢？這種得失的計算相當划不來。因爲要達成願望，生活一定很苦，人世間也會冷眼相待。與其盤算不知何時才能成爲事實的富貴，不如圖謀現實的富貴比較聰明，而且也會比較迅速。因爲只要出賣自己的同志，就能獲得豐厚的獎金，而且不需做到什麼大人物，只要像我這種程度，一旦投降對方，就能獲得匪首的歡喜，幾乎都能滿足希望的職位與待遇。

這種事情實在不值得向各位先生說明，相信各位先生一定能肯定我的人格，所以才會希望聽我說明獨立運動的意義與方法論。

我將台灣獨立的意義定爲以下三點：

第一，台灣獨立是在被中國人統治的殖民地台灣，由台灣人挺身打倒統治者，以實現「台灣人的台灣」的殖民地解放運動。

第二，將目前倒退爲前近代社會的處境，重新恢復爲近代社會，並朝向更進步的社會革命運動發展。

第三，防堵由中共所代表的共產主義勢力，爭取眞正的自由與民主，並爲強化對自由陣營的貢獻而戰。

以上三點意義絕不是紙上談兵，而是拿揑歷史潮流、思索未來的結論。它既不是困難的內容，也不是不可能實現的理想。諸位先生當較一般人容易接納，因爲它的直接因素就是與過去半世紀的日治時代相互作用所致。

從第一點來說明。台灣過去是日本的殖民地，現在是國民黨政府的殖民地。台灣人反抗日本人的殖民統治，同樣也反抗國民黨政府的殖民統治。

有關日本的部分沒異議，但將國民黨政府統治下的台灣視爲殖民地，其前提是否有誤？也許有人會抱此疑問。這種疑問的根據是：「台灣人不是漢民族之一員嗎？」、「台灣不是中國的固有領土嗎？」

所謂漢民族與台灣人的關係是政治社會的問題，不但要解釋台灣的歷史，甚至要分析國民黨政府統治的本質，有其前後的順序。如要詳細說明，需要很多的時間，所以我在此僅簡要陳述。

首先，漢民族的民族並非Nation，而是Volk的集合。若說五千年前的中國Nation就已發達的話，現在的歷史學都將變得混亂。也許Volk的階段大概相同，但Nation成立的過程卻完全迥異。因此，台灣人「民族」自決的要求，實有其充分的根據。

其次，台灣人的歷史也與大陸不同，約有四百年。這意味著台灣人的祖先因失望而捨棄飢饉戰亂的大陸，開始在台灣開拓新天地。開拓台灣的契機與開拓美國有相似之處。台灣人爲追求經濟上的利益，在台灣開拓新天地，不但有其海島的特殊地理環境，又經過其後極爲特殊的歷史過程。可惜台灣的歷史並不光輝，而是一再淪爲外來統治者的殖民地，失去應有的尊嚴。依其順序爲：荷蘭人（一六二四～一六六一年），鄭氏三代（一六六一～一六八三年），清朝（一六八三～一八九五年），日本人（一八九五～一九四五年）與國民黨政府（一九四五～）。我們也許可以將此歷史宿命歸結爲：台灣人未能高揭獨自的政治理想而團結一致。

最後，有關國民黨政府統治的現狀遠較日治時代更糟糕、更離譜。因爲有落難來台的二百萬中國人寄生在九百五〇萬的台灣人身上。爲了主張「我才是正統的中國政府」，將南京當時的中央政府與其附屬機關照搬到台灣來，還疊床架屋於台灣省政府之上。爲了保障二百萬中國難民的職業，不得不對台灣人施以差別待遇。由於高喊「反攻大陸」，須擁有六十萬的軍隊，中央預算（一〇〇億元）的八十％爲軍事費用。爲此不得不對台灣人課以繁重的賦稅；爲了壓制台灣人的反抗，乃箝制言論並豢養無數的警察、特務來加以鎮壓。

由以上的事實根據，我定義台灣獨立運動是爲驅逐統治者國民黨政府的殖民地解放運動。

其次再說明第二點。台灣拜日本統治之賜而完成近代化。亦即日本的總督政治打破清朝以來的封建制度，代之以發展資本主義經濟，鋪修鐵路和發達公路，實施都市計畫，完備上下水道，並普及教育，提升文化品質。當然日本人知道，這並不是爲台灣人的幸福而做的。

中國人進駐台灣之後，上下貪污舞弊，一族家臣獨佔人事，不遵守法律，台灣人因而失望憤怒。就中國人自己來看，也許這不是刻意針對台灣極盡惡德之能事。仁井田陞博士在《中國法制史》一書提及：中國人的傳統心理存在著「道德意識的外在性」(面子)、「閉鎖性」(重視人脈)、「算計性」(小聰明)、「公私不分」(個人利益優先於公共利益)。這四點可說是中國人的封建本質。

若僅止於此，或許可以風俗習慣不同而一語略過。鄉下人來到都市，多少有不適應的地方，這是無法避免的。但時間一久，就必須入境隨俗。可是中國人仍想繼續在台灣作威作福。台灣人若加以指責，即強詞奪理地說：「那是因爲你們受過日本的奴化教育使然。」台灣人都能清楚地區分日本人的優缺點，所以台灣人也是以這種自主性的判斷，基於善意，對中國人的封建與惡德提出批評。

我最不能接受的是：在台中國人完全沒有埋骨台灣的覺悟，僅以過客心態從事政治活動。在實現「反攻大陸」成功回歸中國之前，暫居在此邊陲之地休養，或認爲將來中共也許會併吞台灣，趁現在能撈就撈。

這種心態是台灣人無法接受的。被中國人壓搾、剝削的台灣社會已百廢待舉，因此，爲恢復原本的現代性，甚至要追求接近日本的高水準社會，除了驅逐在台中國人尋求獨立之外，別無他途，理由就在於此。

我相信九九%的台灣人是反對中共的。這與第一點及第二點相較，恐怕是日本人最難以理解的地方。在新聞雜誌上，台灣人對中共的實態幾乎處於無知的狀態。事實上國民黨政府一直在進行反共宣傳。既然如此，台灣人反對中共並無不當，唯其並非基於正確的認識，所以它堅持的程度並不可靠。因此，或許會遭致對中共抱有好感的日本人的批判。

明確地說，台灣人與中國人對中共的看法與認知是截然不同的。很多日本人的中共觀點幾乎是依靠新聞雜誌的報導，認爲共產主義勢力＝革新勢力＝和平勢力＝善良，資本主義勢力＝保守勢力＝戰爭勢力＝惡質。然而，台灣人並不如此認爲。即使不讀新聞雜誌，只要中共與國民黨政府同是中國人，無論其主義與制度爲何，都應視爲相同的本質。五千年來的中國人性格不可能在數十年間就改變！

同時，共產主義勢力＝革新勢力＝和平勢力＝善良的圖式根據相當奇怪。中共現在豈不是以「解放」台灣爲藉口而欲侵略台灣嗎？這哪裡是和平勢力？中共豈不是因爲沒有能力以武力進攻台灣，而企圖勸服國民黨政府進行國共合作嗎？這哪裡是革新勢力？中共只是以自己的打算想要實現其世界戰略，哪有資格被評爲善良呢？

談到中共而不談美國也有失公允，所以以下讓我對此發表自己的見解。國民黨政府拜美援之賜才不致垮台。事實上可以斷言，美國是透過國民黨政府統治台灣的。如果有人將對國民黨政府的反感整個移向美國也不足爲奇。但是，如果知道前述台灣人反中共的情結，就能理解爲什麼台灣人的對美情感那麼複雜曲折。美國支援國民黨政府固然可恨，但若就此反美，也許美國更不得不支持國民黨政府。這樣一來，台灣將永遠不能獨立。再進一步冷靜思考，美國之所以會支援國民黨政府，並不是因爲國民黨政府可愛，而是爲了保護被中共威脅的台灣。此外，美國也有Chester Bowles的「中台國」思想、康隆報告的「一個中國、一個台灣」的主張、甘迺迪的金、馬撤軍政見等，可見美國未必不知道台灣人的苦境，所以有可能將其轉化爲夥伴。將來台灣獨立之後，以台灣一國並無法對付中共的威脅，所以無論如何一定需要美國的支援。

接著，我要發表如何才能達成台灣獨立的方法，期盼能夠獲得諸位先生的指教。

㈠能否採取如同援助流亡的古巴人進攻古巴的美國組織，由其協助組織、援助海外台灣人進攻台灣呢？這是不可能的。海外台灣人最大的勢力是在日本的二萬五千人，這是包括男女老幼的全部數目，因此絕不是六十萬大軍的對手。

㈡台灣島內九百五十萬台灣人對二百萬中國人發動革命。這雖是唯一的方法，卻不簡單。手無寸鐵的人民，無論其人數如何衆多，絕對敵不過訓練有素的軍隊。

㈢等待國民黨政府自取滅亡。國民黨政府由蔣介石獨攬大權，今年七十六歲而健康有問題的蔣介石一旦猝死的話，預料將會發生大亂。同時，台灣今年經濟很不景氣，美國的援助也逐漸減少，稅收欠佳，中國人之間更存在嚴重的矛盾，因此，等待國民黨政府自滅是何等束手無策的做法！

然而，我們並非完全沒有突擊的空間。六十萬大軍中，大約半數是台灣兵，但台灣兵卻被分屬各單位，最高階僅止於上尉，而且只有少數幾人而已。雖然台灣人在現役軍人中居於劣勢，但還有很多退伍軍人，他們與處於思想眞空狀態的現役軍人不同，一旦時機到來，將會發揮意想不到的力量。

雖然如此，台灣人與中國人武力衝突的關鍵仍操在美國之手。美國第七艦隊在台灣海峽巡弋，在琉球設有空降部隊，任何時間皆能出動。美國不斷思考誰勝利對它比較有利，因而，成爲美國的夥伴者將會獲得勝利。

不用說，台灣獨立最後的決戰場所是在台灣，那麼在日本的獨立運動能夠佔有什麼地位呢？亦即我們存在的意義何在？

第一、在日本從事宣傳啓蒙活動。衆所周知，台灣對言論的箝制十分嚴厲，台灣人不能對外發出自己的聲音。代替島內台灣人發聲是海外台灣人責無旁貸的使命。在美國的留學生能參與宣傳活動，當然令人非常欣慰。在日本主要的宣傳對象是日本人，在美國則爲美國人，此點自不待言，主要是使美國、日本等對台灣歸屬具有密切關懷的國家成爲台灣人的夥伴，即是宣傳的目的。

第二、對在日本的二萬五千名台灣人進行宣傳啓蒙運動。這是我們在日本的特別任務。我們不使用「華僑」這個字眼，而稱其爲「台僑」。台僑動向不但直接影響日本獨立運動勢力的消長，而且能夠透過他們在社會與政治上的地位向日本求援。同時，可以利用其日常來往台日之間的便利，對島內的台灣人發揮影響力。

第三、組織來日留學的大約八百名台灣青年。在警察與特務到處橫行的台灣，要把台灣人組織起來幾乎不可能。對現役軍人與退伍軍人的宣導極爲重要，可惜工作頗爲困難。從而在日本組織留學生，有時將發揮極大的效果。

台灣問題的解決是東西兩陣營對立的焦點之一，因此利用國際關係才是正途。站在此一觀點思考時，首要目的是對日本的宣傳。這不僅止於影響日本，更要透過日本對美國發揮影響力，進一步獲得島內的台灣人的回應，產生推波助瀾的力量。

具體上我們能給美國何種影響呢？首先是使其盡早切斷對國民黨政府的援助，再者促使其從金門、馬祖撤軍。這樣一來，國民黨政府就不能高舉正統中國的招牌，也不能再高喊「反攻大陸」了。台灣被逐出聯合國之後，在台灣的中國人將分裂對峙，因而引發政變或混亂。此時台灣人將乘機奮起，打倒國民黨政權。

如果日本認爲站在共產陣營較好，那麼打壓我們的獨立運動不失爲良策之一，相反地，如果日本認爲站在自由陣營比較有利，支持我們的獨立運動才是聰明之舉。因爲倘若台灣被中共侵略的話，日本的國防將受到威脅。國民黨政府對日本的遊說團體就是基於此一觀點。然而，國民黨政府進入蔣經國時代之後，很有可能再次進行國共合作。如果不做此圖謀，迫使台灣人過著窮困生活，即意味著將逐漸培養共產主義的溫床。所以支持國民黨政府並非聰明之策。

以上是屬於消極性的意義。以積極性的意義來說，台灣的命運今日變成如此，日本也有間接的責任。現今世界上，沒有像台灣人這個民族如此親日的。獨立後的台灣，無論在政治、經濟、文化上都能與日本密切結合，相信對日本非常有利，日本應該支持台灣獨立。

感謝諸位聆聽！

（手稿‧一九六三年五月十七日）

# 日本人錯估了台灣問題

## 失去台灣，也就沒有日本

如果日本人願意日本被赤化，台灣最好是交給中共。如果台灣落入中共的手中，菲律賓也被赤化，原本岌岌可危的東南亞一帶勢必受到赤化的命運。沖繩的情況又如何呢？沖繩的戰略位置不但會遭到威脅，南韓也無法阻止北韓南下，日本被北、西、南三方的共產勢力包圍，淪陷只是時間早晚的問題。

我並不認同社會黨所說的，蘇聯和中共的勢力是謀求一般大眾幸福的社會主義勢力。與其稱它爲共產帝國主義，倒不如稱之爲侵略性的惡勢力較爲恰當。

## 危險的「中華思想」

蘇聯壯大之後，修正了當初的專制政治，逐漸恢復人類的尊嚴、自主、民主與平等。不過，中共則不同。中國人有很強烈、傳統的「中華思想」，認爲只有聖人賢者爲上等之人，農民和苦力皆爲下等之人。這種觀念和以往日本的「八紘一宇」（譯註：八紘指天之八維。國家神道宣揚「八紘一宇」的教義，意謂世界大同。）不一樣，它不是一種空洞的邏輯觀念。正如字面上的意義，中國就是指世界中心之國。所有的國家都必須臣服，以中國爲中心。令人驚訝的是，在二十世紀的現代，中國傳統的「東夷西戎南蠻北狄」思想仍根深蒂固地深植在中國人心中。例如說，日本的神武天皇不讓奉秦始皇之命採長生不老仙藥的徐福回國，把徐福留在蓬萊；朝鮮是由因紂王不聽從其諫言而東走的箕子所創立的國家；從明朝開始沖繩就是中國的屬國；越南和泰國是漢武帝設置交趾、九眞和日南等三郡的故地；緬甸是……等等。中國人永遠保有一份優越感。日本人的國民性格乾脆決絕，但中國人不是。我認爲這種思想毫無意義，固守著「中華思想」，實令人驚訝。

清朝以前的「中華思想」普遍受到中國人的信奉，因此蠻夷之國要和中國平等貿易是說不通的，必須以朝貢的形式進獻貢品，中國就會給予嘉勉，並賜予數倍貢品做爲回贈。這樣看來，顯然是中國損失較大，但中國會因此龍心大悅。

不過，從清末開始，情勢有了很大的轉變。中國的地位從「沉睡的獅子」暴跌爲「沉睡的豬」。中華民國的內憂外患接踵而至，沒有一天安寧，直到中共統一中國之後，情勢才爲之一變。鴉片戰爭以來，積鬱已久的「中華思想」接受了共產主義養份的滋潤，重拾昔日之威信，虎視眈眈地覬覦著臨近諸國。

日本侵略清末民初已病入膏肓的中國確實可惡（當然，拘泥於「中華思想」而忽略近代化，以致於招徠外侮的中國也必須負擔一半的責任）。但儘管如此，日本卻對現在中共的霸權主義視若無睹，毫無警戒。更有甚者是將霸權主義解釋成和平勢力，實在是相當危險。

## 固守台灣的不是國民黨政府

國民黨政府是世界上強調中共霸權主義的推手。因此，日本人應該支持國民黨政府才對。的確，許多日本人支持國民黨政府，將國民黨政府視為最反共的政府。日本人之所以感念蔣介石「以德報怨」的恩澤，大概是因為在現實主義中添加了些許傳奇主義吧！

許多日本人都犯了一些共通的錯覺。第一個錯覺是，台灣沒有淪陷是因為國民黨政府的關係，即使只談論這項功勞，國民黨政府無庸置疑地應該有繼續存在的價值。但事實並非如此。台灣沒有落入中共的手中，第一是因為中國大陸和台灣之間隔著一百八十公里寬的台灣海峽。眾所皆知，中共海軍的軍力遠不如強大的陸軍。攻打台灣最直接的方法是從對岸的福建進攻，但福建百分之九十是山地，難以集結大軍。即使利用上海或廣東做為大軍的集結地，海軍也因為兵力太過於薄弱，而無法攻佔台灣。況且，台灣海峽有號稱世界上最強大的美國第七艦隊防守。防止中共進攻台灣的第二個因素是美國第七艦隊。

不過，如果台灣島的住民歡迎中共，無論美國第七艦隊如何控制險峻的台灣海峽，要防止內應是相當困難的。因此，第三個因素是台灣島住民的反共意志。也就是說，過於稱頌國民黨政府的種種豐功偉業是錯認的。

## 國民黨政府的存在會讓台灣陷入險境

國民黨政府的存在反而有利於中共侵略台灣，讀者或許會對這種論點感到驚訝。但衆所皆知，國民黨政府和中共政權一樣，都主張「一個中國」。「一個中國」的主張認爲，「解放」台灣和反攻大陸都是中國內戰的一環，是中國的內政問題。現階段中共仍然主張「解放」台灣是中國的內政問題。國民黨政府的反攻大陸在打擊赤色中國的意義上是符合日本的利益，所以獲得部份日本人的支持。但實際上，國民黨政府的反攻大陸只不過是二十世紀的神話，一場白日夢而已。沒有美國第七艦隊的協防，台灣什麼也不能做。台籍士兵佔了國民黨政府軍隊的半數，台籍士兵會爲防衛台灣而戰，但不會爲反攻大陸而戰。中國大陸的人民雖然討厭中共，但對國民黨政府也是持反對態度。這是因爲基於「一個中國」的想法，雖然「解放」台灣和反攻大陸不分軒輊，但如果符合中共的利益，就不符合國民黨政府的利益（並不是國民黨政府沒有利益，而是有很多利益。例如，中央政府位居台灣省政府之上、台灣人供養中國人、保有聯合國地位等等，不勝枚舉。這裏指的是反攻大陸這一件事）。

更重要的是，在本質上，國民黨政府的政權是一黨獨裁，由特務和警察執行政治任務，壓迫自由和民主主義，其結果當然會造成台灣人反國民黨政府的情結。世界各地的人民厭惡獨裁政治，但卻可以接受共產主義。

台灣人不接受共產主義的原因是，台灣人體質上討厭共產主義。中共和國民黨政府一樣輕蔑台灣人，對台灣人抱著不信任的態度。即使歡迎中共，也好不到哪裏。

## 水火不容的台灣人和中國人

現在，構成台灣島住民的是九百五十萬的台灣人，以及隨蔣介石來台的二百萬中國人。這些四百年前就居住在台灣島上的九百五十萬台灣人和二百萬中國人處於水火不容的狀態下。台灣人視中國人爲難民。逃難的人應該懂得逃難人的分寸，即使窩居倉庫一隅也應該心滿意足。中國人是中國人，台灣人受日本的殖民教育而顯得乖僻。我們應該爲粉碎這種殖民個性而努力。首先，日本人必須了解這件事。蔣介石不等於台灣人。

就算這幫中國人受到九百五十萬台灣人的厭惡，二百萬人也不是小數目，但若認爲有二百萬中國人支持的蔣介石勢力也能得到日本人的幫助，那就大錯特錯了。

## 矛盾的中國難民

在這二百萬中國人之中，大致上可分爲三個集團。第一個集團是圍繞在蔣介石父子周圍，掌控行政院、台灣銀行、中國銀行等金融機構的經濟官僚和軍隊高級幹部，他們是警察和特務的後台老闆。還有主宰以中央日報爲首的言論機關的御用理論家，亦即「只需幾百個人就可以操控台灣」，數量雖少，卻是掌握實權的高級幹部。第二個集團是負責行政、經濟、社會、軍事和文化部門的公務員和軍隊幹部，這些人是高級幹部的爪牙。他們沒有機會晉升爲高級幹部，表面上羨慕高級幹部的奢華生活，私底下卻憎恨無比。如果膽敢公然反抗，會有被打入第三個集團的危險，因此不得默認現況。也就是說，這些人是處於中間地帶。第三個集團是軍隊的下級士兵，特別是老廢殘疾者，從軍隊退休的退除役士兵。退除役士兵的人數已達數十萬人，他們從事三輪車伕、清潔人員、守衛或務農等工作。成家立業、傳宗接代這種幸運的事，是可遇不可求的。雖然第三個集團將自己的不幸怪罪於第一個集團，但由於和台灣人競爭必然處於劣勢，所以不得不依靠第一個集團的庇護求存。

簡單地說，二百萬難民分成三個集團，各自抱著矛盾的心結。維持這三個集團不致分裂的原因是，他們都認爲台灣人是他們共同的敵人。這種微妙的平衡關係延續了二十幾年。因爲台灣是國民黨政府的地盤。我們應該認眞思考的是，眞正捍衛台灣的是中國難民，還是台灣人？四百年來，台灣人就已經在這塊土地生息，是台灣的主人。生爲台灣人，死爲台灣魂。第一個集團的中國人，一旦遇到危急就準備逃到美國。第二個集團有可能見風轉舵，投靠中共。第三個集團的人強烈地想要返回中國大陸。這些人應該覺悟到台灣的未來應該交給中國人還是台灣人?!

## 無法信賴的國民黨政府

而且，這裏還有一個新轉變，那就是國共合作的可能性。中共提倡國共合作的用意在於和國民黨政府合作，企圖不流血佔領台灣。如果國民黨政府堅守反共立場，中共的企圖心根本就是白費心機。從這種情形看來，國民黨政府是具有和談性質的政權。說起來，第二個集團和第三個集團的中國難民，是受到第一集團的牽累來到台灣，可以稱爲是「善意的第三者」。他們無需恐懼受到中共的整肅，所以相當贊成中共國共合作的提議。中共也十分歡迎。問題在於第一個集團。第一個集團是由通緝戰犯所構成的。因此，顯而易見的是，絕不可能同意國共合作，但中共在一九五五年的萬隆會議上採取奉承戰術，改以愛國者稱呼這些戰犯。是眞是假，令人半信半疑。到現在還有人大言不慚地吹噓：如果台灣人擔心台灣海峽被中共攻陷，順應情勢向中共投降也是當然之事。中共也對這種事情提出「忠告」，並不斷呼籲。

每每想到這件事情，就可以明白部份日本人認爲國民黨政府是最反共的，其實是非常危險的想法。更極端的說法是，日本人支持國民黨政府是拱手將台灣讓給中共。

即使不是這樣，支持國民黨政府這種腐敗無能的政權，也是世界人類的恥辱！這就像結交壞人，誰一樣也不把他當善人看待。

## 如果鄰家主人是一名暴君

我的言論是有些極端。或許有人認爲蔣介石對日本「以德報怨」，幫助日本人的慈悲心懷堪稱政治家，擁有這種政治家當總統的國民黨政府應該是一個不錯的國家。最初，「以德報怨」這樣的甜言蜜語是在討好日本人，是國民黨政府利用反共戰略的一種計謀，但許多書均未提及，我在這裏不想贅述。我打個這樣的比喻：

鄰家主人表面上和藹可親，但在家庭中，卻是對妻兒拳打腳踢的暴君。家庭中不時傳來兒女的哀嚎，這時候鄰居是要假裝不知道，繼續和暴君做朋友？還是對他提出忠告？如果不聽忠告，就和妻兒做朋友嗎？

日本人只因爲一句話就尊敬蔣介石。我認爲這是一種非常不合乎人情的利己主義立場。

## 採取正確的台灣政策

我希望大家能夠以前瞻性的眼光看待未來。這是爲了國家百年大計著想。蔣介石已經八十歲了，套用俗世的說法，是一位日薄西山的老人家。國民黨政府的腐敗無能暴行虐施是舉世公認的，台灣人正睜大眼睛看著，蔣介石這位老人家什麼時候要交出政權。幫助國民黨政府的外國政府在哪裏呢？恩是恩，仇為仇，一定是忘不了的！台灣人在遭逢苦難的時候吃苦耐勞，等待他日台灣獨立。是的，就從今天做起！

日本人從昭和年代開始，就因為錯誤的亞洲外交政策而自食惡果。昭和中期又犯了一次錯誤的亞洲外交政策。幸好，現在重新調整還來得及。要如何調整，我認為必須推展「一個中國」和「一個台灣」的政策。除此之外，都不是正確的方向。

（手稿，一九六二、三、一〇）

# 寄望日本的台灣政策

## 台灣是台灣人的

我是一個從幼稚園到大學都接受日本教育的台灣人。特別自從一九四九年流亡日本以來，至今住在日本已將近十五年。對我而言，日本已是我的第二故鄉。

我衷心希望日本與台灣能早日建立眞正的親善關係，透過這層關係，我願略盡綿薄之力以貢獻亞洲的安定與繁榮。

我相信，世界上沒有像台灣人這麼瞭解日本人與中國人的民族。因爲台灣人受過這兩者的長期統治，不只看到好的一面，也看到壞的一面，甚至連我們自己也在夾縫中求生存，成爲第三民族。

台灣人原本出自漢族，由於厭惡中國大陸的動亂與飢荒，四百年來陸續遷到當時無人管轄的台灣島，在這島上開創出自己的歷史。

可嘆的是歷史違背渡台移民的期待，台灣島竟淪爲屈辱的殖民地。荷蘭（一六二四～一六六一年）、鄭氏（一六六一～一六八三年）、清朝（一六八三～一八九五年）、日本（一八九五～一九四五年）以及現在的國民黨政府（一九四五～　），外來政權一個接一個闖進來統治台灣。

這些外來統治者都壓搾台灣人，清朝以前的三個時代都延續中世紀的封建制度，從未改造過台灣的社會結構。

但是，台灣在日本統治下卻一舉打破以往的封建制度，使台灣發展成近代社會，這對台灣人的生活方式及意識形態帶來超乎想像的影響。簡單地說，日本造就了日本化的台灣人。

其實，這對日本也具有非常重大的意義，但日本人迄今對此仍未察覺。

有如日本在台灣所達成的歷史性作用一般，其後更將範圍擴大到大東亞地區。

大東亞戰爭無疑是日本發動的帝國主義侵略戰爭，可是也無可否認地驅逐了這地域上的美國、英國、法國、荷蘭等統治勢力，解放受壓迫的原住民族並鼓吹獨立，在打開歷史新局面上具有積極性意義。

然而，從戰前的優越突然一變而爲戰後的卑躬屈膝，日本人並沒有正確面對事實的眼光。

一位打從內心就希望台灣人幸福的日本友人曾經告訴我：「爲了台灣人的幸福前途，日本只好將原先侵奪的土地歸還中國。」

「侵奪」這字眼顯然表現了過多的罪惡意識，此點暫且不論。但在他想像中，他將土地比喻成手錶或皮包之類，以爲物歸原主即可，這對當地民衆來說，事情並不那麼簡單。不論願意與否，被侵奪期間，住民全被同一化，現今即使歸還給原來的同族，也無法順利融合。我的友人竟然連如此簡單的道理也沒注意到。

何況，大陸的中國人並不是台灣人眞正的夥伴。

清朝時代將台灣看成「化外之地，化外之民」，視其爲福建省的殖民地進行搾取。縱然中日甲午戰爭失敗之後不得已割讓台灣，但較之遼東半島的情形，清朝並不是那麼堅持反對。反觀中國本土，從清末民初的紛亂到軍閥混戰以及第一次國共內戰、抗日戰爭，加上第二次國共內戰，幾乎整個二十世紀前半都陷入戰端，絲毫沒有走向現代化。

因此，當這群中國人戰後進入台灣時，一切對他們都是那麼稀奇，宛如闖入寶山一般，將所抓到的東西全都往口袋裡塞，完全不像收復河山或拯救同胞的態度。

以致台灣人對中國人的現代性——例如漠視法律、欠缺公共精神、科學知識淺薄、衛生觀念薄弱，大大感到錯愕，不禁產生輕視的看法。

中國人則以自豪的中華思想來駁斥：「你們不過也只受過日本的奴化教育罷了。」因而由互不信任演變成憎惡，一九四七年終於爆發二二八流血衝突事件。

雖然，台灣人在最初的一個禮拜控制全島，但蔣介石增派援軍扭轉情勢，屠殺數萬台灣人，台灣人民的起義就這樣以慘敗告終。

之後，國民黨政府透過特務警察嚴密監視、秘密逮捕、槍決或流放等手段壓制台灣人至今。

台灣人無法正面對抗中國人，只好透過日本電影、日本流行歌曲、雜誌，或對日本觀光客表示好感來諷刺中國人，以求自我安慰。

## 態度軟弱的日本

在台灣人心中，總想有一天一定要將中國人趕出台灣而獨立，但此點現實上不得不依靠別人的幫忙，而首先浮現腦海的就是日本。

然而，當前的日本是什麼狀況呢？

既有仰仗美國鼻息的人，也有對中共、蘇聯馬首是瞻的人。這樣的亞洲先進國家最好放棄身爲自由陣營三大支柱之一的自負。

確切地說，正因爲同是亞洲國家，日本才有足以誇耀其存在的意義，而且也是可以發揮作用的最佳舞台。美國是有錢的少爺，對亞洲「一點也不瞭解」。在我看來，現在日本的實力足以影響美國，但過去卻全非如此。日本對台灣的政策即是一例。

## 日本對台灣政策的本意

由於日本支持反共的國民黨政府，所以過去的對台政策有二：謀求日本安全、報答蔣介石「以德報怨」的恩澤。此點表面上看似務實與浪漫的調和。

但是，我要借此機會指出這兩者都是錯誤的。

就從日本對蔣介石的感恩說起。二次大戰造成許多人死於日本的侵略，但日本應該乞求原諒的對象究竟是蔣介石或數億中國人民呢？

蔣介石個人有資格說「以德報怨」嗎？他能代表全中國人民嗎？答案是顯而易見的。中國人因無法忍耐長年的壓制才趕走蔣介石，接受中共的統治。如果日本眞要贖罪的話，應該承認中國人民所支持的中共，與蔣介石切斷關係才是啊！

歷史學者也指出蔣介石「以德報怨」的內幕。

原來蔣介石首先是想利用日軍與日本裝備來對抗中共。如果這個方法行不通，至少也不會反被中共利用。蔣介石在盤算之後，決定盡快讓日軍返回本國較爲有利，才如施恩般地加以遣送。

八年抗戰犧牲無數的中國人，而蔣家卻趁著戰亂積蓄近二百億美金的私人財產。這樣的蔣介石竟然被日本感恩，知情的中國人心裡一定很不是滋味吧？

那麼，從台灣人的立場來看又是如何呢？

## 台灣民族難以接受的苦惱

台灣人所受到的痛苦是筆墨難以表達的，日本對於這樣的台灣人似乎一點也不同情。日本長達五十一年的台灣統治，非但不斷課徵稅金，且於戰爭末期強徵台灣人民入伍，犧牲無數的寶貴生命，但日本連一句「對不起」也沒說。相反地，對於繼續壓搾台灣人的蔣介石，非但沒有提出忠告，甚至還感恩戴德。

舉個例子來說，隔壁鄰居的主人以前曾給予某人方便，他便永懷感念之情，這算是睦隣的美談，但若這主人是一個兇狠的暴君，虐待離家出走後又被帶回的孩子，孩子被凌虐至瀕死邊緣，而那自稱友誼深厚的友人卻裝作沒看到，在街上碰到他時，竟然還搓著手說：「你是個好人，是個大好人……」這是明智的國民該有的態度嗎？

其次，我們再來討論「務實」的層面。日本對國民黨政府的期待，並非所謂積極反共的「反攻大陸」，而是別將台灣交給中共的消極防共，這從去年九月十八日池田(勇人)首相的發言即可明顯看出。

這就是日本的眞正態度。雖說日本與中國不得不建立友好關係，但他們終究無法避免彼此在亞洲互相競爭的宿命。

既然中共與國民黨政府的統治權之爭已經分出勝負，日本理應果斷地承認中共為中國唯一的合法政府。

但是台灣問題不能混爲一談，必須另做考量，這不能責怪日本支持製造「二個中國」的陰謀。日本應該承認「台灣人的台灣」這個歷史事實，然後追隨、擁護歷史事實。

國民黨政府的存在根本是橫行霸道，不但違背歷史，亦不受到人民支持。首先，「反攻大陸」原本就是一場空話，因爲六十萬大軍中台灣人就佔半數之多。

台灣人不可能爲壓制自己的政權而在陌生的大陸上流血。

同時，開戰需要美國準備上百艘的運輸艦及大量的兵器彈藥，美國會同意嗎？

## 盡早尋求解決之策

即使連中國人本身也不相信「反攻大陸」會成功。看蔣介石身邊的人都將自己的孩子、財產移往美國，這種膽怯而沒信心的行徑即是明證。

那麼他們在台灣能安全地保住生命嗎？這也是不可能的。他們除了被絕大多數的台灣人同化或逃出台灣以外，再也沒有其他選擇。

日本眞要報恩的話，應建議蔣介石圓滿下野，幫助他流亡日本，再讓他「安樂死」。

如此，對台灣人來說或許有助於獨立運動，並且可在獨立後成爲建立親善合作的基礎。

由於三十五歲以上的台灣人普遍都有親日的傾向，所以國民黨政府要打擊的對象就是這些人，如果繼續維持目前的悲慘處境，對這些人或對日本而言都極爲不利。這是必須盡快尋求解決之道的原委。

（刊於《潮》一九六四年新春號）

# 日本與中國的競爭宿命

## ——台灣問題由台灣人處理

### 日本人的中國觀

就一般而論，我認爲日本人的中國觀未免過於淺見。亦即，有時將對手評價過低，有時卻又評價過高，從而失去自覺與自信。

例如，二月十八日的《朝日新聞》社論中，以「東洋的人間像」爲題，介紹毛澤東與史諾(Edgar Snow)的漫談，其中逐一探究難以理解的哲學意義，最後反省道：「戰前的日本，依賴在大陸住過多年的所謂『中國通』，藉其人際關係與單純經驗來判斷情勢，以致發生許多錯誤。日本忘記自己在明治維新前後的痛苦經驗，也不能理解被置於類似立場的中國民族主義。」

然後又自我安慰說：「後來的殖民地解放鬥爭或階級鬥爭較具妥當性，從而以此爲新次元來思考情勢，實爲很大的進步。」

最後話鋒一轉，「不過現在因有美國的影響，陷入過剩的反共意識形態，使其『中國觀』令人感到悲哀。」

眞的是這樣嗎？我並不認爲戰前的中國觀完全錯誤，也不認爲戰後的中國觀全部正確。現在日本的中國觀的確受到美國的影響，有陷入反共意識形態過剩的一面，但不是也有被捲入中共步調，導致容共意識形態過剩的一面嗎？

像中國那麼巨大的存在，正如「瞎子摸象」諺語所說的，那麼，對於比象更巨大的猛獁（長毛象）出現一些誤解，豈不也在意料之中嗎？

此世間眞是誤解的累積，連長年一起生活的夫婦都會發生妻子不理解丈夫，丈夫不懂妻子，但卻幾乎都圓滿共存的現象，只要不造成離婚或謀殺的破裂局面即可。

## 中國人的日本觀

相反地，認識中國人的日本觀到何種程度，不也非常重要嗎？

極端地說，中國人認爲日本人就是「東洋鬼」——不過是東夷的一個倭奴，卻不顧其身份而作惡多端，這是抗日小說中頻繁出現的名詞。在稱頌友好、親善之際，中國人雖然嘴裏不說，肚裡卻有這樣的想法，這是不容絲毫懷疑的事實。

與「東洋鬼」完全相反的表現，即是精神深處相通的「同根共祖」觀念。玆舉典型的一個例子加以說明。

一九五六年，國民黨政府御用學者衛挺生寫了一本書，名爲《日本神武天皇開國新考》。該書認眞地指出，日本的神武天皇即是奉秦始皇之命到蓬萊仙島尋求長生不老藥的徐福。他想說的，無非徐福是黃帝的子孫，所以日本人是「黃帝一家」的後裔。

國民黨政府認爲這本書對中日兩兄弟國的友好親善有益而加以褒獎，甚至發行英文版想要大大加以宣傳（實際上英文版有否出版不得而知，日文版則在神田的舊書店看過）。

落魄的國民黨政府還有這種自覺與自信。此點不論是中國知識份子或無學的文盲之徒，戰前、戰後均無太大改變。

日本與中國的命運分歧點在所謂的近代化問題，中國方面並沒有這樣的問題意識，自由主義與民主主義也不如日本那般被熱烈探討。像胡適這樣的人，不論在中國或國民黨政府，都沒有立足的餘地。

同時，中國視《赤旗》反映日本的全部民意，對日本文學亦僅評價無產階級作家的作品，由此事實可以證明中國人的日本觀是何等的偏見。

這情形眞是無奈，但問題更在於外交技術的拙劣。

## 友好的內涵

對訪問北京的日本人，中共常說：「日中關係是由二千年的友好與最近六十年的失和所構成。」

友好或親善這些字眼非常愉快又響亮，誰都喜歡使用，並且誰都不反對。但若深加思考，友好或親善云云，時常都是一方的立場強，另一方的立場弱。不過，並不一定立場強的一方必定得利，立場弱的一方必定損失。此事端看夫婦關係或兩個好朋友的關係就一目瞭然，甚至國家的關係也是如此。「日美友好」的情形是美國的立場強，而日韓親善的情形是韓國的立場弱。同樣地，在日中二千年友好的情形中，立場強的是中國，立場弱的是日本。日本是中國文化上的屬國，不但被册封，甚至還朝貢過一段時期。

失和是因爲這個「強的中國，弱的日本」的傳統關係發生更替而產生。這是劃時代的重大變化，所以發生革命的日本這邊出現若干過分之舉也是情非得已。如同毛澤東所說的，矯枉必須過正。

最近兩國高喊友好，是誰的立場強，而誰的立場弱呢？

前述中國方面的發言已有意或無意地埋下一個重大的伏筆。只要翻閱歷史就立即可知，所謂二千年的友好期間，日中兩國是不斷地互相警戒，持續發生過各種小規模的衝突。

神功皇后征伐三韓或秀吉的朝鮮出兵，是日本對中國的亞洲秩序提出強力反抗（對朝鮮人十分抱歉，但朝鮮半島一直是日中兩國傳統的戰場），而白江口之役、元寇來襲等，都是中國對日本的武力進攻。倭寇、德川幕府支援台灣鄭氏，則是日本對中國的挑戰。

大體上，夷狄國家對華夏上國抱有很大的自卑感，即使以武力征服中國，也會在精神上示弱。

日本是特殊的存在。日本不但未曾被中國入侵，反而常以高姿態向中國出手。雖然受中國的影響，但卻發展出獨自的文化，而且一直珍惜地加以保護。

這也許因爲日本是遠離中國的東海之島，小國善於整合，而國民的素質亦頗優秀所致。早在聖德太子（日本古天皇）時代就曾輕鬆地指出：「日出之國的天子，致書日沒之國的天子。」同時，山崎闇齋謂：「若中國以孔子爲大將，孟子爲副將來攻，則討伐孔孟才符合其教誨。」眞是有「膽氣」的國家。

如此主張或許會被兩方圍攻，但最近我深深地認爲，日中兩國在亞洲終究是一組互相競爭的對手。

正確與否有待智者批判，不過既然是互相競爭的對手，則可知其友好必有限度，其失和也有限界，此外，容許存在少許誤解或認知不足，亦無傷大雅。

國家間的競爭對手與個人間的競爭對手並無太大的差別，所以要知道對方的想法並不困難。

日本的七字詩「川柳(Senryu)」有一句「對奕者令人既可恨又懷念」。如以此川柳為基礎來思考的話，互相競爭的對手雖然可恨，相反地也有相惜的一面。

因為可恨而想要抹煞對方，難免會行事過分。然而，對手也不是那麼簡單即可抹煞的。元朝慘敗於日本，日本侵略中國也一敗塗地，此即是最好的例證。

不可以因為相惜而無防備。或許對手會暗中跟隨名師（即獲得他國救援）鑽研也不一定，若因自己鬆懈或怠慢，結果遭對手毫不容赦的打擊，此後就不再是互相競爭的好對手了。

奕棋有平手之時，但競爭對手則大體是一方領先對方的態勢。到德川時代為止，中國一直保持領先地位，明治以後則由日本奪取領先地位。現在誰領先，則尚未確定。

此處存在兩國領導者的課題，那就是有待國民的奮起。關於這一點，由於中國已確立舉國一致的體制，領導者的野心正在燃燒；日本國民卻如一盤散砂，領導者挑戰難局的魄力也不夠。由此觀之，豈能不為日本擔憂嗎？

## 欲止而不能止的日本

日中兩國被亞洲諸國視為競爭對手，算計著那一方比較優勢，其結果是日中關係不止於日中兩國，且將使全體亞洲政局產生糾葛，甚至影響自由陣營與共產陣營的勢力均衡，所以日本並非可以簡單地「安全下莊」。

這對制訂和平憲法並發願為正義人道之旗手的日本人來說，當然是困惑至極的事，但這個世界還停留在現實主義的政治思想，因此即使憤慨也無濟於事。不脫離嚴格的現實而追求自己國家的利益，乃是政治家的責任。

那麼，日本的國家利益是什麼呢？對此，日本人自己已經有很多議論，我不會笨到想去畫蛇添足。不過日本以貿易立國，是所謂的海洋國家，必須認識到確保太平洋與東海、南海的航路安全，以及建立與美國、東南亞、歐洲各國的密切關係，乃是日本作為東亞大國的基本條件。如果此一認識是正確，我認為現在中共的政策對日本來說是凶多吉少。

表面上，中共是以美國為競爭對手，但我認為其真正的企圖在於日本。中共還沒有和美國爭霸世界的強大力量，且其領導者的頭腦也還不夠精密。但不能忘記的是，中國人是現實的國民，認為在亞洲與日本爭奪領導權尚可穩操勝券，故其順序是先解決日本，然後才再與美國周旋。

中共為此進行著變幻莫測的巧妙作戰。亦即，促使美國消耗精力，使其在盟友中孤立，對日本則採取軟硬兼施的兩面手法使其動搖，促其脫離美國而陶醉於姑息之中。

我或許會被指責「以小人之心，度君子之腹」，但即使是我的判斷有誤，日本亦無妨先做最壞的打算。

其實毛澤東曾明確地說要「解放」日本，我認識的親中華僑亦曾無意中脫口說出「要做中國的第五縱隊」。

## 幾個建議

因此，我大致上贊成自民黨與民社黨的政策，雖然對其具體問題多少有不能認同之點，茲列舉如下——

必須更明確的對亞洲諸國發表聲明，顯示日本有決心與覺悟要與中共對決，這些國家正因中共核子試爆、印尼接近中共、南越敗北而產生動搖，提供鎮靜劑是日本的工作。今年五月要舉行的AA（亞非）會議是大好機會，日本需要展現自信去參加。

對承認中共一事不必著急。即使要承認，也須認知到台灣是別個國家。如果不能做到此點，就不要承認中共。日本絕對不可以放棄台灣與韓國。

國民黨政府完全是不可靠的政權。繼續承認國民黨政府為中國的正統政府，將不能封住中共進行「解放」的藉口，從而將陷入作繭自縛的地步。

台灣不是中國的固有領土，台灣人也與中國人不同。協助台灣建立台灣人的獨立共和國，不但符合正義與人道，也符合日本的國家利益。進行的順序為學習英國、法國、加拿大等國，先從「尊重住民意願」開始。

不要過度期待與中共的貿易。所謂「過度」，即指不必以卑屈的讓步來謀求擴大貿易之意。我對經濟是外行，但依資料顯示，中國貿易即使在戰前的最高水準，其輸出也只不過占二三％弱，而輸入則占十二％強。這並不能不說其已達到相當的程度，但若與美國、東南亞、歐洲、中東的合計相比，其數額當然是少之又少。同時，在戰前的日中貿易關係中，其前提爲日本是母國而中國是殖民地，但連在此種情形下也只是這種比率而已。今日的中共在政治上擺出高姿態，在經濟上進行構造改革，因此其貿易擴大必有一定的限度。

最後就國內體制來說，我接觸許多日本青年，頓時感到日本的將來多少將有不安。一言以蔽之，即欠缺質樸剛健的氣概。無論如何，盼望日本人將來會成爲亞洲安全的精神支柱。

（刊於《評》一九六五年四月號）

# 台灣民族論

台灣人現在已發展成與中國人完全不同的民族。台灣人基於「民族自決原則」，有權利公開主張台灣獨立。本文試圖以科學的根據來論證台灣民族的形成。

筆者將先對「漢民族」的實質加以考察，探究部分台灣人難拋此念的原委，再釐淸台灣民族的定義，最後展望台灣民族主義的未來動向。

## 「漢民族」不是民族

首先，我要考究所謂「漢民族」這個語彙。中國人常自稱「漢民族」，台灣人也相信自己屬於「漢民族」，而日本人也認爲如此，且常以優雅的形容詞稱讚中國四千年悠久的歷史及偉大的文化。但是，到底「漢民族」的確實內涵爲何？讀者曾認眞思考過嗎？

「漢民族」一詞中的「民族」是何意涵呢？是人種(race)？volk？或是nation？

在此，我們也許可先確定漢民族不具人種的意義。通常人種分爲白色人種、黃色人種及黑色人種等，其中漢民族屬於黃色人種，這是任何人都知道的事實。

我們不知中國人在何時如何發覺自己是黃色人種，但中國人曾蔑稱白色人種為「紅毛番」，黑色人種為「黑鬼」，即已建立獨自的區別方法。此點可由歷史得到證明。自鴉片戰爭（一八四〇～一八四二年）以來，由於遭到慘痛打擊，中國人對白色人種產生敬畏之念。另一方面，隨著洞悉黑色人種被白色人種當作奴隸後，愈對其產生輕侮之心。

對於同為黃色人種的其他民族，中國人亦會直接表現其優越感。他們大體上認為，日本人、朝鮮人或越南人是中國人的後裔。就最近的「黃禍論」來說，其他的黃色人種或許會認為這是無聊的臆測或反彈，但中國人一定會自鳴得意地認為：「當然如此！」或許有人會認為這是虛妄的說法，但這種人對中國大概不甚瞭解。中國人始終深信自己是上天的選民，這是無法以常識想像的。

嚴格地說，人種概念是依遺傳起源的身體特徵之一定組合來分類的。用以辨識的遺傳特徵，有眼睛、頭髮顏色及形態、鼻型、身高、頭蓋指數等，從而分為印歐人種(Caucasoid)、蒙古人種(Mongolaid)以及黑色人種(Negroid)三種，此點大體上合乎白色人種、黃色人種以及黑色人種的通俗分類（但膚色最黑的印度人屬於印歐人種，美國印地安或愛斯基摩人屬於蒙古人種）。當然，中國人、日本人、朝鮮人和安南人等，都屬於蒙古人種。

然而，遺傳上被認為不會改變的身體特徵，有時也會因環境與其他因素的影響而有所改變，此點已在對夏威夷日裔移民子孫的研究中獲得證明。如柯羅曼(W. M. Krogman)所說：「人種不是生物學上被明確定義的實體。現在只能認為那是暫時性的定義。人種具有通融的可塑性，可因時、地、環境而有所改變。」(一九五八年，東大出版會發行《社會學講座五：民族與國家》)因此，我們不應有人種偏見。

## volk與nation

那麼漢民族的「民族」之意是否為nation？大部分的人似乎都這樣沿用。遺憾的是，這是錯誤的看法。漢民族的「民族」絕對不是nation，而是volk。

也許很多人首次聽到volk這個名詞。日語將其譯為「基礎集團」，這是取自德語的專有名詞。不過，由於一般人都認為此一譯文語義生硬，大多使用原文。有時亦以「民族」的譯詞代用，但必須加以註明。例如：

「在提及古代的民族問題之前，對所謂『民族』一語應力求瞭解。今日我們使用古代以及中世紀之間的所謂『民族』一詞，其實是volk之意，而不是nation。那麼，為何明知有這種區別，又一再使用容易使人混淆的『民族』一詞呢？這是由於至今尚無完整的慣用語彙之故。因此，基於如下的理由而不得不使用民族一詞。在資本主義出現之前，並不存在nation，此點必須加以說明。唯在現階段，與其說以前沒有民族，不如說以前就存有volk，以此種結構上的變化來掌握nation，才能正確釐清其間的差異。第一，與其說從無變爲有，不如說以前就有volk，它因完成結構上的變化而成爲nation。第二，nation當然是以言語、地域、經濟生活和文化共通性中表現心理上的同一性格爲基礎，從而產生一個集團，但何以分散性很強的volk能在這樣的條件下完成整合呢？這是因爲存有一種推動之力將volk整合成nation。隨著volk與nation的涵義日益明確化，也能藉此釐清其間的關聯……」（一九五二年、岩波書店發行，歷史學研究會編《歷史中的民族問題》——歷史學研究會一九五一年度大會報告，藤間生大：〈古代民族問題〉）

連藤間教授這麼著名的歷史學者都在應稱volk的場合也改稱「民族」一詞，且認爲並無不妥之處，因此一般人不知volk概念，而將其與nation相提並論，當然也無可厚非。但確切地說，volk和nation在涵義上是不同的。

不過，對volk與nation的不同與其關聯性，在前述藤間教授的引文中雖已明示其概要，但仍須做更詳細的說明。在此，筆者不得不大幅引用論著，以闡明一個新的概念，讓讀者能充分瞭解。

「民族(nation)是在基礎集團(volk)長期發展的過程中所形成的。人類在出生之後，同時就成爲『民族』的一員，並在其中滿足種種的欲求，與同類們透過共同的言語與風俗習慣，有意識或無意識地融入集體的感情，並透過人類漫長的歷史漸漸深化。從所謂原始共同體的階段到現今的民族，其具體的演化過程與原因尚存在許多對立的觀點……

中世紀的封建社會還未形成現今的民族。

所謂封建，顧名思義是以各地的領主諸侯爲中心，細分爲許多自給自足的地域，從而人民也各自對這些地域強固地保持其特殊性與封閉性。當然，各地域的上層之間互有交涉，當時基督教和拉丁語超越今日的民族框架而具有普遍性，但下層的大衆並非如此。其次，在中世紀的身份社會中，上層與下層階級的共同體意識還不充分。當然，中世紀的領主或武士與農民的關係，若與奴隸制社會相比，確實階級間的關係已較接近，但上層與下層之間仍存在很大的斷層，全體都爲一個民族的集團意識，還停留在未發達的階段。

如此，中古歐洲以地域的分別及階層的分別，而區劃成水平和垂直兩方面的階級，故民族的文化共同體還難於成立。」（一九四七年，《哲學研究》第三百六十二期，臼井二尚：〈民族發達の諸段階〉，頁二十四）

停留在此階段的所謂未發達之潛在性民族，一般都稱之爲volk。volk是繼部族階段之後，統合幾個部族而形成，其中包含不少方言的差異，唯其全體並非十分明確，而是從做爲一個共同的民族集團逐漸凝聚而成。總之，volk可以歸類爲對應於封建制度階段下未發達的民族。

「近代的歷史，即是此種volk打破地域與階層障礙，落實明確的統一共同體的過程。封建體制因爲資本主義的商品經濟發展而逐漸步入崩潰之途。商品超越以往封閉的框架，爲對應這種狀況，使當時不過是形式上存在的國王與新興商人因需要而相結合，以抑制領主諸侯的權力，樹立統一的中央集權國家。在經濟上，其規模即相當於國民經濟(volkswirtschaft)的範圍。由於此種中央集權國家的形成，不得不排除過去地方的封閉性，禁止地方的稅制或貨幣等，在廣大的範圍內建立同一性。而爲消除各地方言的差異，從而廣泛地普及新興的國語，也是在這個時期……

但必須指出的是，統治中央集權國家的是君主王朝，人民只不過是此王朝或國王的被統治者而已。……

正如米雀斯(R. Michels)所指出的，『對民衆來說，路易十四時代所謂的祖國概念，只是王朝國家和忠愛王朝的義務之還原。』此處所反映的即是『朕即國家』(Ll Etat, c'est moi)的著名說法，可見民衆還欠缺自覺性的民族意識。volk還不能充分排除階層性或垂直性的障礙。

要打破此一障礙，不外確立民主主義，最具象徵意義的是法國大革命。在極權主義的國家之下，地域的同一化雖然相當進步，但是人民仍爲國王的臣民，人民之間擁有的只是volk的共同情感，他們自己形成『吾等集團』的民族自覺尙不明確。當『國家對所有的子民承認同一的權利，依此而使所有子民能向其要求同一的愛』(R. Michels)的意識開始蔓延之後，才排除社會的階層性障礙。如此，居住於廣泛地域的所有住民，方始自覺彼此爲同一民族的同胞。

如此一來，volk即發展爲nation。nation是指volk這種未發達的潛在性民族，由於中央集權國家的形成、民主主義的確立等，形成有自覺的民族。積極支持所謂『我們』的同胞意識與『吾等集團』的民族即是nation的特質。……」（前揭書《講座社會學五：民族と國家》，頁一七～二〇）

volk與nation的差異與關聯由此日益明確，我們只須將此概念嵌入漢民族的思考即可明瞭。因此，所謂「四千年……」的優雅形容詞，無疑承認漢民族的「民族」不是nation，而是volk。因爲歷史上並無四千年前就存在的nation。如果存在的話，不僅上述所引用的volk→nation的理論要被推翻，甚至連政治學、歷史學、社會學也不得不回歸於零。由此可知，相信漢民族的「民族」爲nation的通俗說法是錯誤的。volk→nation的學界定見亦完全適用於中國。中國古代的封建制度可見於周代；廢除封建諸侯、設置郡縣制度，從而確立中央集權國家可見於秦代以後。東洋史家分秦以前爲上古或古代，秦以後爲中古或中世，乃是基於社會的變革。但中國史的特殊性是源自中世的中央集權國家時代，從秦到清持續存在二〇〇〇年之久，一直未能順利地進行近代化。亦即，在此一漫長的歲月中，資本主義未能發達而使資產階級抬頭，也無民主主義的勃興以推翻專制政治。換言之，雖然中國發展到

volk的最後階段，卻未能蛻變爲nation。探其原因，實爲有趣的問題，其解答雖有所謂的亞洲生產模式，但筆者稍後想提出自己的見解。

「那麼，將volk→nation理論套用於其他各國又如何呢?其最典型的例子就是英國。在伊莉莎白女王(在位期間一五五八～一六〇三年)時代最盛的政權主義，是從處決詹姆斯一世(一六四二)，歷經光榮革命(一六八八)，建立立憲政治，資產階級經十八世紀後半期的產業革命形成主體勢力，從而發展爲nation。至於法國，當然是在法國大革命(一七八九～一七九五年)後形成民族國家。日本雖誇稱是擁有二千年歷史的『大和民族』，但僅是號稱有四千年歷史的漢民族云云的亞流，日本民族的成立應在明治維新(從一八三四年的天保改革至明治一〇年的期間)以後較爲正確。

民族的定義雖然尙未統一，但比較公正而廣被沿用的是馬克斯的定義。亦即:『民族是以四項基本特徵之共通性爲基礎，即言語的共通性、地域的共通性、經濟生活的共通性以及民族文化固有特質的共通性，而由其表現心理狀態的共通性，並以此爲基礎而產生的歷史性建構。它是一種人類堅固的共同體。』此定義特別不重視血緣的要素，假使能再正確地認定血緣要素，則將更加完整。」(前揭書《講座社會學五：民族と國家》，頁七)

稍後，我想依此定義逐一論述台灣民族成立的條件。在此之前，我想就其他事例進行概括性的說明。

民族的形成過程有各種歷史條件和以階級爲主體的推進力，故各有其不同的內容。現今世界的先進各國大致是一八七〇年前後由volk發展爲nation而成立的民族國家。由於俄土戰爭（一八七七～一八七八年）的結果，爲保持強國間的均勢而誕生的保加利亞、塞爾維亞、蒙第內哥羅、羅馬尼亞等巴爾幹諸國，雖有成爲獨立民族國家之基礎，但未能產生做爲主體的階級，徒然被封建軍閥與官僚所玩弄，並成爲強國操弄的傀儡，最後僅成爲製造國際紛爭的火種而已。衆所周知地，人類在二〇世紀以後高唱「民族有建立獨立國家的權利」，民族自決成爲國際間的共通觀念。尤其是兩次大戰之後，許多殖民地紛紛獨立乃至自治。其中，俄羅斯的情形更加有趣。一九一七年發生革命，共產黨取得政權，由於他們承認民族自決，一時之間出現十數個獨立國家。其後，它們雖大多加入蘇維埃社會主義共和國聯邦，但也有像波蘭、芬蘭、波羅的海三國等堅持獨立的國家。第二次大戰後，因殖民地主義衰退，僅十幾年之間即有六十個以上的新興國家完成獨立。由於其多數爲僥倖取得獨立，因此未能將基礎所在的nation落實，尚處於未成熟的volk階段，因而一直持續著前近代的內部抗爭而永無寧日。

以中國的情形來看，縱使它有特殊的發展方式，但仍是世界史中的一環，當其他各國成功地發展爲nation時，亦不容許其自身還停留在volk的階段。由於外來的壓力，使其從清朝末期就已經開始發展爲nation，最後終於因共產革命成功而建立中國民族。

## 中國民族的成立是最近的事

中國民族意識(nationalism)的產生，並非始於黃帝時代，也不是在漢代，而應從太平天國之亂(一八五〇～一八六四年)追求其起源。日本著名的中國研究者竹內好的見解最具代表性，茲介紹於下：

「中國的民族意識發生於何時，這是學術上尚未解決的問題，唯一般都從太平天國之亂探究其起源。太平天國是十九世紀中葉發生的一場農民戰爭，以推翻清朝統治、土地革命和確立人權爲綱領，並包含部分反帝國主義啓蒙思想的革命運動。它是中國最早將民族運動結合社會革命的基本形態。」(一九五七年岩波書店發行，《現代思想Ⅲ：民族の思想》，竹內好：《中國の民族主義》)

「中國的民族解放運動(相當於中國民族的形成過程)，因帝國主義在鴉片戰爭後於全中國擴大控制，因而益形白熱化。帝國主義控制中國的過程，大體是先收攏清朝專制權力，改編其統治基礎所在的官僚制度，使其成爲帝國主義的控制機構。由於此一官僚制度係存在於中國社會的孤立分散性之上，爲打破這種專制統治形態，即須以打破社會的孤立分散性爲當務之急。隨著秘密結社或資本主義的發展，將會館、公所重新整編爲商會，藉由這種結合大衆之橫向聯結，使其必然地負起重大的使命。

太平天國革命、義和團之亂(一九〇〇)、辛亥革命(一九一一)等都是以秘密結社爲核心，另一方面，中國雖在甲午戰爭後日益傾向資本主義，卻也同時強化中國資產階級的政治發言權，其後的立憲運動、利權回收運動、抵制外貨(杯葛)運動等，都是由商會勢力主導且強力推行的代表性事例。尤其是以往屬於地方性的杯葛運動，在日俄戰爭後更發展爲全國性的杯葛運動。必須特別注意的是：在此過程中，這種官僚資本主義的發展，反而將中國人民凝聚成爲民族(nation)。基於各種利害，所有反帝國主義階層都站在同一陣線上完成集結，此點實不容忽視。

在帝國主義的控制擴及全中國的同時，隸屬滿清王朝的中國人民亦將其民族形態初次表現在辛亥革命，之後再逐漸發展成爲全民族的運動。全國各地掀起農民、手工業者的暴動，雖然中國資產階級尙屬孱弱，但終得以民主主義革命打倒封建的滿清王朝，排除國內壓抑的民族情緒。但由於對封建體制的鬥爭不夠徹底，反而使軍閥、官僚等反革命勢力抬頭。

這種反革命勢力的基礎，早在太平天國時即由曾國藩、李鴻章等所扶植，他們的所謂洋務運動成爲打倒革命勢力的武器，結果是藉由屈從帝國主義而建立地方勢力。後來，這種軍閥勢力即在帝國主義設定的勢力範圍中逐漸被培植成長。尤其袁世凱一手培植的北洋軍閥，更是結合帝國主義提供的武力而茁壯。

由於中國的資產階級還具有濃厚的地主、高利貸性格，因此在利用由下而上的革命情緒的同時，又將其壓抑在一定的階段，從而產生與軍閥統治勢力妥協的可能性。他們的這種妥協，使欲實現資產階級民主主義的辛亥革命半途而廢。辛亥革命的革命能量，由於國民黨僅止於議會主義之訴求，再加上右翼國民黨員被收買，更由於秘密結社的公開化與其上層幹部的腐敗，使其失去凝聚人民力量的機會。」（前揭書《歴史における民族の問題》所收，野澤豊：《中國の民族解放運動》）

在曲折迂迴的中國民族主義的形成過程中，孫文佔有何種地位呢？竹內好認爲，孫文的革命精神是太平天國的復活。衆所周知孫文雖倡導三民主義，但其重點卻放在民族主義。亦即，對外要從帝國主義獲得解放，對內則主張少數民族的自治。這不同於歐美先進國的民族主義，他們是對外憎惡其他民族而侵略其領土，對內則壓迫少數民族。相形之下，孫文的民族主義可以說具有和平的特色（此亦為當時的中國情勢所促成）。但是此運動在實踐時卻常遭失敗。

鈴江言一（王樞之）在《孫文傳》（一九三一年，改造社發行；一九五〇年，岩波書店發行）中寫道：

「……在民主主義鬥爭中，他的實踐與誠意並不一致。他爲了民主政治而解放中國，卻常與其全心投入的方向相反，使民主政治與解放益形混亂。

辛亥革命後，孫文應該投入大衆的民主主義運動中，但他卻將自己隱藏在大衆之後。他的同黨已走到山窮水盡的地步。他那主戰的民主主義夥伴們，完全侷限於廣東人及海外移民團體。

他始終在護法的旗幟下奮鬥。他企圖透過法治與道德的勸說，以解決軍閥統治造成的混亂。因此，他的鬥爭常無法脫出軍事與政治的投機，因此使他在面對大衆時成爲軍閥紛爭的一份子。

孫文和國民黨曾兩次在廣東建立政府。但是在此期間，孫文和國民黨的目的在於護法，而其手段是軍事投機，從未自許爲民主主義者的政府來推行任何建設。……

孫文的護法與軍事投機必然將他與國民黨導向危機。他在向華北發動新攻勢的同時，民衆已捨棄他們這種戰鬥性的民主主義者，而開始將政治鬥爭朝向新的方向發展。

聰明的孫文終於發現這個危機。」(岩波版，頁二五四～二五五)

孫文會見馬林和越飛之後，聽取應該擴大基礎的忠告，進而從事國民黨的改組，允許共產黨加入(一九二三年十一月)。孫文客死北京之後，國民黨政府得到共產黨的協助，從而正式步入北伐之途(一九二六年七月)。唯在接近上海而被迫與買辦資產階級對決時，國民黨卻與其妥協而決定和共產黨分道揚鑣。後來，代表四大家族的蔣介石與帝國主義者結合，使中國持續處於半封建、半殖民地的狀態，以追求自己的利益。此一過程是衆所周知的事實。對此，中國研究者幼方直吉有如下的描述：

「中國四大家族的殖民地法西斯主義扭曲孫文的民族主義（註：標榜與其他民族和平共存），對外推行與民族獨立相反的隸屬化（買辦化），對內採取壓抑官僚獨佔資本與強制少數民族同化的政策（以漢族為本家，少數民族為分家的大漢族主義）。如此，使得中國連近代民族也無法形成，而是在封建制的分散性上，由帝國主義加以分割、強化與助長。」（一九六一年，岩波書店發行，倉石武四郎編《變革期中國の研究》所收，幼方・野原：〈中國における近代民族意識の形成と民族問題〉）

在四大家族的封建專制統治被打倒、外國勢力被排除後，中國才成立統一的近代民族。中共成立的中國民族，相對於其他先進國由封建社會→資本主義→社會主義社會（可解釋為包括修正資本主義社會）的歷史過程，具有由封建社會→半殖民地・半封建社會，再一舉進入社會主義社會的特殊性。爲什麼中共能不經過資本主義社會就躍進到社會主義社會，而且認爲應該這樣才對呢？對此，毛澤東在〈中國革命與中國共產黨〉、〈新民主主義〉、〈人民民主專政〉等論文中有類似的論述。這些論述在今日似乎收到相當的成果。

因此，人們對中共扮演的歷史角色有頗高的評價，從其規模之大與對今後發展的期待，似可稱之爲「偉大的中國民族」而無愧，但若要說此一「中國民族」從四千年前就已儼然存在，在學術上顯然是錯誤的，甚至不得不說是虛假的。

## super volk的明與暗

若僅以volk的意義來說明所謂漢民族的「民族」時，稱台灣人爲漢民族的一部分也無可厚非。但若將漢民族的「民族」設定爲nation，並對以台灣人立場爲主體的思考遲疑不決的話，其愚笨錯誤莫此爲甚。

有部分台灣人與中國人一樣，喜歡自稱出身漢民族來表示光榮或優越感，那是他們的自由，但此光榮或優越感其實已經進入歷史，僅能如「國王的新衣」一般自我陶醉。

到清朝中期爲止的漢volk，的確曾擁有光輝的歷史與優秀的文化，就某種程度而言，當時的中國人無不覺得光榮之至，這也是理所當然之事。我也認爲漢volk其實是世界史上罕見而偉大的volk，堪稱爲super。下面試述漢volk之所以成爲super的由來。

第一，中國和埃及、美索不達米亞一樣具有悠久的歷史，擁有與歐洲一般大小的廣大領土，人口之多佔世界五分之一，富有燦爛的高度文化。漢volk是在所謂亞洲生產模式的框架內，達成其自身的自律性發展，當現在的歐美先進國家還在野蠻未開化的階段時，中國已經達到光輝的頂點。我們可以由此深切理解，當衆多的中國人在懷念祖先偉業時，對於指南針、紙、火藥、印刷術都是出自中國發明而感到驕傲的心情。

但所謂達到頂點，也就等於今後只有走下坡一途。愈走到頂點，人的想法就愈保守，改革就愈困難，且改革的餘地也很少。中國近代化——反映在他們心理上的是，屈服於歐美的奇恥大辱——的進展是何等的困難，此點若與日本的情形相比即可得知。

歐美的衝擊也同時加諸在日本身上，但日本並非像中國是super，所以比較容易接受。日本也曾同樣高喊「攘夷」，但在鹿兒島砲戰（一八六三）和下關砲戰（一八六四）之後，由於認識到近代兵器的威力及其背後的歐美高度文化，他們即幡然覺醒而走向開國之路。

中國也有曾國藩、李鴻章、張之洞等洋務運動者，似乎先於日本進行近代化，但那只不過是發自「中體西用」的不服輸想法，結果以失敗告終。繼而有康有爲等的戊戌變法（一八九八），這是模仿日本明治維新的改革運動，但是這也無法適用於嚴重動脈硬化的super volk。super volk正因其super之故，終於只能坐以待斃。

中國人雖自豪在幾千年前的黃帝時代即已發明指南針，但是從來沒有聽過中國人利用它去探險新世界。據說，紙是後漢的宦官蔡倫用樹皮、麻頭、破布、魚網作成的，但是這與今日被大量使用的洋紙並無任何直接關係。同時，中國今日高達八十五％的文盲依然被忽視。自古以來，火藥的使用與中國人喜歡煙火有關，中國卻四千年如一日地使用於婚葬喜慶的餘興，而歐洲卻將其改良爲武器，做爲侵略中國的工具。至於中國的木版印刷是否可以與古登貝克（一四〇〇～一四六八）發明的活字印刷相提並論，亦頗令人質疑。

在此，最大的諷刺也許是中國的民族革命精神。無論是孫文的三民主義或毛澤東的馬列主義，基本上都不是中國固有的思想，而是從歐美直接輸入的政治思想。

要言之，super volk的super在其後的中國並未重現。

第二，中國對自己是super volk引以自豪，但正因有不當的優越感，反而惹起禍害。幾乎所有中國人都不反省「中國近代化的失敗是由於自己的頑固與傲慢」，而將全部的責任歸咎於帝國主義的野心。承認近代化的失敗還算可取，因爲甚至有人仍以「阿Q的精神勝利法」而不願服輸。

對於中國人之優越感的由來，東洋史權威和田清博士有這樣的分析：

「中國佔有亞洲東南部的肥沃土地，長年以來是東亞唯一的文明大國。與此相較，四周各國頗爲貧弱且開發落後。一般來說，愈是遠離中原，氣候、風土愈差，物質愈缺乏，住民愈未開化。因此，已習於此的中國人自然會驕傲，而且相信自己是崇高的華夏上國，認爲其他民族是卑劣的戎狄蠻夷，自我尊大而耽於所謂華夷思想。如矢野(仁一)博士所言，中國認爲自己是天下而非國家。王者之德雖有厚薄，唯王化之所及全爲其天下，不允許對立勢力的存在。居於八方的邊裔，只被認爲是蠢拙的夷狄。因爲這種想法，中國不承認有對等並立的國家存在，所以到近代初期歐美勢力東漸時，首先妨礙互相的國交融合，不久即導致中國的破滅。」(一九五〇年，岩波書店發行，和田清著《中國史概說上卷》，頁一～二)

中國人的優越感是由於其完全相信日本人是秦始皇奴僕徐福的子孫，且至今仍主張對琉球的宗主權，甚至對華僑這種遠去海外的「親人」，也不知道要抑制自己的優越感。

華僑與台灣人的情形相同，都是因在本土不能生活而不得不到海外謀生。現在國民黨政府與中共無不討好海外華僑，不過這無非是爲了自己的利益，企圖利用他們而已，絕不是爲華僑的利益設想。華僑到清朝時，仍被視爲「忘本者，不良之徒，無賴之輩」（一九四一年初版，螢雪院發行，成田節男著《增補華僑史》）。成田教授表示：

「……外國都是野蠻之國。無論物質或文化都不如中國優秀。因此，中國人不得不因生於中國樂土而感謝。身爲中國人卻放棄中國而居住外國者，不是『忘本者』就是『不安分者』。」（前揭〈中華思想と華僑對策〉）

台灣的情形是「中國人的優越感」與「其所引發的破滅」相互凝集後出現的事例。台灣在清朝時始併入版圖，但新併入的民衆被視爲背棄中華的暴徒與其子孫，因而遭受蔑視與冷落。在甲午戰爭遭逢破滅性的敗戰之後，犧牲台灣而將其割讓給日本。在遭受日本帝國主義的壓迫與剝削之後，再於第二次大戰後復歸中國，但中國卻以此蔑視台灣人，並施以不下於日本人的壓迫。

第三，此一超級volk依賴儒教的家族制度，將其擴大爲宗族（氏族）制度，而以其爲紐帶加以維繫。中國人倡導「漢民族即是黃帝子孫」。黃帝是創國的神話人物，傳說其打敗苗族大將蚩尤後登上帝位，制定文字、法律，也制定醫藥的方箴，且其妃嫘祖教授養蠶取絲製造衣服等，實爲適合擔任super volk之始祖的超級皇帝。質言之，漢民族可謂一大血緣共同體的意識。稱「同胞」、稱「四海之內皆兄弟」是中國人最拿手的。但令人難以忘懷的是，中國人那種若無其事陰險殘殺幾百萬、幾千萬「同胞」的殘忍性和疏離感。

在太平天國之亂期間，有三千萬以上的中國人被殺。其次，從一八六〇年到一八七〇年代發生在中國西北部新疆地方的回亂，也犧牲大約相同數目的人民。有不少地方的住民死亡十分之九。一八七七年到一八七九年間發生的華北旱災，約有一千五百萬人餓死。一九二〇年、一九二五年的飢饉和一九三一年的洪水也有數百萬人死亡。單是四川一省，在民國以後即發生四百次暴動，一九三二年到一九三四年間的動亂中有一百萬人被殺。從一九二八年到一九三四年間的五次剿匪內戰，再加上其後的國民黨整肅清鄉，約造成數百萬人死亡。從一九四六年到一九四九年間的國共內戰，約有三百萬人死亡。依據史諾(Eadgar Snow)的統計，單是國民黨政府時代的二十年間，因人禍、天災而死亡的數目恐怕高達五千萬人(一九六三年八月，弘文堂發行，チボール・メンデ著，高橋正譯《中國とその影》，頁二〇四～二〇五)。「黃帝一家」的機構有至高無上之神的「天」，任命現世的最高統治者──「天子」。天子奉「天命」勤政愛民。人民有如「赤子」，而赤子由「百姓」構成。百姓的始祖則由天子一族分衍。因爲人民爲數衆多，所以天子選拔有能的官吏幫助推行政治。這些官吏與天子同心，慈悲地引導人民，因而被稱爲「牧民官」或「父母官」。人民要成爲善良的赤子，就必須努力「修身」、「齊家」，而這個努力會通往「治國」、「平天下」。

這個「黃帝一家」的思想，使中國學者一論及民族，必然思及血緣共同體。同時，儒教的政治倫理被認爲是漢民族的美德，是強化其優越感的因素之一。對於前者，中共因馬列主義的立場而無法贊同，因爲在史達林的定義中並無血緣的因素。對於後者，過去雖有曾被《新青年》批判的經驗，國民黨政府卻仍一貫加以肯定，而中共最近也採取相同的立場。

## 台灣volk的衍生

volk與民族(nation)不同的特徵之一在於其封建分散性，即橫向關係上會在較狹小的地域形成封閉性社會；而在縱向關係方面，會因社會身份制度的確立而顯得零碎。前者屬於封建割據的一面，每在強力的專制君主出現時，總會努力確立中央集權，但因經濟機構尚未成熟，故會隨時瓦解而回復原狀。君主專制若無力量，容易形成群雄割據的局面。周朝衰微形成春秋戰國時代，東漢之亂形成三國時代，西晉無能而形成五胡十六國，唐朝衰弱而形成五代，皆是顯著的事例。「天下合久必分，分久必合」，此之謂也。

封建的身份制度較前者更具強韌性。士大夫階級與庶民階級，士與農、工、商之間有無法超越的鴻溝。科舉制度在理論上可能打破此一鴻溝，唯若沒有經濟上的背書，則無異於畫餅。

到了民族(nation)的階段，縱橫的封建分散性將被打破。打破的程度愈徹底，其民族(nation)愈能達成高度的發展，但實際上無可避免的是，它多少會遺留封建的殘滓。

台灣是漢民族超級volk在福建、廣東沿岸割據的小volk，於十六世紀後半移住開拓的新天地。即使同屬該地的漢volk，除了東方以外，三面皆被仙霞嶺包圍，遠隔中原而形成文化、產業落後的一個小volk。此地的開發始於三國時代，但那是由浙江搭舟西進而到達閩江流域。眞正著手開發的是唐代安史之亂(七五五～七六三)時，長江中流的人們爲避免戰亂而疏散到此。在五代，王審知得以建立享國五十年的閩國，可以說是蹈襲此一實績而完成的。到了南宋，此地早已人口過剩，多餘人口以華僑身份移往南洋。該地約有九十%爲山岳，僅有分散各地的盆地以及沿海的若干平原，不得不爲灌溉設備而勞苦，衆人只有出海捕魚或靠海外貿易以維生計。剛好此時阿拉伯人前來貿易者頗衆，從他們獲得了隔海那邊的知識，瞭解了距離較近的澎湖島、台灣之事，自不待言。

以上是福建、廣東沿海小volk移往台灣的歷史背景，他們定居台灣以後又在此衍生成另一個volk，這是今日台灣民族的祖型。

volk與民族(nation)不同的另一個特徵是共同體意識模糊，即使稍有存在也是十分偏狹。這是封建分散性的當然結果，並不足爲奇。例如，福建、廣東沿海的小volk朝海外發展時，漢volk並未予以充分地照顧。宋朝採取放任主義，到了明朝，唯恐其與倭寇勾結，有名的「寸板不得下海」禁令。古代、中世紀的專制君主只思考一國的利害關係，此點雖類似近代民族國家的元首，但這是基於「朕即國家」的思想，與後者的「愛國」表現在本質上完全不同。對再三違反明朝禁令的小volk來說，朝廷的規定無疑是馬耳東風，他們仍「我行我素」地繼續朝海外發展。當然，對其中一環的台灣也不斷進行開拓，但須覺悟，若在移住地區遭到虐殺或損害，中央政府會採取「與我無關」的態度。

在台灣形成的新volk，從明末就與漢volk各自步入自己的命運，筆者在此想喚起大家對此一事實的認識。從十六世紀後半到十七世紀初，他們與原住民或日本人一起從事大陸・台灣・日本的三角貿易。此時，荷蘭東印度公司介入，並以大艦巨砲威脅，欲對輸出入物品課稅。日本人以日本volk爲後盾，堅拒荷蘭人的要求，台灣人因知道漢volk不可靠，屈服於荷蘭人。於是，台灣volk獨自離開漢volk，受荷蘭人統治達三十八年之久。一六五二年，郭懷一對荷蘭人掀起抗爭。他驅逐荷蘭人之後，打算自立爲台灣volk之王。但因孤立無援，反遭荷蘭人毀滅性的打擊。

鄭成功是君臨台灣volk之上的外來統治者。他實施「反攻大陸」的政策，但對已經放棄大陸的台灣volk來說，此事非常困擾。結果，鄭王朝因其非現實的政策破產而自滅，台灣volk被清朝指導的漢volk所收復，其後被視爲棄民而遭冷遇一事已如前述。

當然台灣volk也無全體一致的堅固共同體意識。此點由激烈的「分類械鬥」即可明瞭。先有福建系移民與客家系（來自廣東沿岸）移民的鬥爭，再有同是福建系移民的漳州系與泉州系的鬥爭（出身地不同之外，語言的腔調也不同）。台南流傳的諺語有「蔡抵蔡，神主牌擯擯破；陳抵陳，舉刀相殘」，顯示連同宗之間也會互相殘殺。另一方面，未達十%的讀書人階級常在叛亂之際向清朝官員靠攏，而所謂「郊」的商業資本家對農民起義也相當冷淡。又因交通不便，所以雖是小島，但並不具備共同的市場，度量衡也依城鎮而不同，從而出現北部發生飢饉而不得不從香港、越南緊急輸入米糧時，南部卻將米糧輸出到大陸的狀態。

原本volk內部的團結即較弱，但與沒有明確地理境界線的大陸相比，四面環海的島嶼其情形自然不同。一般來說，大陸的整合較差，島嶼的整合較好。同時，大陸較具保守性，而島嶼較具進取性。其典型事例就如英國與歐洲，日本與中國。台灣與大陸的關係也大致如此。

漢volk欲形成一個「天下」，唯其整合相當模糊。比較堅固的整合是建立「國家」的小volk，但此等小volk的「國境」不但未能固定，且遭遇強力的中央政府時就被輕易排除，而沒有獨自發展蛻變爲nation的機會。台灣則不同。在台灣volk的形成過程中，常與大陸疏離，且因外來政權而蓄意被分隔。此種與大陸疏離和被外來政權分隔的結果，使台灣volk強化其共同體意識，也就成爲後來蛻變爲nation的因素。

宿命的轉機終於來臨。一八九五年，台灣脫離清國統治而由日本支配。台灣volk雖有三百年來自律的發展，但終究無法脫離漢volk的挾制，如今卻因被置於日本人的隸屬地位而在日本人手中得以完全切離。再加上其後累積許多新的歷史事實，使其已經無法回復原狀。

台灣volk的封建分散性對日本並無利益，所以日本人開始大刀濶斧，對台灣的社會結構乃至台灣人的意識形態加以改造。結果，台灣很快地近代化，台灣volk也完成蛻變，台灣民族至此大致成立。

## 小心掉落中國意識的陷阱

如前所述，中國人在心理上歧視台灣人，不但在政治上加以壓迫，且在經濟上實施殖民政策，故在割讓給日本之後，台灣雖被日本統治，但在中國人的立場來看，此點並不值得悲嘆。日本要求割讓的領土是台灣、澎湖群島及遼東半島，尤其對遼東半島的要求更是強烈。雖然如此，中國人堅決反對割讓遼東半島，此一反對並由於所謂的三國干涉而成功。因遼東半島與台灣不同，它被視爲中國不可分割的一部分。從面積或資源來說，台灣遠較遼東半島重要。但是，可分割性、不可分割性的考量卻與此無關。這是來自長久而複雜的歷史、地理的文化因素。就具體的事例來說，香港、蒙古、新疆、西藏等與台灣同樣具有可分割性，這些地方不管是島嶼或內陸，有的已經分離，有的則將來有分離的可能性，因此當然具有可分割性。不可分割性並非永恆不變，會依推移與發展而有所變化。但對任何事情而言，時機因素是很重要的。一旦喪失時機，或許將不再有第二次機會。例如在明朝以前，中國若欲將台灣編入版圖可說完全沒有困難。但明朝卻允許荷蘭進入台灣，決定了台灣史的不同方向。清朝首次將台灣編入版圖，但對台灣已經有所歧視，所以割讓給日本也不覺得惋惜。在此種分離的情況下，使得國民黨政府在進入台灣時，發現其爲異質性集團而驚愕不已。現在大多數的台灣人追求獨立，而中共從國防上與經濟上的觀點企圖取得台灣。但是，時機的因素已經搞亂。搞亂的時機因素在長久的將來或許能夠調整，但在最近的將來並不可能。若要強行加以調整，只有賠上屍山血河而已。

然而，有多少台灣人認識台灣的歷史宿命呢？現在還有不少台灣人茫然地認爲台灣不可能從中國分離。這若僅止於想像，還可得救，更可怕的是由於此種想法而採取默認中國侵略與壓制的自殺行爲。連現在的台灣人都如此，過去的台灣人更是不言而喩。

試看我們祖父世代的台灣人。他們之中的知識份子將台灣割讓的責任歸於和約全權大使李鴻章與推動締約的孫毓文與徐用儀，而深感滿清皇帝的恩惠浩蕩。正如一九四七年的二二八事件，許多台灣人認爲惡徒是陳儀，與蔣介石無關。一般大衆只要想到東夷的「倭寇」成爲自己的統治者就傷透自尊，而因剪斷辮髮、中止纏足、禁止鴉片等漢volk的「優良文化」受挫，卻不能不加以抵抗。雖然抗爭演變爲不惜犧牲的武力衝突，但是漢volk並未加以支援。當台灣人放棄刀折矢盡的武力抗爭，代之以合法的政治鬥爭時，也沒有得到大陸的支援。以下的事例可爲佐證。

「一九〇七年，台灣人的政治領袖林獻堂（一八八一～一九五六）首次前往日本時，在奈良的旅館與梁啓超相會，請教梁氏有關台灣人的對日抵抗運動。對此，梁氏回答說：『中國在今後三十年間或許沒有援助台灣人的能力。台灣人不要輕舉妄動，要像愛爾蘭人對英國人一般，應該以爭取高度自治爲目標。爲此要與中央政府的高官接觸，以其牽制台灣總督的專制爲要。』戴天仇亦表示中國沒有協助台灣人的能力，台灣人應該好自爲之。」（一九六〇年，羅萬俥等編《林獻堂先生年譜》，頁一五）

雖然如此，台灣人還是繼續其對中國的思慕，抱持自以爲是的意識。繼林獻堂之後的政治領袖蔣渭水，即視台灣民眾黨爲台灣的國民黨，連黨旗的制定也與「青天白日滿地紅」相似。從大正末期到昭和初期的政治鬥爭，可以說是台灣人寶貴的歷史遺產，但必須反省之處也不少。其終歸失敗雖有種種原因，但其關鍵在於台灣人對中國的現實不熟悉，也不知自己與中國人的本質逐漸不同，錯誤地認爲「回歸祖國」是最後的目標。如果——雖然歷史的假設並無太大的意義——當時的台灣人認識到中國的情勢，抱有台灣人與中國人不同的自覺，則或許能強制日本接受高度自治，其後才易於達到完全的獨立。因爲台灣人徘徊於「中國．中國人」的路上，因而受到不必要的鎮壓，陷入今日不得不經歷的悲境。批判當時的境遇，史明在其《台灣人四百年史》中有如下的描述：

「……台灣人的民族運動中所說的『民族』，不是與大陸共同血緣文化的『民族概念』，而是指現在事實存在的台灣社會與台灣人。換言之，台灣民族運動必須解決的對象應該是『台灣・台灣人本身』。然而，從大正到昭和的民族運動中，沒有充分掌握此一重要問題，連其領導者或中堅幹部也將台灣・台灣人的事實存在，與虛幻的民族概念混同，從而忙亂於政治實踐之中。這是當時的民族運動所存在的一個重大盲點。」(頁四一九～四二〇)

虛幻的民族概念──溫情主義(sentimentalism)與日本形而下的近代化，即在相異的形而上層面發生時代錯亂。在日本時代成立的台灣民族，因此而欠缺致命性的畫龍點睛，但與當時中國人尚處於volk階段的混亂情形相較，則可說已有相當的進步。

溫情主義在目睹日本敗退而回歸中國後更形強烈。現在回顧當初的情景，不禁感覺愚蠢而自嘲與苦惱。

對此，我最敬服的是印尼民族。印尼的民族運動具有日本的謀略性，加上有蘇卡諾、哈達等少數先覺者「由上而下」的民族運動，無任何不當之處。敗戰後，日軍向包括原來的統治者──荷蘭投降，不但中止對印尼人的軍事訓練，也不再補給武器彈藥，但印尼人知道回歸荷蘭的後果，所以毅然奮起奪取日軍武器彈藥迎擊荷蘭，而在惡戰苦鬥後獲得獨立。

中國有諺曰：「與虎謀皮」，比喻處理任何事物必須正確認識對手。今日中共之所以能成功，是毛澤東看透國民黨的本質，認識到在合法手段上行不通，唯有訴諸武力一途。台灣人如果也看透中國人的本質，戰後應該採取適當的對抗手段。但是，由於充斥著中國意識的溫情主義，因此陷入今日的悲境。可恨的，也許是自己的不明理、不自覺吧。

溫情主義不久即在淒慘的現實之前雲散霧消。所謂悽慘的現實，是指兩者社會發展階段之差異，任何一方都有明白的認識，唯其差異已無法彌補，險惡的對立繼續不斷。中國人的優越感與蠻橫粗暴，突顯封建性之貪污與惡德，以及前近代性的壓迫與搾取。在「光復」之後，台灣人很快發覺這個長年思慕的對象的本質，無不嘗到幻滅的悲哀。又當洞悉他們心裡視台灣人爲劣質者、被統治者之後，台灣人開始後悔其溫情主義，並對台灣人與中國人已發展成如此不同的民族而感到驚愕。二二八起義是必然發生的。台灣人以「豬滾出去」、「台灣人統治台灣」的口號團結一致，推翻中國人的統治，此時台灣人覺醒到台灣屬於自己，中國對台灣並無任何權利，台灣人須放棄對大陸的迷戀。雖然台灣人曾經一時獲得勝利，卻因中國人入流的陰謀而逆轉失敗，這正是台灣人的覺悟不夠徹底，對敵人認識不足所致。中國人接踵而至的野蠻報復，使二者之間明顯地轉爲敵對關係，並徹底地覺悟，除了「你死我活」之外，沒有解決之道。

我認爲台灣民族實質上的成立是在二二八起義以後，當然現在還不能說台灣民族已名實兼備一〇〇%完全成立。但這並不成問題。民族是要建立獨自的國家之後才能期待完整。確立民族國家始得實施貫徹民族精神的政治、教育、文化等政策，民族依此始得箍嵌、精鍊，以提高團結。觀察許多新興國家，在建國完成之前尚處於部族或幼稚的volk階段，但一旦國家建設成功之後，精神面就會前進而培育實質的nation。民族與國家的關係有如容物與容器，具有不可思議的效力。滲水的酒只要長年的保存，自然會變爲芳醇的佳釀。相反地，不具備國家這個容器的民族，容易受到風化與侵蝕作用而失去實質，化爲分散的個體，這有如芳醇的佳釀因爲沒有容器終將還原爲水。從這點來看，台灣民族雖因尚未具備國家而不完整，但還能保持其實質的一面。我相信台灣人一旦建立自己的國家，將立即成爲高純度的民族，並極易發展成優秀的民族國家。

## 對混血的過高評價是危險的

一部分同志主張獨立的論據之一，是以血緣因素說明台灣人與中國人屬於不同的民族。例如「我們（台灣人）先天上是繼承印尼、葡萄牙、西班牙、荷蘭、福建、廣東及日本人等血統，即融合原住民、漢、和、拉丁、條頓等諸民族的血統」（一九五六年，台灣民報社發行，廖文毅著《台灣民本主義》，四〇頁）。但是此種所謂台灣民族混血論，不但無法爲現仍存有強烈「漢民族」意識的台灣人所接受，甚至反而會引起對獨立運動的反彈。

直言之，幾乎沒有資料能夠證明台灣人是多重混血的說法。但是，台灣人與原住民之間有相當程度的混血卻是不容忽視的事實。當台灣的開發及於番界之際，爲解決初期女性不足的便利辦法，即是直接與原住民結親，因此隨處可見迎娶原住民女性爲妻妾的現象。此一現象最初的主要對象爲熟番(開化番)，然後逐漸及於生番。清朝爲避免與原住民發生困擾，並爲了維持番界的安定，屢次發出禁令，但禁令所不及的邊區幾乎無法執行。在同治元年(一八六二)編纂的《台灣輿圖》中載有：「瑯璚(恆春)背山面海，交通不便，爲生番巢穴。閩人(福建系移民)粵人(客家系移民)與土生子雜居。娶番女而生之子稱爲土生子。山際部落稱爲平埔、猴洞、龍涎，有土生子千餘人，散於二十一個村落，互相聯絡。龍涎爲最小部落，故爲土生子所奪。」

移民與原住民之間的通婚是在任何新天地都有的普遍現象，台灣當然也不例外。通婚是征服者與被征服者之間在佔領地可見的現象，居住於被北狄征服的中原中國人當然也是如此。只是無論在台灣的台灣人或是在中原的中國人，尙未發展至導致傳統身體特徵出現明顯體質變化的大規模通婚而已。

## 台灣人的祖國是台灣

與血緣論相對地，新民族論卻重視地緣因素(地域性的共存)。nation的地緣因素，是民族的任何成員都會爲祖國或國土(national territory)奉獻熱愛與忠誠，共同擴及抽象性的廣大領域。因爲在廣大的領域內，民族已不可能透過個人之間直接的人格接觸來結合。相對於此，在具體的日常生活中，個人之間能不斷以感覺上的體驗(即能夠用眼觀察等)，且並無多大困難就得以在其範圍內往來者，即指比較狹隘領域的鄉土(home country)，這可說是一個低層次的概念。將對鄉土的熱愛提高到對祖國的熱愛，始能從volk蛻變爲nation。

台灣的問題焦點在於中國人倡言的祖國包含台灣，而台灣人所思考的祖國領域並不包含大陸。中國人將台灣包含在其祖國之中，無非是爲了能夠佔有、管理台灣的土地、人口與物產，而絕不是眞正爲台灣人的自由與幸福着想。這只要看過去十八年間，國民黨政府對台灣人的壓迫與搾取就很清楚。萬一中共眞能成功地「解放台灣」，其將加諸何種程度的壓制，簡直令人無法想像。

中國人又無理地強制台灣人認同中國爲祖國，並主張以中國爲祖國時的好處，宣傳說：「不要封閉在狹隘的台灣，將來能夠雄飛廣大的大陸，甚至可以當全中國的總統。」但在此之前，必須爲「反攻大陸」或「解放台灣」而獻身。

此種中國人的說法完全以自我爲中心，然而台灣人的立場爲何？有多少台灣人甘願爲「反攻大陸」或「解放台灣」而犧牲生命？「反攻大陸」也罷，「統一中國」也罷，總之，祈願他們早日從台灣離去，這才是台灣人眞實的心聲。至於「解放台灣」，不外是中共侵略台灣的野心。對此，台灣人須覺悟到，即使犧牲身家性命，也要加以防衛。台灣人對中華民國的「復興」沒有興趣，對中華人民共和國的「躍進」也不會羨慕。台灣人最大的願望是：建立小而美的自己的祖國。

當然，我不否定台灣人對中國大陸寄予深度的關心。因爲大陸是台灣人祖先的出身地，是《梁山伯祝英台》或《陳三五娘》等傳說故事的舞台，也是一衣帶水的鄰國。但是，此種關心只不過是「熟悉外地」之道，絕不是如對母親一般的熱愛祖國。

爲什麼台灣對大陸的態度會形成如此的鴻溝呢？那是歷史與現實使然。如衆所周知，台灣volk是因對動亂與飢饉的大陸感到厭煩，於開拓台灣成爲自由與幸福的新天地時所形成。在航海技術未成熟的時期，要以脆弱的帆船橫越充滿颱風與漩渦的台灣海峽，無非是生死的大冒險。這種不願居住大陸而盼望渡台的心境，一定相當無奈。

台灣人被荷蘭人與日本人壓制而痛苦時，從未獲得大陸的支援。台灣雖在清朝與國民黨政府時代初期進入中國的支配之下，但卻被置於殖民地的屈辱地位。在約四個世紀的台灣史中，台灣人一直被中國人蔑視與隔離。

精神上的隔離引證自政治上與經濟上的疏離。荷蘭時代（一六二四～一六六一）的台灣經濟是以大陸——台灣——日本的三角貿易而繁榮，與明清交替時期戰亂與疲弊的大陸形成顯著的對照。鄭氏時代（一六六一～一六八三）也確立獨自的經濟圈而與大陸對峙。清朝時代（一六八三～一八九五）較有交流，但也僅止於成爲福建省殖民地的關係。日治時代的隔絕更爲徹底。在大陸持續戰亂之時，台灣則推進著資本主義的建設。國民黨政府時代在「正統中國」的呼聲背後，台灣的「獨立」正日漸前進，這是任何人都一目瞭然的。

流亡台灣的中國人對於台灣人的排斥，提出如下的反擊：

「能對台灣主張優先權利者，只有原住民族。台灣人與中國人的差別只不過是渡台時期的先後而已。」

前半段的說法完全是歪理。這與美國原爲印地安人的土地，但其後大家處於同一條件的情形相同。這在世界史上講得通嗎？我們所稱的台灣人，不但包含原住民，連荷蘭人與日本人遺留的子孫也全都包括在內。後半段的說法是故意避開問題點。雖然台灣人是在日治時代以前從大陸渡台，而中國人是在一九四五年八月十五日以後渡台，但本質上台灣人以台灣爲故鄉，同時也認爲台灣是祖國。相對於此，中國人並不認爲台灣是祖國，而僅視其爲征服地，最多也只是一時的避難地。中國人執迷於「反攻大陸」的幻想，不能在台灣腳踏實地從事開發建設。他們誇言的「三民主義建設」，實際上只不過是爲爭取美援及欺騙國際輿論的表面工作而已。在其背後，中國人是不計後果地進行全面性的掠奪與搾取。他們將子女、財產移往美國等國家，無非是對台灣與中國的將來絕望的證據。若中國人認爲台灣是祖國的一部分，爲何要施以嚴苛的差別待遇而獨佔實權？爲何需要以強大的特務警察監視、壓迫台灣人？

中國人故意不談大陸也有「地域觀念」的對立一事。常被引以爲例的是抗日戰爭中逃入四川的「下江人」(長江下流的人)被當地人歧視的故事。外地人被本地人以白眼相向是無可避免的命運。但是，外地人在台灣卻是以統治者的姿態君臨本地，並進行無窮盡地壓迫與搾取。這些外地人雖然程度低落，卻在政治、經濟、文化、社會等方面作威作福。此點對台灣人，情何以堪！

## 語言的消極特徵

值得注意的是，馬克思主義式的民族定義中，第一項被舉出的是語言的共通性。

懷斯葛柏(L. Weisgerber)強調語言有塑造思考形式以及規範世界觀的作用，並認為共同的語言是形成所有精神文化的基礎。關於語言的共通性民族的本質，他有如下的說明：「任何人都不能自語言共同體中逃避，又因其強固地滲入個人及共同體的所有行為，人們將語言共同體視為民族共同體必須的前提，同時也自然地將其賦予的範圍做為特徵。」

和辻哲郎認為民族在本質上是語言共同體。依據辻氏的說法，「自古以來，在歷史上出現的民族，不以共同的語言為第一特徵的只有猶太民族。但連猶太民族亦以希伯來語聖經來表現其民族的統一。亦即，本質仍是屬於語言的共同性之上。」(前揭書《民族與國家》，頁十一)

語言的共同性是構成民族極為重要的因素。台灣民族的情形如何呢？我們不能說台灣人具有完全而純粹的民族語言。這對台灣人的民族自覺將導致何等的損害？在將來的某個時期，此點會對台灣的民族自尊造成何種傷害，吾人實不得而知。

原本台灣人有其母語——台灣話。台灣話事實上雖源自中國話五大方言之一的福建話（廈門話），但若認為台灣話就是福建話則是錯誤的，因為這完全忽視已成為語言學常識的語言變化。在大陸上無明確界限的地域性語言，傳播到有明確界限的島嶼之上，且各自經過四個世紀的漫長歲月，必然導致某種程度的差異。再加上兩地域的交流不夠圓滑，甚至有相當期間完全斷絕，且為異質的語言所覆蓋。在此種情形下，若認為台灣話即是福建話，豈非不可思議。現在福建話與台灣話仍能互相溝通，但那只不過能夠理解其所表現的意味，已無法避免其存在的異邦人意識。正如美語和英語能互相溝通，但是國家卻不相同。

實際上的問題更為嚴重，因為台灣話已不足以做為台灣人之間的交流工具。台灣話沒有被洗練與強化以適應近代化的台灣社會——這是被統治者的悲哀，因為這種工作不能得到統治者的支持——而不能超越所謂「國語」的日本話與北京話的攻擊。因為台灣是進入日治時代才開始近代化，所以近代的語彙都是由日語翻譯或借用其原文。國民黨政府時代排除此種日語的文化語彙，強制以北京話的文化語彙加以取代，結果引起大混亂。由於北京話的文化語彙本身係直譯或借用日語或歐美語，所以問題更形複雜。

單純地說，現在的台灣人是以殘破的台灣話為基礎，再隨時隨地以日語或北京語加以塡補，藉此勉強保持交流罷了。台灣話的殘存率和諸外國話的混用率，依個人的年齡、學歷、環境和意識而不同。概略地說，五十歲以上的台灣人大約都會說完整的台灣話。生長於大正時代的他們，台灣話仍處於頑強抵抗的時代。比他們年輕的台灣人則不會說完全的台灣話。其不完全之處，只能以日語、北京話或其混用形式加以補充。較年長者，日語的混用率較多，而年輕人，北京話的混用率較高。

爲補充殘破的台灣話而以外國話混用的形式，是否能說是台灣人獨特的言語特徵呢？此一民族語彙不但日本人無法一〇〇%理解，中國人也不能完全明白。但其中有幾%是日本人與中國人能夠瞭解的。那象徵著台灣人的文化遺產與意識形態的結構。因爲是混用的形式，所以在任何部分都不完整。如果清朝時代的台灣人聽到目前的台灣話，也會對台灣話中的日本話或北京話皺眉。日本人聽到目前的台灣話，對於腔調的忽視或濁音的不明確也會茫然搖頭。中國人聽到目前的台灣話，對於不熟悉的捲舌音和不自然的兒化音也會聳肩無奈。

企圖從言語面來證明台灣人與中國人的同一性是最愚笨的。語言也使台灣人與中國人在日常生活中散發激烈的衝突火花。反國民黨的台灣人議員，在議會或野外演講時便會使用台灣話，甚至有時會罵國民黨「憨呆」。台灣人以看日本電影、唱日本流行歌，來表現對中國人的惡意情緒；故意講摻入許多日語的台灣話，以使中國人憤怒。那是以表現親日感情來凸顯台灣民族主義的做法。

台灣人不是不會講北京話。在台灣，北京話的普及率也許比中國大陸任何地域都高。中國人反而不會北京話。上海人說上海話，廣東人說廣東話，山東人說山東話，廈門人說廈門話。中國大陸從很久以前就推行標準語運動，但效果不彰。此點即表現他們根深蒂固的volk性格。中國人擱置自己的問題，強制台灣人使用北京話，以維持其統治者的顏面。而台灣人學習北京話有所成果，可說是基於以下的理由。亦即，在戰後的一段時期存在對中國的溫情主義，成爲其學習北京話的原動力。此外，台灣人在二二八起義後受到生活上的威脅亦是原因之一。

二二八起義中，以會不會台灣話來判別敵我，這是有名的逸話。連使用與台灣話最類似的廈門話，也不能瞞過台灣人的耳朵。

最近，台灣有些中國人開始想學習台灣話，這是爲即將來臨的革命做護身符的準備，但事實上不會有多大的效果。具備與台灣人相同的意識與平常的言行才是最重要的。

獲得獨立後的台灣人當然會制定台灣話爲國語，但要如何整頓、洗練以使其適合近代社會，是個很大的課題。

## 近代性與前近代性之差別

其次，略述關於「文化共通性中所表現的共通心理」。

所謂文化這個詞彙被使用於頗多的意義，以民族固有而具重要意義的文化，是與人們日常生活中密切的文化，而不是抽象、觀念上的東西，也不是高尚而富有哲學意味的文化。亦即，若以台灣人與中國人都重視儒教倫理，連歌仔戲只不過是類似京劇的地方戲曲，而以此認爲雙方具有共通的文化，則未免太過空洞而毫無意義。若以此種荒唐的議論方法，則西班牙人與葡萄牙人或「威士忌與白蘭地」也無法區別。以這種「同文同種」的籠統取向，對於要理解台灣人與中國人的微妙關係並無幫助，這是過去歷史的教訓。

若將流亡中國人造成的中國文化，與過去半世紀的日本文化相較，或與現在逐漸滲透的美國文化相比，可以說其較類似於台灣人的固有文化。因爲台灣民族原是衍生自漢volk。但是，不可忽視的是，台灣人的近代化比中國人早半個世紀。從形而上的層面來說，它是以近代化對權利義務的表裏一致、公私分明、法律的尊嚴與平等性、重視衛生等認識的體驗。在台灣人近代化的過程中，綜合這些近代精神的價值判斷，夾雜在皇國事物中滲入台灣人的身心。

但是，中國人則欠缺這種近代精神。這是他們遲遲未近代化的必然結果，但他們對於此事並無反省。史密斯(A. H. Smith)的古典名著《支那人的性格》（一九四〇年三月，中央公論社發行，原著是Chinese Characterristics，一八九〇年初版）中列舉「面子」、「無時間觀念」、「不精確緻密」、「表裏不一」、「智識渾沌」、「不敏感」、「缺欠公德心」、「保守主義」、「疑神疑鬼」、「不誠實」、「不體貼」等許多封建中國的性格。中國將其原封不動地帶入台灣，呈現在台灣人面前，迫使台灣人意外地感到輕蔑、憎惡，從而對其抱持不信任感。但是，中國人不但不加反省，反而以高姿態說：「台灣人對大陸祖國認識不足，受日本的奴化教育，日本精神的毒素仍在爲害。」推諉給日本的奴化教育。這是對台灣人的莫大侮辱！台灣人經過半世紀的日本統治，抗日運動始終前仆後繼。在台灣順應日本的近代化與抗日運動一直是並行的，被罵受奴化教育云云，是無法容忍的。強制民族全體去做「伯夷叔齊」，不但不可能，也是錯誤的。

要言之，在台灣的台灣人與中國人的文化異同，在基層的漢volk文化上也許相同，但在近代性與前近代性的差異上卻絕不容忽視。

因此，我們無法想像雙方存在所謂「文化的共通性」。中國人對大陸的封建性格一向不想改變，台灣人對日本式的近代性格也不可能輕易放棄。在雙方平行前進的同時，不但不能廢除差別待遇，而且一不如意即罵台灣人是「未開化的頑民」(一九五七年，喬一凡委員在立法院的發言)，此種中國人的做法，台灣人當然會以「惡劣奸徒裝什麼偉大假象」，「豬仔滾出去」等語加以反駁。

## 已是多言無用的階段

台灣的現狀是約一千萬的本土台灣人與約二百萬的流亡中國人激烈對立的局面。當然，只有國民黨政府否定此一事實。例如國民黨政府駐日大使館印行的宣傳品《台灣一〇一問》（一九六一年三月發行）中有如下的記載：

「第九一問．本省人（台灣人）與外省人（大陸人）很融合嗎？

答：本省人也好，外省人也好，本來就屬於同一種族，使用的語言、文字、傳統、習慣完全相同，所以兩者之間沒有什麼隔膜。雙方同樣接受法律與社會制度，無論在產業界、軍隊與政府各機關中，都互相融合協力。大部分省政府與地方政府的公務員是本省人，九〇％的議員也是本省人，他們由衷擁護並支持中華民國政府。」

當然這是國民黨政府一貫的虛僞宣傳，幾乎沒有人會相信。早在一九四七年，台灣人即於二二八起義中與中國人正面對決。蔣經國在一九四九年到一九五一年進行鐵腕鎮壓，而且至今仍繼續壓制，這是國民黨政府對台灣人不信任與恐懼所採取的預防措施。另一方面，台灣人對國民黨政府的憎惡與敵愾心也與日俱增，期待「有朝一日」能整合爲決戰的體制，乃是無可懷疑的實情。

外國人亦以透徹的眼光一致加以報導。早在一九六〇年六月一日的《紐約時報》中，即以專欄刊出如下的論述：

「八百萬台灣人與二百萬中國人之間存在很大的鴻溝。大多數的台灣人已不隱瞞其對中國人的怨恨。最近，失去民心的韓國與土耳其政權被打倒一事，使國民黨政府當局對台灣人的立場寄以莫大的關注。現在還未看出台灣人直接付諸行動的徵兆，唯大多數台灣人無疑視中國人爲外來統治者。此一心理要素是韓國與土耳其政變所沒有的。」

在同一時期到台灣旅行的大宅壯一有如下的記述：

「來台灣最感驚奇的是，當地人毫無顧忌地使用『支那』、『支那人』的語彙。其中甚至有人使用『清國奴』一詞。……本島人所說的『外省人』（即從中國大陸來的人）或許同是漢民族，但現在已成爲另類人種。」（《產經新聞》一九六〇年七月二十一日〈黃色革命、黑色革命〉）

「佔台灣人口八成的本省人對國民黨政府的無奈，因長年累積的結果而扭曲、變形，似乎正以種種的形式在找尋出路。蔣介石帶領六十萬軍隊和近二百萬國民黨政府勢力到台灣，他們以在大陸原有的組織，原封不動地佔據政府機關的職位。應該被重視的本省人卻被排除，即使被採用也僅止於一小部分而已。但他們也被視爲異端，將來當然沒有任何前途。這個佔領台灣的中國舊有組織，完全變成撈錢的工具。」（《讀賣新聞》一九六二年五月九、十一、十二日連載）

內心潛在著輕蔑、憎惡、敵愾心的兩個集團，能夠構成同一民族嗎？他們會擁有同一祖國嗎？絕對不可能。兩個集團間的毀滅性對決只是時間的問題。此點不但台灣人抱有悲痛的覺悟，中國人也有堅強的決意。

在反對運動如火燎原的一九六〇年夏季，與國民黨政府有密切關連的香港平面媒體《新聞天地》，即曾於八月二日的第六五三期登載向宗魯的〈反對黨向國府進軍〉一文，其中有如下的分析：

「……政府全體成爲他們反對的對象。政府的一切施策皆爲反對之標的。……他們眞正的目標與企圖爲以下三點：

①組織聯合戰線以打倒國民黨。

②以驅逐荷蘭人的精神驅逐大陸人。

③以韓國與土耳其的方式奪取政權。

他們的終極目的是要在美國與日本的協助下建立台灣政府。

……國民黨政府的有識之士回想在二二八事件時有許多外省人被殺而提高警覺。萬一他們受到『盟邦』的煽動與支援而起義時，極可能發生組織性的大規模流血慘劇。因爲荷蘭人被驅逐還有荷蘭可歸，但大陸人被驅逐則無處可去，只有用盡最後力量做『困獸之鬥』。

反對黨是以雷震《自由中國》雜誌等開明的中國人爲首，與李萬居、高玉樹等舊有台灣人政治家聯合組織的，並不是要否定國民黨政府政權，也不是要與所有的中國人爲敵，其目標如其再三明確發表的聲明中所主張，即創立健全的在野黨，以督促、監督國民黨遵守憲法，實行自由民主的政治。

但是，以狡猾見長的中國人已察覺反對黨運動背後的台灣人民族情緒。他們認爲在此讓出第一步，即不得不繼續讓出第二步、第三步，最後不是全面投降就是被趕出台灣。兩個民族處於激烈的敵對關係時，不可能有眞正的民主化。民主化是要少數服從多數，因此劣勢的中國人不可能放棄原來的專制。在不可能和平解決問題之下，台灣人除了訴諸武力鬥爭之外，別無他途。」

## 台灣民族主義的基調

民族主義因為包括對外的民族獨立與對內的民族統一的兩面性，所以有人會憧憬乃至形成鼓舞的情緒，另外有人會憎惡乃至喚起嫌惡的情感。

現實上盤據台灣而壓制台灣人的就是國民黨政權，所以台灣民族主義應該面對的目標很明確，就是要打倒國民黨政權。中共給予國民黨政府精神上的支援，以「解放台灣」爲國是，因此對中共的防衛將是未來的基調。不過在此必須愼重說明的是，台灣人只是要打倒國民黨政權，而不是要與全體二百萬中國人爲敵。他們之中若有希望回歸大陸的，應助其回歸；希望滯留台灣的，應溫暖地加以接受；希望繼續做中國人者，則給與居留外國人的待遇；希望歸化爲台灣人者，應允許其歸化。我們要像我們的祖先溫暖地迎接新參與者一樣的心情來接待他們。中共若放棄「解放台灣」的野心，視台灣爲獨立國家，呼應善鄰友好關係，這也是我們由衷的願望，當然會欣喜地共同合作。我們不會像國民黨政府那樣引入美國，企圖「反攻大陸」。

就對內的民族統一上，台灣的情形尚不是最嚴重的問題。約二十萬的原住民至少有七十年與台灣人一樣處於被統治者立場，同樣嘗到悲慘的命運。台灣獨立之後，台灣人沒有壓迫、搾取他們的道理。與過去任何時代相比，原住民將更能享受自由與幸福。具體而言，是否在山地設置自治區，應尊重他們的自由意志，而且無論居住的自由、風俗習慣等，都必須加以尊重。

台灣人之中，八〇%的福建系與一五%的客家系幾乎沒有對立。唯一令人操心的問題是當要制定國語時，若採用福建語系時，客家系是否會接受？現實上，客家系幾乎都會使用福建語系的台灣話，所以只要不堅持本位主義，應是可以簡單解決的問題。

## 擔當主體的知識階級

無論是追求民族的獨立或領導獨立後的民族國家，台灣應如何看待未來做爲主體的階級呢？國民黨政府統治台灣是繼承日本時代的殖民體制，並將其加以畸型化與強化，所以爲脫離此一體制，台灣人必須進行超階級的全民鬥爭。若相信中國人或出賣靈魂給中國人的台灣人的謠傳，認爲希望獨立的人只不過是一小部分的「失意政客」，這將是很大的錯誤。

那一個階級將居於領導地位呢？我認爲或許是知識階級。台灣的根本情勢與一九二九年矢內原忠雄在《帝國主義下的台灣》中的描述並沒有什麼差別。農民階級雖然爲數頗衆，但是生活程度較低，教育水準也不高。勞動階級雖然生活程度與教育水準比農民階級稍高，但人數卻較少。兩者之共同點在於眞正的組織活動受到封鎖。從組織活動面來說，目前的情勢較大正末期與昭和初期惡劣得多。日治時期的民族運動中佔有重要地位的大地主階級，因「土地改革」而消滅。代之而起的是資本家階級，但他們因與國民黨政府的官僚資本有密切關係而成爲機會主義者。

此一分析，與現實對照還算不太離譜。台灣島內的民主化運動——如前所述，可說是地下的獨立運動，其領導者都是知識階級，在海外的獨立運動者亦然。不論島內島外，獨立運動必須獲得自由陣營的理解與支援始能成功，因此公開宣傳與秘密活動是極爲重要的工作，能負起此一重擔的階級，無疑是知識階級。至於實踐層面的武裝起義，則由現役軍人或後備軍人來擔當。但無論是軍隊內部或外部的計劃、組織及領導，也應以知識階級爲主體。

獨立達成之後，新國家的建設也應由知識階級擔綱。要求修正存在於民族內部的貧富不均與社會福祉的「第二次革命」，在台灣或許不會構成太大的威脅。因爲最重要的土地重新分配已經實施，以後只要將不合理的地方做若干修正即可。國民黨政府的官僚資本繼續做爲國有資本，台灣人歷經日治時期與國民黨政府時代始得眞正成爲國家資本之主人，爲台灣民族做出貢獻。國有資本的份量極大，只要能好好加以運用，無疑將在國家建設上扮演重要的角色。

（連載於《台灣青年》三五～三七期，一九六三年十月二十五日～十二月二十五日）

# 台灣是屬於台灣人的

## 在台灣的台灣人

「一個中國？兩個中國？」或「一中一台」的話題現在正爭論不休。由於報導甚囂塵上，連我也能賺到版稅、稿費，深切感受到日本的長處。在我看來，日本社會有思想自由、發表自由和行動自由，可是在台灣的一千萬台灣人卻不能如此，他們的命運操在統治者手裡，甚至連公開議論都不得為之。即使可在信賴的家人與朋友間偷偷議論，但由於欠缺足供判斷的資料，也很難得到正確的結論。同時，入手的資料都經過國民黨政府篩選，絕大多數只剩下一些無關緊要的。因此，根據錯誤資料做出錯誤判斷者，大有人在。

在此情況下，他們做出的判斷大致如下：即支持國民黨政府的人相當多，所以不是那麼輕易可以推翻的；台灣人孤立無援，誰也不予照顧；甚至也會出現「台灣人就此當奴隸過一生」等錯誤想法。此外，諸如國民黨政府勢將反攻大陸；中共一定會自取滅亡；台灣人的祖先先來自大陸，所以是中國人；支持國民黨政府的人將來有出人頭地的機會等等。但是，大多數台灣人在理性判斷之前，心中已燃起「總有一天要讓這一群中國豬好看」的敵意。我相信這是事實。

這些情形都是經由往來台灣的友人所告知，外國記者也經常這樣報導。我有幸身爲一個住在日本的台灣人，因此有義務代替島內的台灣人大聲控訴。

當法國承認中共時，據說中共方面並沒有任何附帶條件，所以許多人都期待這將成爲一中一台的先例。然而，中共卻聲明不願與國民黨政府的大使同席，國民黨政府也宣佈與法國斷交，因而兩個中國顯然出現，一中一台也不被接受。但任何人都很淸楚，一中一台是事實。認淸這個客觀事實，乃是我最初的主張。

更進一步思考，有朝一日台灣勢必在實質上由國民黨政府的台灣變成台灣人的台灣。身爲台灣人必須覺醒！國民黨政府口頭上說得冠冕堂皇，如今卻面臨危急存亡之秋。因爲覺醒的台灣人的獨立運動，不只是幾個人在海外鼓動，在島內也以各種不同形式逐漸擴大。

不過，很多人忽略一件事，那就是國民黨政府內部的中國人正以極快的速度腐化。簡單說，國民黨政府正不斷地自我瓦解，這是顯而易見的。

## 究竟是破船？還是不沈的航空母艦？

舉個具體的實例來說，總公司設在香港的《新聞天地》雜誌，自始至終都跟隨國民黨政府的腳步。其在社論中形容台灣原本如一艘破船，由於烏雲壓頂、波濤洶湧，再加上船帆破裂不堪，船底破洞百出，海水正不斷湧入。這艘破船，我們已乘坐了十四年。不管是誰，只要一看到地平線上出現島影，大家就變得安心，好不容易修補破帆、辛苦划水的努力，隨便一躺就做起美夢。其中亦有人累得連做夢的力氣都沒有。但是這艘破船竟奇跡般地熬過了十四年，大多數人最後甚至認爲我們乘的這艘船，現在已經不是破船，而是一艘不沈的航空母艦，不久將航至目的地。總之，該社論認爲政治緊張已經解除。然而，這正可說是對情勢的認識不足，我們所乘的船確實是破船，而且風浪有逐漸加大的趨勢。船上的人只能在心裡說：「船長啊！帶領我們安全抵岸吧！」我本以爲這些會被據實報導，但每當看到從台灣送來的報紙，卻發現上面寫的盡是無關痛癢之事。

我們再進一步詳談《新聞天地》的社論。去年秋天，國民黨召開九全大會，在這九全大會上做出盡早召集反共建國聯盟的決議。這篇社論曾提到反共建國聯盟的召開適逢其時，能給低迷的政治帶來活力，期待反共建國聯盟能達成團結的任務。也就是說，他們並非期待蔣介石的領導，而是期待反共建國聯盟的奮起。

那麼反共建國聯盟到底是怎樣的一個組織呢？它僅是國民黨政府於國家危急存亡時所召開的會議，迄今爲止總計召開過三次。第一次是一九三七年七月發生蘆溝橋事變時所召開的盧山會議，其次是第二年（一九三八年）七月在漢口召開的國民參政會，最後一次是一九六一年夏天於台北郊外召開的陽明山會議。

## 開明派與保守派的惡鬥

自從被逼退到台灣至今，國民黨政府內部一直存在開明派與保守派的激烈鬥爭。所謂開明派，是記取在大陸的失敗教訓，反省爲什麼遭致慘敗，認爲其原因正是政府太因循苟且、姑息養奸和閉塞門戶，無法網羅到外部優秀的人材，所以才不得不逃到台灣。其實，香港、美國、日本很早之前就有很多反共的中國人，他們對國民黨政府多少有些批判，可是當今的情勢更掀起他們的反共精神。開明派認爲，將這一夥人召至台灣，以擴大國民黨政府的基礎，不失爲良策。

與此見解對立的保守派也以在大陸的失敗爲鑑，認爲應記取的教訓是：在大陸時期，除了共產黨大敵當前之外，還有所謂民主同盟、大學教授、學生等自由主義份子的批判，從背後暗捅國民黨政府一刀。因此，保守派認爲這一夥人非常麻煩，早該加以揭發鎮壓，正因爲置之不理，才會遭到惡劣的暗算。雖然現今有人想收攬海外第三勢力來台，但反對勢力唯恐重蹈在大陸失敗的覆轍，堅決主張應該加以排除。

開明派領導者是副總統陳誠，保守派的龍頭是蔣經國。

一般說來，國外支持國民黨政府的人責任輕微，他們來台演說一完立即回國了。但是，一旦讓香港第三勢力的中國人加入反共建國聯盟，就會衍生許多麻煩。因爲如此一來，這些人勢必會一起參與國民黨政府的政權，甚至要求大舉反攻大陸。對國民黨政府而言，一旦請香港的左舜生、舊金山的張君勱等一流人物來台，難道會議一結束就請他們回去嗎？所以，爲了政治上的考量，最後不得不給予他們職位與工作。這正是國民黨政府進退維谷的原因。

## 台灣省與中央政府的關係

衆所周知，國民黨政府自稱是中國的合法政府。然而，光靠宣傳是不夠的，必須有符合實質的形式。亦即只將南京時代的中央政府及其附屬機關原封不動搬到台灣是行不通的，且形式上不這麼做又很麻煩。因爲台灣只不過是中國最小的一省，原本在此早有省政府及其附屬機關，如今又有一個管轄二千餘縣的南京中央政府。

舉例而言，台灣省的教育由大學到高中、小學，全由台灣省教育廳掌管，但其上又有中央政府的教育部，這教育部到底做什麼呢？只不過是盲目蓋章罷了。

中央政府與省政府絕不能統一合併，因爲既然自己主張是中國的合法政府，就不能將中央政府與省政府合併。這並不只爲了面子，還可安排二百萬進入台灣的中國難民。這二百萬中國人正是蔣介石帶來的，爲讓這些人早些有工作，最後決定讓他們當公務員，全體安排進入中央政府直屬機構。結果還是容納不完，最後只有辭掉機關內的台灣人，把這一夥人塞進省政府各機構。我本身也親身經歷過這種事情。

著名的台灣銀行就有五十名顧問。他們都做些什麼工作呢？這些顧問不是退役陸軍上將就是退役陸軍少將，什麼專業也不懂，只坐領顧問費乾薪。

被這樣安插職位的中國人雖然無法奢侈地過活，卻也可以度日。諷刺的是，這些人也有不滿。他們認爲就是因爲政府無能，才讓他們變成這樣，無辜受累來到台灣。雖然三餐沒問題，卻無法過得富裕，實在令人不愉快。這就是那些中國人的心境，所以有才能者可得財富，反之便會貪污。在台灣貪污是必要的惡。不貪污就沒法過日子，因爲薪水太少。因此，儘管國民黨政府幾次發表嚴禁收賄的法律，仍無法徹底實行。有些不願接受賄賂的正直者就會與政府對峙。

如果再召集什麼「反共建國聯盟」，以第三勢力進入台灣並接受好職位，這些人就會嫉妒而心生不滿，所以不願他們來台。蔣經國要排除這一夥第三勢力，當然是因爲他們會妨礙到他的獨裁統治；另一方面，也是顧慮在台灣的二百萬中國人的反彈。

## 中國人公務員的特權

讓我深入談一談這些中國人公務員所過的生活。

中國人公務員沒有眞正所謂的退休制度。雖然實際上有其制度，但該法律並未具體實行，所以我說「沒有」退休制度。爲什麼無法退休或沒有退休呢？今年一月二十二日的國民黨報《中央日報》指出：退休制度自實施以來已達數年，但至去年爲止，行政機關退休的人是全體職員的〇．六％，公共機構辦理退休者則僅佔〇．三％，幾乎等於沒有實施「退休制度」。

爲何無法退休呢？讓我從各個角度加以分析。儘管規定可以拿到相當於幾十個月薪水的退休金，但這樣還是難補損失。總而言之，一旦退休就得搬出公家宿舍。在台灣，退休金買不起一棟房子。加上退休後不能使用座車或交通車。地位高的官員連專屬的三輪車或自用轎車也得放棄，甚至家中的女傭、僕人都是政府出錢，並非自己出錢雇用，正是因爲這些實際的「優惠」，使其不願輕易退休。

在台灣，人員的更替緩慢，幾乎沒有實施人事調整，這不就是國民黨政府最有力的墮落證據嗎？

如此一來，年輕人怎麼辦呢？台灣每年從大學或專科學校畢業者約一萬二千至一萬三千人。日治時代，全台的大學及專科學校只有七所，但國民黨政府抵台後，一舉增加爲二十五所。這原本是爲了「建設自由中國」而實施的政策。這是好事，但卻沒有考量如何安排這一萬二千人至一萬三千人的大學畢業生的就業問題，即工作機會供不應求。

因此，有一個說法令人啼笑皆非。大學生某甲於大學四年間努力用功，但另一位某乙則幾乎不去上課，卻老拜訪政界的有力人士。這個甲和乙哪個容易找到工作呢？不用說，絕對是乙。跟隨有力人士，只需其推薦即能將你弄進某個機構。但像乙這樣的人，簡直是人渣，對社會沒有一點貢獻可言。

就職容易，就愈早出人頭地。要出人頭地，就得成爲有力人士的門生。即使偷懶摸魚，只要後台老闆身份顯赫，上司也無法解雇你，因此常發生爲了籠絡上司而收取賄賂。沒門路的一般大衆大都是台灣人，台灣人的門路是敵不過中國人的。

然而，聽說最近的台灣人也變得相當狡猾。台灣社會將老實人當笨蛋。這樣的社會健全嗎？這樣的社會到底能維持多久？如此的社會即使能維持下去，果眞是我們二十世紀文明人的榮耀嗎？竟然讓這般愚蠢苛酷的政權持續數十年，這才眞是我們的奇恥大辱！

## 反攻大陸的可能性

其次，讓我們放寬視野，談些抽象的理論。亦即思考國民黨政府爲何不能接受「一中一台」？爲何始終堅持自己是中國的合法政府而不願放棄？

國民黨政府一旦拆下自己是正統政府的招牌，將會導致什麼結果？第一，這表示非放棄反攻大陸不可。因爲如此一來，中共是一個國家，台灣也是一個國家，而反攻大陸就成爲「侵略」。同樣地，中共要解放台灣也成爲「侵略」，因此中共不能接受「一中一台」的理由就在於此。如果不反攻大陸，首先就得撤出金門、馬祖。因爲這是中共的領土，必須歸還。第二，必須縮減六十萬大軍。因爲不反攻大陸，自然就不需要六十萬大軍，防衛台灣頂多五萬軍隊就足矣。第三，中央預算必須重編。目前有八〇%的軍事預算，另外還有維持秘密警察和國民黨運作的費用。所謂國民黨黨營企業等公共團體，其全部費用目前均由政府支出。第四，重疊在省政府之上的中央政府也必須加以合併。因爲無需存在二個政府。第五，先前爲了反攻大陸而緊急實施戒嚴令，並停止憲法施行與一些麻煩的限制就得放寬，同時還得舉行民主的選舉。如果不反攻大陸，這個藉口就不能成立，就不得不廢除戒嚴令。一旦選舉變成自由競爭，中國人就敵不過台灣人。就因如此，支持國民黨政府的幾個法寶一旦消失，其政權將立即不保。除非國民黨政府有意與台灣人合作，否則是不會讓步的。

因此，我試著解析國民黨政府的本意。我認爲國民黨政府已放棄反攻大陸。雖然蔣介石自己在大陸嘗過一國之主的滋味，內心仍想再重溫舊夢，但蔣介石以外的中國人都認爲反攻大陸是不可能的，因此只好放棄此想而另作次善之策，亦即須設法在台灣穩住自己的政權。

關於這樣的想法，香港的《聯合評論》刊登過一則有趣的報導，標題是「**蔣經國已放棄反**

**攻大陸」**。「蔣經國這個人並沒有在大陸主持過什麼政權，他掌握政權是抵台以後的事。他好不容易依靠秘密警察才鞏固政權。假定現在要反攻大陸，就必須沿鎮逐鄉地與共軍不斷展開激戰，如此一來，所剩的將是燒毀的原野與一片廢墟。當初上海失陷時就成爲一堆瓦礫，留在大陸的是六億難以糊口的中國人。此時國民黨政府必得重建城市，爲難民尋求安身之地，這是個相當棘手的工作。因此不管是誰，只要一想到這個問題，便不想『反攻大陸』，更何況成功的可能性極小。既然如此，我們又何必冒險？有必要連本錢都輸掉嗎？」

## 把台灣還給台灣人

若能在現今的台灣維持小康局面就已感到萬幸了，這不就是國民黨政府的內心話嗎？只是蔣經國構想中的台灣，始終是採取壓制台灣人的強迫手段，加上如筆者前述的各種因素，所以問題並非如此簡單。因此，一旦蔣經國想要認輸投降，屆時所考慮的方向就是國共合作。

進行國共合作時，台灣問題顯然就是內政問題。不論蔣經國是要國共合作或反攻大陸，這都是內政問題。這無關反攻大陸或解放大陸何者較好，或投降或國共合作，這都隨中國人自己的方便行事。

屆時日本承認國民黨政府爲中央政府的政策必將失敗。爲避免失敗的命運，逐漸提倡

「台灣是台灣人的台灣」有何不可？雙槳並行又有何不可？恕筆者多言，這就是日本所謂的國粹主義者。

對台灣人而言，國共合作簡直是豈有此理！這等於是二十世紀的人口集體販賣，也就是將一千萬台灣人當成奴隸，這是台灣人絕不能允許的。實際上，這個圖謀也不容易做到。只要美國的第七艦隊存在，就絕不會出現類似前兩回的國共合作。不過，理論上還是有很大的可能性，我們台灣人必須嚴加警覺。曾有日本人問我一些問題，我以此問答作爲本文的結論。

問：中華民國與中共合作的話，台灣人將採取什麼態度？

答：如果是我們的同志，絕對不能同意。

問：台灣最期望的是蔣介石政權回到大陸本土嗎？

答：國共合作也好，什麼都好，只要蔣介石政權回到大陸就可以。總而言之，台灣人最期望的是台灣獨立。

（刊於《自由》一九六四年四月號）

# 台灣獨立的胎動
## ——風起雲湧的台灣

台灣與中國大陸相隔著一八〇公里寬的台灣海峽，這個狀似甘薯的島嶼，位於東北亞與東南亞之間的關鍵位置。

台灣的面積約等於日本的九州，住民中約有一千萬本土台灣人及二次大戰後跟隨蔣介石進來的約二百萬中國人。台灣現在被國民黨政府的蔣介石所統治，因其高喊「反攻大陸」，致力將冷戰轉化爲熱戰，使得東亞各國感到不安。這是衆所周知的事實。

十八年前，蔣介石喊出「以德報怨」的口號，使得在中國大陸的日軍平安返國，因此他在部分日本人之間頗受感念，但大多數日本人或許較能接受中共的「解放台灣」。

無論反攻大陸或是解放台灣，都是以一個中國爲前提，台灣的命運畢竟被操控在蔣介石與毛澤東手中，而台灣將被以「中國的內政問題」來解決，這種想法已成爲一般的常識。

此常識的根據，是基於「日本從中國竊取的包括東北(滿洲)、台灣、澎湖群島的全部領土應歸還中國」的開羅宣言(一九四三年十一月二十七日)及對其追認的波茨坦宣言(一九四五年七月二十六日)。

因為開羅宣言並未與台灣人商量即擅自決定，所以對台灣沒有拘束力，這是台灣人的主張。有趣的是，後來各國學者、政治家都陸續表明對開羅宣言的疑義，原本的法理依據也成爲沒公信力的主張。

各國視台灣問題爲單純的中國內政問題，想要以一次方程式來解決，才會造成今日的束手無策。台灣問題原本就是聯立方程式，必須將蔣介石、毛澤東的因素也列入考慮。扼要言之，要解決中日問題之關鍵就是台灣問題，因此須顚倒一般思考的順序，應先著手解決台灣問題，若能發現合理而務實的解決之道，中日問題自然能夠迎刃而解。換言之，就是要消滅蔣介石的國民黨政府，成立台灣人的台灣共和國，承認中共爲中國唯一的合法政府，使台灣共和國以新會員國資格加入聯合國。除此方法以外，別無他途，同時這才是將來思考的方向。

## 日本統治下的台灣

清國由於甲午戰爭戰敗，把台灣及澎湖群島割讓給日本。清朝對割讓遼東半島的要求頑強抵抗，因爲那是接近京畿的要衝之地，結果在俄德法三國干涉之下，日本被迫放棄。但對於割讓台灣的要求，中國卻慨然同意。因爲清朝一向認爲台灣是難以統治的南海殖民地。

當日本兵不血刃入城時，台北有四萬六千人口，市區由城內、萬華、大稻埕三處所形成。基隆與新竹間有超窄軌六二英哩的鐵路，儘管庄與庄間有村級小路聯結，但缺乏聯結城鎮之間的縣級道路，雖然已有郵政，但台北至恒春要費時七日半。這便是日本從清朝取得台灣殖民地時的狀況。

日本對台灣的殖民統治之所以能夠成功，可說是趁著國運隆盛，上自總督、下至國民均爲母國的名譽善盡最大的努力。

但是，自一九三一年的九一八事變開始，其後持續達十五年的日本帝國主義侵略戰爭，使得台灣人也遭受莫大的犧牲，至今仍留下程度不一的傷痕。

## 二二八起義

陷入國民黨政府統治下的台灣，一開始就被預料會導致今日的命運。對台灣具有影響力者，因關心台灣的命運，認爲應確立台灣人將來的出路，因而頻繁地秘密集會。但是，由於反抗和協助日本政府的兩派人馬暗中較勁，使得計畫一直停留在密謀階段，而且當時台灣人也沒有整合全體的手段，導致這些人與一般大眾隔離，這是造成二二八起義失敗的主要原因。

一九四七年二月二十七日夜，中國人的「專賣局私菸查緝隊」在台北市大稻埕毆打逃避不及的台灣老婦人，並向集結抗議的台灣人開槍，殺死了一名無辜民衆。

翌(二十八)日，衆多台北市民集結，以前所未有的規模進行抗議，示威隊伍前進到專賣局，要求當局處罰肇事者，並保證今後絕不再犯。由於中國人官員逃避躲藏，示威隊伍便紛紛進入專賣局。

整個行動在當夜波及台北縣與基隆，終於發展爲二二八起義。蔣介石以殺害無數的台灣菁英做爲此次起義的報復手段，此爲造成台灣人與中國人對立關係的關鍵性事件。雖然沒有明確喊出獨立的口號，但「三十二條要求」實質上是主張獨立，這是任何人都必須承認的事實！如果起義成功的話，從高度自治進而分離獨立，乃是極其自然的形勢。

但是此次起義付出甚大的犧牲，得到的卻是無情的鎭壓。台灣人透過此一過程，認識到中國人的狡猾、卑劣和殘忍，因而對中國人產生激烈的憎惡與敵愾之心，使台灣人衍生出非獨立不可的堅定意志，強烈地烙印心底。

## 邁向台灣獨立之路

在海外的台灣人中，以旅日的二萬五千人聲勢最大，其次爲散居美國各地的三千名留學生。此二萬五千名在日台灣人的意識形態與表現，相當複雜。

一九五〇年，廖文毅的台灣民主獨立黨開始從事獨立運動，但由於被指成精神異常、卑劣的騙子，因而一直未能提振氣勢。廖文毅或其他人要在日本展開獨立運動，其先決條件是要先獲得在日台灣人的理解與支援，因此需要耐心執著地說明國民黨政府統治的實態，強調台灣人與中國人本質上的差異。台灣人曾經想借用中國的力量，但那本是不該依賴也不能依賴的力量，如今看到國民黨政府的統治，相信大家都已瞭然於胸。

現今東西兩大陣營的態勢已相當固定，一個陣營要替代另一個陣營是很困難的。台灣被編入自由陣營內進行改革（即由國民黨政府統治，要求自主獨立）較爲容易，此點自不待言。幸好台灣沒有發生如南北韓與南北越一般的熱戰，雖然同樣不可避免地具有與共產陣營對抗的命運，但沒有必要採取軍事主義，相信藉由引進自由主義與民主主義，即能使台灣日益安定。

爲此，台灣必須早日合理地平復國民黨政府統治所遺留的傷痕，但目前尚存在著裁軍與復員、行政機構的統合、充實教育等諸多難題。

台灣人要能夠挑起此一重任，才能實現吾人的理想之鄉。

（刊於《新時代》一九六四年七月號）

（李尚文譯）

# 建設海洋國家

台灣四面環海，地理環境特殊，只要控制海洋的通路，便可成爲台灣的統治者。台灣人的反對運動之所以經常失敗，便是因爲隔著大海，得不到外來支援所致。對台灣人而言，這浩瀚的海洋可謂十足的「苦海」。

現在，這個價值觀卻有所改變。正因爲海洋保護台灣免於中國的侵犯，也爲台灣的將來帶來無限的希望。

我們的祖先橫越海峽遷移到台灣，因此目光似乎總是朝向西方，但我們不應忘記，海洋同時也對著東方、南方、北方敞開。

再看一次地圖，台灣東邊面向浩瀚的太平洋，與南、北美洲遙遙相對，南方則和菲律賓對望，再往下更可到達東南亞，往北則經過沖繩與日本相連，延伸至朝鮮半島。

這個認知告訴我們，台灣的發展和這些國家息息相關。

另一方面，我們也應認識海洋是「永不枯涸的資源」。根據科學家的調查，若利用核能融合，一公升海水可以提煉出相當於三百公升石油的能源。美國的核能開發研究雖然先進，但日本也進入第二階段的研究。即使台灣的起步比日本稍遲，但台灣本身也有優秀的研究者，且優秀的海外留學生也相繼出現。

這些雖都是往後之事，但海底開發正朝著實現階段逐步進行。衆所周知，台灣西海岸也發現蘊藏廣大的海底油田，且正開始嘗試挖掘。

二次大戰後，可從地緣政治學觀點將國家大致分爲海洋國家及大陸國家，若以這個觀點來看中台關係，尚可衍生其他的展望。海洋國家─台灣和大陸國家─中國，兩國的生計和國民氣質都有明顯的不同。

海洋國家因爲身爲島國，國土狹長，缺乏陸地資源。與中國的九百六十萬平方公里相比，台灣只有三萬六千平方公里，爲其二百六十分之一。因此，有部分台灣人感受到中國「地大物博」的壓迫感，但這些人可謂只知其一不知其二。

其實過於寬廣的國土對中國也是一種負擔，因爲這將導致政策不易推行，生產力無法提升。中國從古至今內亂不斷，不是南北分裂便是群雄割據，現在中共的政權也不安定。衆所皆知，毛、周死後，中國的問題更是層出不窮。

海洋國家則因土地狹長易於統一，並可期待種種高層次的策略。

中國雖然資源豐富，但都只是預估的埋藏量，若未進行開發，不過是無用之寶。但要開發談何容易，不論資金、技術、勞力，甚至運輸等任一問題，對現今的中國都是難題。

以技術合作之名前往中國的日商表示，他對中國經濟的落後感到驚訝，且中國人頭腦僵硬、缺乏工作意願，更是令人感嘆不已。

大陸國家保守封閉，唯我獨尊的中華思想便是如此產生，在經濟上也是主張「自立更生」的口號。

海洋國家四面環海，門戶敞開，因此國民性開放進取。相對於大陸國家封建的專制主義，海洋國家常會選擇自由主義、民主體系。

不必對「中國博大精深的五千年文化」感到自卑，別忘記中國文化之所以精湛，乃是伴隨著宮廷文化而來。要創造每一個雕刻、每一匹織品、每一棟建築都需從全國各地徵集材料，進而酷使專屬工人花費一生的時間默默工作，但他們的生活卻永遠無法達到自己創作的文化水準。

二次大戰後逃難到台灣的中國人，其文化之低、教養之差，令台灣人大吃一驚，但這是中國人眞實的一面。

三十年來，蔣介石政權一直主張「正統中國」，高喊「反攻大陸」，但蔣介石政權的經濟結構在六十年代產生劃時代的改變，也就是因所謂的經濟起飛而有高度成長。對蔣介石政權而言，要在台灣保持政權，即必須採取典型的貿易立國政策，因此國民總生產對貿易的依存度高達八〇%。

毋庸贅言，貿易立國需要保障設備投資之安全，單是確保計畫性進出口、通商途徑等，都是最低的必須條件，但偏偏蔣介石政權要以「反攻大陸」來製造台灣海域緊張，如此只是自絕後路。

這裏有一個極富歷史教訓的事實。鄭成功政權（一六六一～一六八三）與蔣介石政權酷似，他也一直高喊「反淸復明」，與中國相抗衡，但他以建設海洋國家爲目標一事卻鮮爲人知。對經歷三代共二十三年的鄭成功政權而言，「扶明滅淸」只是表面口號，建設海洋國家才是其本意。荷蘭通事何斌建議逃到廈門的鄭成功進攻台灣，因爲：「台灣沃野千里，實霸王之區。得此地，可以雄其國，使人耕種，可以足其食。上至雞籠、淡水，硫磺有焉。橫絕大海，肆通海外，置船興販，桅舵、鋼鐵不憂乏用。移鎭兵士眷口其間，十年生聚，十年教養，而國可富，兵可強，進攻退守，直足與中國抗衡也。」

被鄭經委以政治大權的參謀——參軍陳永華揭示「十年生長、十年教養、十年成聚，三十年直可與中原相甲乙」。

「而國可富」也好，「與中原相甲乙」也罷，都表示台灣與中國是各自獨立的國家。

在實際政策上，鄭成功一方面進行屯田制度，一面致力對外貿易。施琅於康熙六年上疏曰：「（台灣）沃野千里、糧食無虞。上通日本，下達呂宋、廣南各地。火藥軍器之需，布帛穿著之物，兼備貿易所需，在林木叢深之中，可採集舟車所需。」由此可瞭解施琅對台灣之焦慮。因爲台灣物產豐饒，還有對外貿易可資補充，足夠創造獨自之經濟而自給自足。

然而，鄭成功又如何保持與日本的關係呢？《台灣外記》指出：「康熙十三年（一六七四），派遣兵都事李德駕船前往日本，鑄造永曆錢、竝銅熕（一種大砲）、腰刀、器械等。」屢次向日本求援。德川幕府表面上雖拒絕援助，但私底下直到鄭成功政權末期都仍持續給予支援。

另一方面，鄭成功派遣義籍耶穌會教士維特利前往馬尼拉，要求西班牙總督向其朝貢，維特利更暗中呼籲菲律賓華僑起義。

如此，鄭成功政權一面朝海洋國家邁進，一面在福建、廣東沿岸進行襲擊，其本意並非想「反攻大陸」，眞正目的在於掠奪物資、徵召人員。因此，清朝政府頒佈禁海令（寸板不得下海），以嚴防沿岸居民與鄭政權掛勾，也想藉焦土戰術防止物資進入敵人之手。

鄭政權中也有不少留戀大陸的保守勢力，爲防止他們離叛，需要製造「反攻大陸」的假象。

針對這種狀況，清朝曾基於台灣原本不是中國領土的認知，擬在鄭政權不影響大陸的條件下承認台灣獨立，雙方準備締結和平協定。但在談判的最後階段，保守派堅持至少要確保海澄（漳洲府）一港爲自由交易地，結果談判破裂，清朝決定全面與鄭政權對抗。

現在回顧這樣的歷史教訓，不難發現蔣介石政權如果堅持「反攻大陸」，中國不可能忽視不管，總有一天會導致武力犯台的局面。

從清朝統治的歷史可獲知，一旦台灣被中國併吞，台灣人將承受更多的苦難，若再加上前述兩國國民氣質之差異，更可清楚預知台灣人悲慘的命運。

在蔣介石政權中，台灣自立派與反攻大陸派的對立是可以預想得到的。近年來，致力於充實經濟實力的台灣人是否願意幫助自立派抑制反攻大陸派，已成爲成功與否的關鍵。

蔣介石政權向台灣人灌輸中國意識，強調台灣與大陸的關係。這不論對台灣人或蔣介石政權都是百害無一益。因爲過度在意中國或中國人，將使台灣位居下風。

台灣現在及將來該注意的是，身爲海洋國家的發展及保障此發展之可能性，應加強與同是海洋國家及其他先進國家間的政治與經濟的聯繫。

（刊於《台灣青年》一八三期，一九七六年一月五日）

# 台灣人啊，你要坐以待斃嗎？

## 應該歡迎中美建交

這是最大也是最後的機會。台灣人若不趁現在站起來，若不好好把握這次機會，就永遠沒有出頭的一天了。

但若能把握住這個機會，完成四百年來獨立的願望，就可眞正成爲享有自由的人民了。

中美建交對我們發出警訊，但同時也給予我們希望，所以我們應該加以歡迎，不必感到驚慌失措。

因爲有美國這個強力的支柱，蔣介石政權才得以維持長達三十年的虛構「正統中國」，也讓一部分人抱持著「反攻大陸」的幻想。

現在美國內外情勢吃緊，終於也從「正統中國」這個愚蠢的想法中覺醒，承認了中華人民共和國，與蔣介石政權斷交。這是理所當然之事，甚至有些爲時稍晚之憾。

蔣介石政權譴責美國不守信用，強制台灣人民和他站在同一陣線，可謂厚顏無恥也睜眼說瞎話。

在一九七一年「中華民國」被聯合國驅逐之前，美國即曾向日本表示不想支持蔣介石的「正統中國」，並勸說如果台灣宣佈獨立，還可以留在聯合國。

但狂妄的蔣介石絲毫不聽日本的勸告。對中國市場感興趣的日本於一九七二年秋率先承認中華人民共和國。曾經感激蔣介石「以德報怨」的日本，即以其外長的談話廢止「日華和平條約」，「中華民國」這個國家便從地球上被剔除了。

未曾從蔣介石那裡得到任何好處、反而一直對其施惠的美國，六年來已持續表現情義的一面，所以沒有任何一個自由陣營的國家譴責此次卡特政府的決定。

雖然有人批評美國採取「日本模式」，但是他在「政府聲明」中明白表示「確信台灣民眾將迎接和平與繁榮的未來」。

這並不是表面的客套話。美方仍舊持續販賣武器給台灣，中美間的各項協定也都以雙方可以接受的代替方案達成協議。不能忘記的是，中美共同防禦條約在斷交後一年內仍舊有效。美國在斷交之際，仍不忘對台灣作後續的協助。

蔣介石政權應該感謝美國深厚的友誼，實在沒有道理譴責美國背信忘義，台灣人千萬別被蔣介石政權的宣傳手段所利用。

## 尚未安定的中國

目前，中國的確相當不穩定。他們頻頻宣揚「統一」台灣，好像明天就會實現一般，但這只是媚中媒體一面倒的不實報導。中國根本不曾正確認識及冷靜分析蔣介石政權的本質，也無視台灣人存在這個因素，所以千萬別被這樣的新聞報導所迷惑。

中國現在遑論要「統一台灣」，單是建設荒廢已久的國土——也就是進行「四個現代化」，即須投注全力。「自立更生」「愚公移山」的口號是無濟於事的，所以當務之急便是引進日本、美國、EC等的資金，從事技術合作、整合處理、設立合資公司等。

中國曾經批評日本及美國的海外投資為「日帝」「美帝」侵略行為，但現在卻以自己為誘餌吸引外資，可說已在產業經濟上對資本主義國家豎起白旗。

但此項國土重建能否成功仍是未知數。所謂「四個現代化」指的是農業、工業、科學技術和軍隊的現代化，但最重要的國民現代化卻被遺忘。現代化並非全盤引進先進國家的知識便可完成，如果這麼簡單的話，東南亞、非洲等新興國家早就完成現代化建設了。

教育水準低落、不懂何謂自由民主的十數億龐大人民，加上統治中國的共產黨相繼失政，權力鬥爭不斷，這樣的中國很難完成現代化。

連最早推行現代化的鄧小平都出現地位不穩了。卡特總統之所以決定要中美建交，主要是想趁鄧小平還健在時爲之。順便要提及的是，中日建交之所以能迅速實現，主要原因是周恩來罹患癌症將不久於人世，因此積極對日本鼓吹，趁自己有生之年完成此一心願。

鄧小平的條件比周恩來要差，聲望不如周恩來，地位也不穩固，四人幫的殘存黨羽遍佈全國，尤其以青少年居多。建國以來的「四個現代化」進行不順，再加上蘇聯的軍事勢力在柬埔寨取得控制權，使中國的立場益形險峻。

中國政府與鄧小平之所以一再大聲疾呼「統一台灣」，只是想藉軍事口號模糊內政上無力控制台灣的焦點。

有位分析家認爲：美國廢止台美共同防禦條約，乃是因爲看準中國不會武力犯台。就算這個想法有誤，至少美國已認爲中國短期內無力侵犯台灣。

若果如此，台灣人實在不必懼怕中國的武力犯台。中國的武力侵犯原是台灣獨立的前兆，所以必須有勇敢面對的覺悟。擊敗前來侵犯的中國，台灣人方能成爲眞正獨當一面的民族，如同以色列擊敗阿拉伯而成長一般。因此，我們不要對中國的意圖心存幻想。

很可惜的是，直到現在還有一些台灣人對中國心存幻想。我實在不懂中國到底有何可懼？

歷史告訴我們，台灣如果和中國合而爲一，絕對沒有好處。直到現在爲止，台灣曾經因爲中國的領土野心，兩度被編入中國領土之中。一次是淸朝時代（一六八三～一八九五），一次則是戰後的數年間（一九四五～一九四九）。

幾乎整個清朝時代，台灣都隸屬福建省，成爲福建省的殖民地，遭到嚴苛的統治和無情壓搾。直到十九世紀末，清朝驚覺台灣在軍事上的重要性，方於一八八七年將台灣升格爲獨立的省份，並致力洋務運動，但爲時已晚。其後在甲午戰爭中敗戰，將台灣割讓給日本。

至於戰後的數年，蔣介石政權在與中共的內戰中失敗，於一九四九年避難到台灣。在此之前，蔣介石將台灣委託給張群、熊式輝等人，並賦予陳儀比日治時代的台灣總督更高的權限，結果發生二二八事件，蔣介石卻包庇陳儀，並從大陸調派大軍屠殺台灣人民。

清朝時代，視台灣爲殖民地極盡搾取之能事，對日和談時則毫無猶豫地割讓台灣。二次大戰後，中國政府又將台灣視爲戰利品，又在二二八事件時進行大屠殺。台灣人千萬不要忘記這段歷史！

此時，台灣如果眞的被中國「統一」，將是第三度陷入中國的桎梏之中，可以想見悲慘的命運。對台灣而言，中國只是凶神惡煞，而事實上，中國始終以特殊眼光看待台灣。

鄧小平表示中國政府將暫時承認台灣目前的政權，保證維持台灣的生活水準不發生激烈變化，但我們若信以爲眞，那可眞是天大的傻瓜。

我們看看中國和西藏簽訂自治協定的結果。中共一方面表示不干涉西藏內政，一方面又以社會改革緩慢爲藉口，派軍進駐西藏，導致達賴喇嘛流亡印度。中共對以西藏爲首的少數民族極盡淫威之能事，甚至對四十年來的同志劉少奇、彭德懷、林彪等也毫不留情地加以清算。

台灣一旦被中國統治，台灣問題便成爲內政問題，外國也無法干預，屆時台灣人只有坐以待斃。屆時再像越南難民般坐漁船逃難，恐怕也爲時晚矣。

若以文化大革命殺害二千萬到三千萬反對派的手段看來，台灣少說也會有十萬到百萬的知識份子遭到毒手。即使不加以殺害，但如被下放到新疆、東北、西藏等邊境，並將大陸的中國人遷到台灣，則台灣人即會因此被消滅。

在中國支配之下，如果還希望能過像如今的高水準生活，可說是癡人作夢。在中國的統治之下，台灣人只能過奴隸一般的生活。

希望大家能憶起《台灣青年》二一一期中介紹過的陳逸松。他曾擔任全國人民代表大會常務委員一職，可謂是所有居住在中國的台灣人的發言人，但他卻告訴我：「台灣人即使被中國解放，也只能受到次等公民的待遇。」

陳逸松原本或許認爲當中國成功統一台灣時便可衣錦還鄉，但我猜想，恐怕在此之前，他已先遭清算。

有些住在日本的台灣人長期揮舞「毛澤東萬歲」的旗幟，並且承擔把人送往中國的工作，但自己卻不願長住中國。因爲大家都知道，台灣人在大陸會遭受歧視。這些台灣人都是一些狡詐之輩。

## 成為受尊敬的台灣人

中國執拗地向蔣介石政權呼籲統一，提出異常「寬大」的條件，其內容簡直已到令人匪夷所思的地步。或許中國也害怕逼急了蔣介石政權，他會採取「狗急跳牆」的行動。

所謂「狗急跳牆」的行動，一是和蘇聯結合，另一是宣佈台灣獨立。

不過蔣介石政權和蘇聯結合的可能性很小。台灣的軍備尚須依賴美國，經濟體制也已成爲自由陣營的一環，要在一朝一夕之間改變，絕非易事。加上美國和日本都相當警戒，說不定稍爲疏忽，美國就會運送中國軍隊，成爲協助「解放」的超人。

中國眞正懼怕的是蔣介石政權宣佈台灣獨立。蔣介石政權會被逼到宣佈獨立，一是對中國之恐懼，一是對台灣人之恐懼。

中國最希望蔣介石政權立即無條件投降，但會做這種白日夢的，大概只有日本的媒體。既然不可能無條件投降，那就暫時委屈地把台灣交給蔣介石政權。——可能的話，希望蔣介石政權賣個面子，不要再主張「正統中國」即可。

如果蔣介石政權不聽勸告，仍一貫聲稱「正統中國」而高喊「反攻大陸」的話，中國又會如何呢？其實中國對此也無計可施。那是一種精神錯亂的主張，不但無藥可救，也只會讓全世界取笑。然而，中國仍沈迷在蔣介石政權不宣佈台灣獨立的自我陶醉中。

在此種情況下，蔣介石政權暫時還可延續，而可以阻止這一切的，只有台灣人，也只有台灣人有資格。

台灣人的目標，只有排除蔣介石政權，建立獨立的國家。

但很可惜的是，台灣人都過於懦弱。

《朝日新聞》香港特派員伊藤(齊)在一月十一日的報導中指出：「台灣人可能慣於被統治，所以認爲只要現在的財產、生活環境不要有過大的改變就可以。」

這是日本媒體首度公然侮辱台灣人，但在反駁其說法之前，卻也不得不承認此言具有部分眞實性。台灣人沒有氣魄，帶給我們無限的恥辱。

三十年來，台灣人對蔣介石政權的抱怨不絕於耳，其中包括被蔣介石政權提拔爲閣員的台灣人、擔任華僑總會會長的台灣人和台灣財經界的巨富們。但他們卻表裏不一。台灣人雖然控訴蔣介石政權蠻橫與製造白色恐怖，但卻也有不少人參與蔣介石政權，也有不少台灣人當起特務警察。軍隊中有六十五％是台灣人。只要台灣人團結一致蜂擁而起，便可推翻蔣介石政權，但他們卻反而支持蔣介石政權。還有比這更愚蠢、更叫人無奈的事嗎？

孟子說過，「人必自侮，而後人侮之」。導致今日悲慘命運的正是台灣人本身，在攻擊蔣介石政權蠻橫、中國政府貪得無饜之前，是否也要先對自己的沒有志氣感到羞愧呢？在蔣介石政權之下是死路一條，讓中國「統一」亦然。這裏所謂的死，並非肉體之死，而是指精神上的死亡，身爲自由人的死亡，此點眞叫人痛徹心扉。我要在此公開質疑所有的台灣人，難道大家眞的要坐以待斃嗎？

（刊於《台灣青年》二二〇期，一九七九年二月五日）

# 台灣共和國的文化政策（草案）

美國方面有編輯台灣獨立運動英文版手冊的企劃案，由我擔任「文化政策」的主編，本文為日文的原稿。截至目前為止，獨立運動者一直忙於挖掘過去以及分析現狀，但對於將來的實施方案，還不曾做過廣泛的討論。筆者藉編寫本草案的機會披露拙見，盼能引起熱烈的討論。

## 前言

在政治上獨立的台灣人，在精神文化面也必須獨立。因此，當急之務是擺脫長久以來的中國價值觀及思維方式，也就是脫離三民主義、儒教及漢字，這樣才能從執著的心境中昇華。

## 不需要教條

三民主義和毛澤東思想一樣，都是中國獨裁者的教條。台灣人與這種中國獨裁者的教條無緣。當我被問到：「獨立運動有無可媲美三民主義及毛澤東思想的政治理念？」我回答：「政治理念本來就不是什麼大不了的事，台灣人不需要任何教條。」會問這種問題，是因爲他對中國人的自我壓抑不甚瞭然之故。

三民主義爲孫文所提倡，國民黨將孫文當做國父來祭拜，將其神化而不准人民批評，只能虔誠地供奉。雖然我不曉得孫文有多偉大，但我知道三民主義並不是什麼卓越的政治思想。在清朝末年，三民主義因爲新奇，所以人民對其充滿幻想，但對瞭解歐美政治的人而言，三民主義只不過是一些極平凡的常識罷了。

另一方面，毛澤東思想只是採擷馬克斯、列寧主義，再將其中國化而已。它在文化大革命最盛時期曾流行一陣子，至今文化大革命被批判得一無是處、是一大災難，毛澤東思想也被嚴厲批判。

大家都知道三民主義是民族、民權、民生主義，但此定義僅僅孫文本人即變更過好幾次，蔣家政權更在七十年代後期詮釋爲民有、民治、民享。

不管三民主義的定義與意思爲何，我們應該瞭解三民主義在中國並沒有被忠實地實踐過。戰後在陳儀的宣導下，台灣人才知道有三民主義。不久，三民主義被揶揄爲「三眠主義」、「三刀主義」。台灣人的文字遊戲絕不輸給中國人，「三眠主義」就是只吃、只睡、無能的人；「三刀主義」即菜刀、剃頭刀、鉸刀，隱喻出外謀生的惡質集團。

在此沒有必要也沒有篇幅來討論三民主義的內容，一言以蔽之，三民主義就是「主權在民」。孫文學習西洋醫學，周遊歐美、日本，瞭解先進國家政治體制的優點，因此想要打倒滿清專制體制，讓人民成爲主人（民族主義）。人民成了主人，當然會採行議會制民主主義（民權主義），消除經濟上、社會上的不平等（民生主義），建立和平與福祉（大同世界）。

但要達成此一理想，國家必須安定，人民的文化水準要高。中華民國實行三民主義，但其後半途而廢，因爲建國以來戰亂不斷，以及人民在政治上、文化上跟不上腳步。蔣家政權本質上與封建軍閥相同，爲了一夥黨徒的榮華富貴，施行一黨專政，對人民竭盡所能地壓制、剝削。

打倒蔣家政權的是共產黨。共產黨與國民黨一樣，主張槍桿子出政權，繼續施行一黨獨裁，製造特權階級，將人民踩在腳下，與國民黨沒什麼兩樣。

專制統治者爲了欺瞞、威嚇人民而提倡教條，三民主義及毛澤東思想就是在這種背景下的產物。

美加、歐洲、日本及西方先進國家不會強調主義或思想，僅以一般名詞表明（如自由主義、民主主義）即已足夠。

西方先進國家以公正的選舉組成議會，從機能及監督的觀點，採行政、立法、司法三權分立制度。

台灣人與中國人相較，平均知識水準較高，長久以來渴望自由與民主，只要學習西方國家的自由主義、民主主義即可。

談及自由主義，就會聯想到資本主義，有人批判此點會造成經濟上以及社會上的不平等。但自由主義是將個人特性充分發揮，盡可能對個人思維及活動提供自由，排除介入的因素，與資本主義沒有直接牽連。過去四百年間，台灣人在絕對威權主義的壓抑下，更瞭解到自由主義的眞諦。

資本主義是生產方式的一種，雖然優點很多，但缺點也不少。經濟活動因多樣化而充滿活力，但這不是放任私人企業爲所欲爲。它一旦變成弱肉強食，則會導致「富者恆富、窮者愈窮」，即會造成階級鬥爭。

現代資本主義與亞當史密斯的古典資本主義不同。自羅斯福提出「新政」(New Deal)以後，政府的安定制度(built-in stabilizer)發揮功能，勞資糾紛和解，調解景氣過熱或衰退奏效，完全瓦解馬克斯及列寧所稱資本主義即將崩盤的預言。

獨立運動家中也有人提倡社會主義。他們認爲社會主義是解決經濟上及社會上不平等的良策，但這種「理想國」卻沒有任何一個社會主義國家達成。

無庸贅言，不論那種主義或思想都提倡自由(此即自由主義)，任何社會體制都是少數服從多數(此即民主主義)。

在傳承漢族文化上，有人擔心如果從中國獨立是否會造成漢文化的斷絕。台灣人是漢族的一支，這是不容置疑的事實，只要是漢族的一支，當然會傳承漢族的文化，這也是權利。儒教是漢族文化的代表。在一般民衆心中，三綱五常的倫理廣被接納。我們尊崇聖人君主的教誨，但它能讓國家民族發展到什麼境界，對國民知識水準及道德提昇有無助益，尙不得而知。

我們要放寬視野。漢文化確實是很優秀，但世界其他各地也有輝煌的文化。如歐美文化傳承希臘及古羅馬文化，是基督教精神的精華。日本文化接受漢文化洗禮，另創獨自的風格，再攝取歐美文化精華。

台灣人要從中國獨立之後才能冷靜觀察漢文化的優劣。漢族文化在中國國粹主義者口中，狂言是世界上最優秀的文化，但爲什麼中國近代文化落後他人呢？中華民國的三民主義、中華人民共和國的馬克斯、列寧主義還是借用歐美思想呢！爲什麼諸子百家時代能百花齊開？爲什麼哲學、法學、兵學、倫理學、天文學、數學等，曾發揚光大卻又衰退呢？爲什麼蔣家政權到處揭揚禮義廉恥，實際上卻做出厚顏無恥的敗德之事呢？

古代之事不得而知，現今我們看到的是，不論中華民國或中華人民共和國，在在呈現腐蝕與荒廢的情景。台灣人本身也需反省，有陣子盛行拜金主義、拜物主義、利己主義及相互不信任，哪裏可見到一點三綱五常的蛛絲馬跡呢？

在此不論有無，我們要認清漢族文化的非近代性及形式主義，但和儒教無緣或儒教思想較薄弱的歐美及日本社會反而較進步和健全。

要發展成近代國家，需要人民具有健全的判斷力，尊重人權、有權利義務觀念、正義感及公德心等近代市民意識，這與有無古老傳統文化完全沒有一點關係。

儒教視「堯舜之世」及「先王之道」爲理想，此點在時代發展中有時會適應不良。如《左傳》所言：「普天之下，莫非王土，率土之濱，莫非王臣。」此與基督教主張「在神以下，人人平等」及福澤諭吉的平等思想相較，很清楚地可以知道那一種思想較符合近代社會潮流。

在古代，中華思想歧視周邊的異民族爲東夷、西戎、南蠻、北狄，而自己尊稱爲中夏，這種思想已不符合當今情況。台灣人絕對不能讓中華思想殘留心中。台灣不是大國也不是強國，台灣人面對外國人不必有優越感，也不必有自卑感。台灣人要發揮在漢族文化中被視爲異端的個人主張及自由創意。如此，才有可能發展出中國人無法做到的獨特領域及獨到見解。

日治時代末期強制推行皇民化運動、更改姓名、整頓廟宇，此暴政無疑是想抹煞台灣人的民族性。蔣家政權大聲疾呼民族性，結果將「拜拜」、婚喪喜慶等習俗搞得過頭，這種無誠心的形式主義需要改善。

台灣人首先要做的是編纂台灣史。過去中國人否定台灣的存在，將台灣史剔除於中國史之外，禁止台灣人自由研究歷史，還說此台灣是中國固有領土的大話，八年抗戰是爲了光復台灣等不實的宣傳。

現在台灣人能以自由的立場，發掘與評價以往被統治者所隱瞞的事實。我們先從二二八及美麗島事件開始著手研究蔣家政權時代，徹底揭發蔣家政權專制統治的本質，以彰顯爲此犧牲的獨立運動志士精神。再者，將六十年代後半以來經濟發展的實情加以澄清明白，今後台灣經濟不很樂觀，不要粉飾太平，因此要瞭解優缺點所在，做爲我們的借鏡。

我們有必要分析日治時代的大正末年至昭和初年在台灣從事政治運動者的精神結構，研究他們內心到底存在何種中國意識形態，如何以之對抗日本帝國主義。我們應從現在仍然在世且瞭解當時狀況的人口中聽聽眞實情形。

有關兒玉源太郎、後藤新平所寫的近代化各種政策，將中國殖民地與其它殖民地用客觀的科學研究加以比較，他們的功過還有很大的討論空間。

## 漢字與國語問題

獨立後，台灣人應將台灣話視爲母語。語言是民族的精神。如果以往受外來統治者所踐踏的台灣人精神能夠復活，那是多麼令人振奮的事。

台灣話分爲福建系的福佬話與客家系的客家話，分別佔百分之八十五及百分之十五。說福佬話的人當然較多且較廣，福建系會說客家話的非常少，而會說福佬話的客家系反而較多。若為了方便，將兩種語言定為一種，客家系當然會不滿，在清朝時即有福、客語言之爭。最近也有客家系擔心獨立後會成為少數而受到差別待遇，因此對獨立運動非常冷淡。就此而言，不如兩種語言都不分。

問題出在台灣人對其本身的台灣話沒信心，認為台灣話是卑微的語言、字彙不足，而且無法將語言寫成文字。

被認為是卑微的語言，原因是罵人語言發達，且多是露骨的性行為語言。然而，不僅台灣話，中國話（北京話）也有罵人的話。只要國民文化水準到達一定程度，就會謹慎地斟酌用語。

字彙太少應是針對文化語彙而言。一般基礎字彙都能自由運用。過去台灣話也借用日本漢語（便當、公會、憲兵）或中國話（勾結、塑膠、聯考）成為台灣話，漸漸地，台灣話的文化語彙也會增多。這是聰明的做法，可相互交流參考。我們不能跟中國人一樣，任何事情都要用漢字來表達。漢字是用來表達意思的，以之音譯外國人名、地名、新事物或新技術，本來就不太可能，以之意譯也辭不達意，何況再將之以台灣話說出，往往更是不知所云。我認為將這些專有名詞以羅馬拼音方式寫出較為貼切。

字彙可分為使用字彙與理解字彙。比方說有人使用文化字彙，但聽者不能理解，本人也因說不清楚而懊惱，以後就再也不使用文化字彙。如果聽者能夠理解，而言者認爲使用方便，以後就會繼續使用。文化字彙一般是越多人使用就會形成共通語，這就是台灣話的表達能力。

如果說台灣話無法用文字表現，那是對台灣話不瞭解。台灣話是中國語系的一支，與中國話同樣可用漢字書寫。以我個人的經驗，只有百分之十左右的語源不知出處，其餘都能將口語寫成文字。「有能力」(gau5)；「肉」(bah4)；「那、那個」(hit)……或許有些人不知語源出處，但也不要有台灣話無法寫成文字這種先入爲主的觀念。

台灣話自有史以來就不曾在課堂上教過。鄭成功時代及清朝的讀書人只知飽讀經書、參加科舉，日治時代及蔣家政權時代各自強迫台灣人學習日本語及中國語，把台灣話視爲方言而加以迫害。

在這種情況下，台灣人還是將台灣話流傳下來，這表現台灣話的生命力。獨立之後，我們應該全力貫徹台灣話教育，台灣話若能成爲國語並在各級學校教授，設立國語研究所，開始進行台灣話的學術研究，創設國語審議會，著手規範字彙、音韻、語法等，在專家學者的建議及人民的同意下，積極設定標準語、制定書寫法以及雙重國語的運用。

個人認爲，以政治、經濟、文化中心的台北市方言作爲標準語較爲合適，書寫法則以漢字、羅馬字或兩者併用，此點當然各有各的優缺點。比方說，漢字大家都很熟悉，讀一次，全意都能瞭解，發音各自以福建系、客家系標註，另外縱寫、橫寫都不限制。但漢字確實不好寫又費時，特別是前面所說的有些語源不知出處，碰到這種情形時，是否使用替代文字呢？也有一部分替代文字已成慣例，但仍然各自隨意使用替代文字的情形也非常多。再者，雖瞭解漢字其意，但文語音及口語音很多，有時口語音又不只一個。

羅馬字原來使用在教會系統。比起中國字的拼音，羅馬拼音已有數百年的歷史。羅馬拼音好處在於容易學習、書寫，所有字彙都能照發音完全表達意思。因爲是表音文字，不像漢字可一目瞭然。台灣話如同英語一樣，只拼出單語音節會有一種不搭調的感覺。傳統做法是使用複音節語(-)的標示符號，但又十分怪異，有必要加以修正。教會羅馬字用於漢字注音，不使用音節，且分開書寫，非常令人困惑，更何況客家話還未確立羅馬字系統。

我們從日本語當中得到啓示，有必要認眞檢討漢字與羅馬字的併用。但此方式要用橫式書寫，不能用直式書寫，如此一來，同時顧慮到表意、表音。另一方面，讀寫也能增加漢字及羅馬字。除尙未全面化的用語以外，外來語都使用羅馬字，解決借用字及一字多種讀法的問題。缺點是認同統一性的人士會反彈，再者印刷上不如日本語容易。此外，我們也有漢字與羅馬字字體大小如何調和的問題，也不能忽視大部分慣用中國話的人們。蔣家政權到了台灣，禁止台灣人民使用已經習慣的日本語，強迫我們使用中國語。因蔣家政權是外來統治者，才會使用高壓手段。

獨立後不能立刻禁止使用中國語，也不能強迫一定要使用中國話。台灣人沒人不知道語言壓迫的苦痛，雖然如此，也不能放棄中國話。但如一直使用中國語，在精神層面上就不能獨立，因此有時需要有些限制。

另外，我們也不能不談和文字有密切關係的文化。最能讓台灣人自豪者，莫過於豐富的台灣話表達能力，及昇華至高尚優雅境界的文學作品。作家詩人擷取時代精神，用引以爲傲的語言，毫無做作地盡情書寫台灣人的過去、現在和未來。台灣民謠、歌謠太過悲情，不妨寫作更輕快有力的作品。政府要獎勵文學、音樂、繪畫、雕刻等各種文藝活動，讓文化工作者在社會上能受到重視。

## 向歐美、日本學習

不論中國對台灣採取什麼手段，台灣人要意識到：台灣海峽西側有一個強力磁石欲將台灣吸過去。我們要與世界各地更強的力量相結合，維持磁力的均衡，以對抗中國強權。軍事上與美日等締結安全保障機制。擷取歐美、日本文化，淡化漢文化的影響力，台灣有很多地方都要向歐美、日本學習。

我認爲台灣人對學習歐美文化比較沒有異議，但對日本文化較排斥。美國是世界強權國家，我們依靠第七艦隊保護而不受中國侵略。對美國，我們崇拜美元是世界貨幣，英語是國際語言。各國傾向美國是很自然的，不祇台灣而已。事實上，美國是西方國家的領袖，自由民主主義的聖地。只是以往台灣人只注重美國的物質文明，忽略精神文化層面，在潛意識中有一絲「中體西用」的想法，也因此才會發生問題。首先，台灣人須學習美國的建國精神及拓荒精神。

我們的先祖在開拓期那種「不自由、毋寧死」的堅毅不拔精神現在已消失殆盡。反過來說，我們對先祖們所知甚少，如要學習，可借鏡美國。

學習日本會遭來莫大的反彈，那是蔣家政權反日教育的後遺症。蔣家政權的反日教育將日本視爲窮兇極惡，加強台灣人對中國意識的認同，發誓對其忠誠，此點影響相當深遠。

對特定的外國反感或好感，同樣都是一件危險的事，因其可能導致應該保持理性的外交却被情緒左右而惡化。再者，日本是我們北方的大國，歷史淵源深遠，日本內政、外交對我們的影響超過美國。

五十一年的日本殖民統治是不幸的，但殖民地在歷史發展過程上是無法避免的，時間必然可將不幸淡化。不只是台灣，菲律賓、印度、阿爾及利亞也分別曾是美國、英國、法國的殖民地。獨立後，它們已都不在意，過去讓它過去，目前也都保持密切的關係。這是因雙方都有利可圖，如只認爲是片面性的經濟侵略行爲，將會有很深的誤解。

我們若一直憎恨過去殖民地的種種，而不去評斷日本文化的優點，以及日本令人矚目的進步發展，那就無法學到歷史給我們的教訓了。

以前日本、韓國、越南都受漢文化影響。韓國、越南也都被外國統治過，但這三國在很早以前就成功地創造獨自的文化。隨著時代演進，漢族文化的影響逐漸減少，台灣也是一樣。

日本人敏銳、細緻、具審美觀，有漢族文化所沒有的武士道精神，有求美、求眞的理念及閒情雅趣。戰後日本對自由主義、民主主義的信念及努力，堪做台灣模範。日本有世界級的優良科技、管理能力、服務精神，政治、經濟上充滿活力韌性的組織，均值得我們學習。

## 海洋國家的海洋文化

台灣四面環海，堪稱海洋國家。能源取之於海洋，資源取之於海外。與世界各國發展經濟、貿易關係是立國基本方針，應依照國際慣例從事貿易。台灣應該盡可能得到各國承認，活絡外交活動、整備資本調度、擴大輸出及處理經濟摩擦所引起的問題。再者，不能疏於擴大內需，重要物資應自給自足。

海洋國家適合海洋文化。海洋文化與大陸文化可說是相對的。韓德森、李建芳（李麥麥）、菲邦克、張俊宏等都論及海洋文化與大陸文化的差異。

海洋文化的特質是開放進取、有生氣又兼具柔軟性，而大陸文化保守封閉，沒有生氣又僵硬。海洋出入交通便捷，透過海路容易取得資本，開拓廣大市場因而致富，也能將過剩人口移往海外，減輕人口壓力。大陸因地理閉塞及交通不便，形成一孤立世界。他們對海洋有恐懼感，因而也排斥從海洋來的人，其結果當然無法累積資本，過剩人口也沒有去處。人口壓力造成重大社會問題，終究會造成流血革命。

在政治體制上，海洋文化朝民主主義發展，而大陸文化朝專制獨裁體制。如前所述，活絡交易容易累積資本，有資本才能振興產業而產生中產階級，中產階級要求參與政治，又促進民主主義發展。大陸文化不易累積資本，人口激增，侵蝕資本，產業不振，自然沒有中產階級。社會分特權階級及無產階級二極化，政治上就形成中央集權與專制統治。

中國是典型的大陸文化，漢族文化本質上就是大陸文化。雖然中國東向大海，但歷代王朝基本上都屬內陸性。沿海人民跋山涉水，目標是奔赴長安、洛陽京城趕考，一旦金榜題名，一生榮華富貴。只有在亂世東奔西跑逃難時，才有部分人冒險犯難向海洋挑戰。此外，鄭和下南洋之例，史實亦有記載。福建、廣東、華南沿海諸省，頻繁地與西方國家貿易。

另外，台灣在蔣家政權統治的最近二十年當中，經濟發展趨勢傾向於海洋國家的特性。事實上，這是因爲蔣家政權意識到人口暴增，爲求生存而採取的手段，並非以邁向海洋國家爲目標。蔣家政權仍然不脫大陸國家本質的政治體制、文化樣版及意識形態，因此與追求海洋國家自由、民主的台灣人對立，就是最好的例證。蔣家政權的此一矛盾，在經濟上無法開拓寬廣大道，在政治上更無法脫離大陸國家的窠臼。

在蔣家政權時代，有數十萬台灣人民移居國外，就是對蔣家政權的消極反抗。如前所述，台灣人口如果像現在一樣暴增，則不得不將過剩人口移往海外。發生這種情況時，應以更積極的態度移向海外發展。他們心向台灣、對台灣親善友好，每個人都扮演民間大使，爲國盡力。過去華僑心懷中華思想，不易融入當地社會。如能融入僑居地，爲僑居地工作，這才能確保台灣安全與發展。

## 結論

對於獨立後的文化政策，我認爲可以有下列三項原則。

㈠在精神方面，當急之務是從中國獨立。㈡除傳統漢族文化外，積極吸取歐美文化及日本文化。㈢創造適合海洋國家的海洋文化。

目標就是要讓人民有信心，且以建設國家自豪。「台灣共和國」不是小國，在聯合國一百多個會員國中，是排名在前三分之一的中型國家。台灣自然條件佳，人民勤勉，教育水準高，經濟繁榮，也具有做爲一個文化大國所必備的內涵。

台灣人長年處於被統治地位，常出現意識上的不健全。凡事以忍爲重，抱持禍福天命的消極思想、「順其自然主義」、「自掃門前雪」，對威權的恐怖感及羨慕心都要徹底改正。雖然不易做到，還是需要努力去實踐。

我是非常樂觀的，台灣人以往都未曾自己治理國家。意識上不健全是因爲被統治，爲求存活而不得不如此，但這不也是一種智慧嗎？「台灣共和國」是台灣人悲情的祖國。爲了祖國的建設及防衛，台灣人應團結一條心，瞭解自己才是主人，意識上就會變得自然。

政府施政以教育爲重。如何培養高昂的民族意識及愛國心是很重要的，因此所訂立的文化政策，要強力推動才能達成功效。這不需很多錢，即使需要龐大的金錢，只要削減蔣家政權時代爲了反攻大陸而豢養的數十萬大軍所耗費的GNP，改爲只要能夠確保防衛台灣的國防軍需，所節餘的額度即足以完成目標。

（刊於《台灣青年》二二四期，一九七九年六月五日）

# 敵人是大中國主義

## ——不要重蹈先人錯誤的覆轍

### 「祖國」禮贊

巫永福於一九一三年生於台中市。一九三五年畢業於日本明治大學，返台後投稿《民俗台灣》等刊物，是一位知名的文學家。戰後被尊爲文藝界的長老，現在擔任《台灣文藝》(吳濁流創刊)的發行人。

他在戰時秘密創作的新詩曾登載於《夏潮》(該誌於一九七九年一月因余登發事件與《這一代》同時被禁)三卷一期(一九七七年七月)。題爲「祖國」。

未曾見過的祖國
隔著海似近似遠
夢見，在書上看見的祖國

流過幾千年在我血液裡
住在我胸脯裡的影子
在我心裡反響
呀！是祖國喚我呢
或是我喚祖國

燦爛的歷史
祖國該有榮耀的強盛
孕育優異的文化
祖國是卓越的
啊！祖國喲　醒來
祖國喲　醒來

國家貪睡就病弱
病弱就會有恥辱
人多土地廣博的

祖國喲　咆哮一聲
祖國喲　咆哮一聲

民族的尊嚴在自立
無自立便無自主
不平等隱藏著不幸
祖國喲　站起來
祖國喲　舉起手

戰敗了就送我們去寄養
要我們負起這一罪惡
有祖國不能喚祖國的罪惡
祖國不覺得羞恥嗎
祖國在海的那邊
祖國在眼眸裡

風俗習慣語言都不同
異族統治下的一視同仁
顯然就是虛僞的語言
虛僞多了便會有苦悶
還給我們祖國呀！
向海叫喊　還我們祖國呀！

巫永福此一漢文新體詩，吾人並不知悉究竟要用台灣話或中國話來讀，唯此詩所象徵的「祖國」，可看出日治時代的台灣知識份子對中國的熱烈慕情，顯現我們與前一代之間普遍存在的差異。

## 與現實的乖離

台灣人受日本殖民統治，嘗到屈辱的精神痛苦。物質生活的確有所提高，但卻不足以彌補精神上所受的屈辱（台灣人一直到戰後才發覺物質生活的提高，造成與中國人之間的本質變化）。由於日本帝國的警力、軍力如此強大，因此在無法以自己的力量顛覆日本殖民統治的情形下，只有求救於「祖國」——中國一途，這種想法或許不能說沒有道理。

台灣總督府統治的基本方針是將台灣從中國切斷，促其同化成爲日本人。但是，日本本身與中國的關係日益加深，因此，總督府的遮斷政策無可避免地會出現缺陷與漏洞。台灣赴日本本土旅行或留學的人，有機會可與旅日的中國人接觸，也可混充日本人從長崎或神戶前往中國。從台灣直接前往中國，雖有嚴格的限制，但只要理由明確，也會被許可。

雖然如此，前往中國仍需相當高昂的旅費，且須覺悟將被日本政府烙印而留下禍根，所以不是任何人都能簡單做到的。昭和十二年夏季爆發中日戰爭之後，前述遮斷政策有所改變，不少台灣人可因軍務或政治性事務前往中國，但也並非完全沒有限制。

然則，台灣人對中國的內情完全生疏嗎？其實並非如此。

以筆者的體驗而言，家父有位前文化協會成員的友人，他偶而來訪時即會帶來許多有關「唐山」（家人對中國的稱呼）的談話，記得當時還是小孩子的我聽得津津有味。

當時，中國的圖書也須經過檢閱才能販賣。謝雪紅的國際書店和蔣渭水的春風得意樓除販賣中國圖書以外，也利用做爲吸收同志的場所。台灣當時也輸入中國電影，筆者在小學時常常去看「火燒紅蓮寺」、「荒江女俠」、「烏蛇白蛇（白蛇傳）」等電影。

巫永福沒有機會前往中國。由於沒有直接見聞中國，所以對「祖國」抱持著被美化的印象，也因此對中國特別有所期待。

「地博人衆，具有燦爛歷史的中國，必然是一個充滿榮光的強國」，這種理論是何等的自然！不僅在當時，甚至現在亦仍對許多台灣人具有說服力。但是，眞相是否眞是如此呢?!現在的我會以理性提出反問，此一理性也許是非獨立運動者所能具有的。

以現實來看，一千萬平方公里的國土中，興安嶺震旦線（從興安嶺到雲貴高原東緣斜面沿伸的一大地溝）的東側平野居住著八十%的人口，與西側山岳部分呈現過密與過疏的不均衡對比。平原還不到國土的十%，以八億農民來分配的話，每人所得耕地面積比日本還少。

展示在故宮博物院的文物是中國文化的精髓，其內容足以誇耀全世界，但那畢竟只是一小撮人的宮廷文化，一般庶民的文化水準低落，生活貧窮的程度簡直令人難以置信。這種不均衡與落差是一個文明國家不應存在的現象，這是自我陶醉者所不能洞悉的。

巫永福雖對中國將台灣割讓給日本、出賣台灣人有所非難，但其語氣十分薄弱，並且隨後又袒護「祖國」，認爲這並不是中國的責任，而是惡劣的帝國主義者所爲。

台灣人爲何如此善良厚道，而且過度溫和到近於愚笨?歷史的事實是：日本要求割讓遼東半島與台灣之際，淸廷盡力反對割讓遼東半島，但對割讓台灣則如釋重負地輕易同意。

割讓台灣之後，中國幾乎從未思考收復的問題。孫文在〈大亞洲主義〉一文曾經主張朝鮮與台灣應從日本殖民地支配下獨立，毛澤東也曾對史諾說過同樣的話。戰後，國民黨卻宣傳「八年抗戰無非是爲了收復台灣」，這眞是天大的謊言。

台灣被中國「收復」後的狀況又如何呢？他們將台灣視爲戰利品而恣意剝奪，將台灣人視爲被統治者而差別壓迫。

台灣人不能不正視此一歷史事實。台灣的命運在清朝割讓給日本之後有了很大的改變，那麼開拓台灣獨自的命運豈不是更聰明而富勇氣的作法嗎？軟弱地哀求回復原狀，反而會被侮蔑，而且也沒有商量的餘地，因爲中國已經改變，而台灣也不復從前。這就是歷史。

## 衛生方面的落差

張深切是南投縣草屯人，於一九二三年由東京青山學院退學，從台灣遠渡上海。他生於一九〇四年，所以當時只是一位十九歲的青年。他曾說：「初次踏上祖國的大地時感覺到異常的溫暖，體內的血液似乎隨之沸騰。」如果說羅馬教皇親吻土地還講得通，但說能透過鞋底而感覺地面的溫暖，可以說是過於異常的憧憬了。但是，他實際上所看到的是什麼樣的光景呢？他自己寫道：

「每天早晨，附近一帶臭氣薰天，洗馬桶的聲音哩哩咧咧不絕於耳。至若到閘北的鐵路沿線一看，更是可觀，一清早人頭簇簇，排成長列的白屁股袒然展覽『大解脫』，這種醜態，實堪令人羞死。」（《夏潮》三卷二號，一九七七年九月號揭載，林載爵〈黑色的太陽——張深切的里程碑〉，頁六六）

使用糞桶是因為廁所設備不全，不是家族人多，便所不敷使用，就是位置較遠不易前往。在富裕的家庭裏，處理糞桶是僕婢的重要工作之一。在處理過程中，須用細竹攪出惡臭的沈積，那時的噪音與臭氣實在難於忍受。

但是，我在家鄉台南市的街頭未曾看過像張深切在上海市中心看到的上述光景。台灣衛生狀態之差以及台灣人衛生觀念的低落，也許在某一時期曾與中國相同。在井出季和太的《台灣治績志》中有如下一節：「台北市街的家屋周圍或庭園會流出污水，又到處有滯積的髒水坑，民衆與犬豚雜居，雖設有公共廁所，卻到處排便。市內有日本人開鑿的噴水池，以鐵管提供飲用水，但其桶器十分不潔，他們的腦裏與眼裏，好像不能識別什麼是骯髒。賣春婦游移各地的陰暗角落，有些感染惡性梅毒已到第三期，市內隨處可見連骨髓也被侵蝕的患者。同時，在台南府城也頗多廢棄物，糞尿在各地排洩堆積，街頭兩側的排水溝積滿污水，其發出的惡臭撲鼻。從城外進入城內時，嗅覺會被猛烈地刺激，每次都會感到噁心。」

在日本對台灣的統治與開發中，最為用心的事項之一便是衛生保健的工事，總督府為此透過中央及地方機關，花費莫大的心力加以整備。

自來水工事是一八九八年(明治三十一年)在淡水與基隆開始施工，一九〇九年在台北竣工。其後，從一九一五年(大正四年)起廣在各地增設。一九〇五年末，供水設備僅有兩處，給水人口爲三萬五千人，僅佔總人口的一・二%而已。到一九三四年（昭和九年）末時，供水設備有八十三處，給水人口爲一百一十萬五千人，高達總人口的二一・三%。至於下水道，則以東京工科大學講師兼內務省雇用技師的英國人勃羅頓爲衛生顧問，引用新加坡爲樣本，訂立「以暗渠爲本線，以U字型開放渠道爲支線」的計劃，並於一八九九年發佈「下水道規則」，努力加以普及。又爲改善住宅，於一八九八年組織市區改革委員會，一九〇〇年公佈「家屋建築規則」，訂立適合熱帶地區的建築基準，下令加強對新築房屋的取締，並監督舊屋的改建、補修或拆除，而於台北、基隆、新竹、台中、彰化、台南、嘉義、斗六、痲豆、高雄、屏東、花蓮港等十二市街同時實施。（前揭《台灣治績志》「第四章」：衛生）

總督府致力於衛生設施整備，目的當然是爲保護渡台日本人的健康。我們可以想見，日本當時以公權力強制進行整備，將使許多台灣人因此感到痛苦。但是，若有人認爲整備衛生設施是壞事，那麼一定是他個人有問題。

張深切在大正十二年遠渡大陸，其時台灣的衛生環境雖尚未完全改善，但與中國已大相逕庭。張氏不應僅認爲「實堪令人羞死」，而須進一步想清楚台灣與中國的落差，反思對極其落後的中國能有什麼期待？

但是張氏只不過單純感到悲憤而已。張氏還繼續敍述道：

「對於上海的社會現象，從海外歸國的僑胞沒有人不感到心痛。但當時的軍閥政府視上海為中國的天國，能夠住在租界內或租界附近，就感到無上的幸福。租界內的有錢人住在洋館，使用西洋式的沖水廁所，而露出滿足的笑顏，視租界外的同胞為異國人，是有如同貓狗般的畜牲，沒有絲毫相憐之心。」（《我與我的思想》，一五六頁）

「白渡橋附近的小公園裏，夏天在夜間徘徊的人特別多。我們也混在西洋人中進入。沒有巡查的警察。走到接近黃浦江邊時，一個印度人警官突然前來驅趕蔡（培火）與賴兩人。蔡說自己是日本人。印度人警官卻置之不理，喊道：『豈有此理，一等國民不可能穿著三等國民的服裝。不要狡辯，快滾。』

我因遭受恥辱而與印度人警官爭論。『即使我們是中國人，也沒有被干涉的理由。印度人與中國人豈不是同為被壓迫的民族嗎？美國與英國都是帝國主義，在中國的土地上設立租界而禁止中國人進入，眞是豈有此理。』」

後來三個人採取什麼行動並無記載，不過在此出現的蔡培火值得做為參考資料（其中之一的賴某是誰，不得而知）。他突然脫口說出自己是日本人一事頗值得深思。他因內心仰慕而前往中國，但卻在被印度人欺負時，想藉日本人以逞威風，這種複雜的心理是任何台灣人都能理解的。

關於上海，我曾從友人的父親聽過如下的話。友人的父親在三井物產工作，曾經有一段時期住在上海。他說：「載滿稻米麻袋的貨車駛過街道時，孩子們立刻拔腿追逐，以銳利的尖刃刺入麻袋。護送人員大聲地咒罵孩子，甚至揮舞木棍追打孩子。被木棍打到的孩子發出悲鳴，流血倒地。其後，從加速駛去的貨車上，米粒如白線般漏下。孩子的親人或朋友高聲歡呼，拿著容器撿拾米粒。素不相識的旁人因想要分一盃羹，結果又引起新的事端。」友人的父親搖頭說：「唉唷，太可怕了！這種光景在台灣是不可能看到的。」

## 富強中國的幻想

一九四二年初次遠渡上海的吳濁流，曾就其印象有如下的描述：

「在上海上陸之後，語言完全聽不懂。雖然是自己的祖國，卻完全有如到達外國的感覺。友人鄭君前來迎接我，如果沒有人迎接的話，也許我會手足無措。那天晚上我住在鄭君家裡。上海似乎並非想像中的天國。鄭君也沒有如故鄉傳說般的成功，他目前沒有工作而賦閑在家。

看了這個樣子，使我感到不安。晚上陳君來看我，並說要當我的導遊。……英國租界、法國租界、滙豐公園、法國公園、酒家、俄羅斯料理店、德國洋酒店、鴉片煙館等，他周到的導覽令我驚訝。其中，最感恐怖的是『野鷄』(賣淫)的風行與乞丐的充斥。

眼看(日中)戰爭後上海的慘淡情形，令我有了『國破乞丐在』的感想。他們的情形與日本及西洋人優越的態度相比，可以說較杜甫『國破山河在』的心境更加悲慘。有句話說：『想像比眞實美麗』，眞相總是殘酷的。在這樣的上海一觀之後，我向目的地南京出發。

……我到中國僅三、四天的見聞，就深切體會中國的慘狀。如同洪水的『野鷄』群與乞丐群，實爲求生者的可憐姿態。相反地，外國人到處橫行，有如統治階級的暴君一般。

啊！我的祖國，爲何這樣落伍而悲慘。過去祖國有廣大四百餘州的土地，在我的想像中，那裡有無限的自由。但是，此一土地現在已經被日本控制，與台灣只不過是五十步百步之差而已。

啊！吾祖國，我爲何變成這樣可憐的姿態，我的內心終日流著絕望的眼淚。」（《夜明け前の台灣》一〇五～一〇七頁，社會思想社，一九七二年六月）

到過中國大陸的台灣人，沒有人美化中國的現狀。台灣人無法像中國人那樣，可以厚顏無恥地指鹿爲馬欺騙世人。「忠厚」（穩健）而「古意」（正直）的台灣人在性格上是不可能做到此點的。

如果將中國的悲慘歸責於帝國主義的侵略，則帝國主義的侵略一旦終止，中國理應成爲強國才對。或許現在只是冬眠，一旦醒來，一定能成爲偉大的國家吧？因爲它是擁有四千年燦爛文化、光榮歷史、地廣人衆的大國，這種牢不可破的想法著實令人困擾。現在也有一部分台灣人尙存有這種想法。

## 以冷靜的眼光來看

台灣人中，沒有幾個能以冷靜的眼光注視中國悲慘的實際情形，我們翻遍各種史料，卻仍無法找到此種記載。在此不得不提出辜顯榮的事例。

我在可能的範圍內，總希望避免提起辜氏之事。他在日軍佔領基隆後，引導正爲是否進攻台北而猶豫不決的近衛師團，並爲削弱台灣文化協會的氣勢而設立公益會，其後更受日本政府指示，遠渡大陸懷柔中國，窮其一生徹底爲日本效勞，因此被中國人視爲「漢奸」，被台灣人烙印爲「台奸」。這是大家周知的事。

也許我是第一個爲他辯護的人。台灣人與中國人的立場不同，台灣人被中國遺棄，被日本強制同化，因此一想到自己沒有任何力量時，即應思考自己能否像中國人那般一刀兩斷地坐實其「漢奸」罪名，並因此自始就斷定其爲「台奸」呢？我在《台灣—苦悶するその歷史》（一二一～一三二頁）中早已提出質疑。

拙著幾乎被所有中國人嚴厲責罵，尤其其中論及辜氏的部分與「國姓爺的光與影」一章，似乎更傷害到中國人的感情，非難的語氣更加嚴苛。雖然如此，我在此仍從尊重中國觀的角度，再度對辜氏的事加以介紹。

「從前清崩潰成立中華民國至今，中國各地的騷亂未曾間斷，名義上雖成爲好聽的共和政治，但各自設有督軍，且在其轄內恣意各行其政，埋頭於同志間的權勢鬥爭。重歛租稅，公款私用，高舉外債並將其負擔轉嫁人民，收納軍資肥其私囊，更不斷引發內戰。其戰端既非對外國的正當防衛，也非不得已的義戰。爲此而和平不可得，民心惶惶，時感不安，產業停頓，國家漸貧。這都是軍閥割據的禍害。在軍閥割據下，當然不可能有國家的統一與和平，也當然不可能有社會的安寧與幸福。此即是中華民國的現狀。」（尾崎秀太郎編《辜顯榮翁傳》〈翁の島政に關する意見〉，三四四～三四五頁）

證諸史實，辜氏所言的中國實際情形如下：

一九一二年（民一）　中華民國成立
　　二月宣統帝退位，袁世凱成爲大總統
一九一三年（民二）　七月第二次革命勃發，十一月訂立中俄條約
一九一四年（民三）　一月解散國會，九月日軍佔領青島
一九一五年（民四）　一月俄蒙中訂立恰克圖條約，二月中日交涉開始，十二月三次革命發生
一九一六年（民五）　袁世凱死亡，黎元洪成爲大總統
一九一七年（民六）　七月張勳復辟，馮國璋就任大總統，八月對德奧宣戰，九月組織廣

東軍政府，掀起文學革命運動

一九一八年（民七）二月奉軍進駐關內，九月徐世昌成爲大總統，十一月發佈南北停戰命令

一九一九年（民八）陸續舉行南北和平會議，五月四日掀起學生運動

一九二〇年（民九）四月蘇聯公告放棄權益，七月直皖戰爭勃發，粵桂兩軍交戰

一九二一年（民十）二月外蒙叛亂，五月孫文就任廣東政府大總統，七月中國共產黨成立，在周口店發現北京原人，魯迅《阿Q正傳》出版

一九二二年（民十一）四月直奉戰爭勃發，八月新內閣成立，十月公佈新憲法，召開國會

一九二三年（民十二）一月孫文與越飛見面，三月設立廣東大元帥府，五月第二次直奉戰爭勃發，十月曹錕就任大總統

一九二四年（民十三）九月蘇浙開戰，第三次直奉戰爭勃發，十月馮玉祥侵入北京，十一月段祺瑞就任執政

一九二五年（民十四）三月孫文逝世，享年六十，五月廣東政府成立，十一月郭松齡出兵，五卅運動發生

一九二六年（民十五）蔣介石開始北伐，十二月武漢政府成立，張作霖入京

一九二七年（民十六）三月寧漢分裂，四月蔣介石政變，八月蔣介石下野，十月南京新政

府成立，同年康有爲死亡，享年七十

一九二八年(民十七)四月蔣介石續行北伐，五月濟南事件發生，六月張作霖爆斃，十月

蔣介石就任國民政府主席，十一月列強承認關稅自主，同年梁啓超

死亡，享年五十六

(和田清《中國史概說下》年表)

雖然蔣介石統一中國，但其後有廣西軍與馮玉祥、閻錫山的中原大戰(一九三〇年)，接著是國共內戰，而外患有日本在滿洲建國(一九三二年)，進而侵略內地。中國實無寧日，國土荒廢，國民陷入痛苦深淵。

誠如張深切所言，中國人視上海租界如天國，喜歡住在租界，若不可得，則設法在鄰近租界居住。由洗滌糞桶或一起在水溝大便等觀之，中國當時生活水準本來就低落，此點更明顯呈現政府的腐敗無能，無法謀求國民生活的提昇，所以說，辜顯榮的中國觀是正確的。

## 如果是台灣民族主義

但是，像辜氏這樣的存在純屬例外，我們的先祖們反抗日本殖民統治的精神支柱，幾乎都是依靠對「祖國」中國的幻想，希望其能伸出援手。

本文的主題實際上是著眼於台灣民族主義，亦即在日本的羈絆下以爭取高度自治爲目

標，最後以台灣獨立爲終極目標。

這種想法本來不合乎我的性格，因爲我不喜歡回頭看，更不喜歡後悔。我在某個時點若已盡了最大的努力，便認爲不必回頭也不必後悔。對稍微學過歷史的我來說，在議論歷史發展的變化時，討論「實際」或「如果」是事非得已，所以必須謹慎從事。但在這種情形下，總還是會有所掛慮。

——台灣民族主義若在日治時代已經成熟，則在日本戰敗的時點，也可能如印尼人那樣起義，奪取日軍的武器彈藥，與前來接收的中國軍交戰。

再擴大想像的空間——如果對美國已有瞭解，即應事先防止麥克阿瑟命令蔣介石接收台灣，並將台灣的施政權委任於他。甚至早在之前的開羅會議中，就能避免約定將台灣歸還中國的錯誤。

實際上，台灣人在日本的羈絆下曾有爭取自治的舉動。那是從一九二一年至三四年，執拗而持續的台灣議會設置請願運動。若閱讀《台灣青年》二卷三期所登載的林子民〈台灣議會設置請願の精神に就て〉(大正十年四月發行)，可知台灣議會設置的理由是以台灣爲帝國領土爲前提，要求改革現在的政治制度(總督專制)。因爲台灣與日本本土的文化制度、民情風俗和思想信念不同，因此能與本土共同施行之法令即加以實施，不能共同施行者則應委由台灣特別立法，這可以說是當時的主要想法。

問題是雖然與日本本土的文化制度、民情風俗和思想信念有如此差異，但如果台灣自己沒有形成與中國不同的獨自意識，則不能與台灣民族主義相連結。

在日本敗戰的時點，曾經發生「八一五獨立運動」事件。此事件在《台灣青年》六號（二二八特集號）已經提過，即在獲知敗戰的翌日，辜振甫（當時三一歲，辜顯榮的次男）、許丙（五七歲）、林熊祥（五二歲）、簡朗山（七六歲）、徐坤泉（四一歲）等上流社會的台灣人會同台灣軍的中宮悟郎、牧澤義夫等高等參謀，共同討論台灣獨立的可能性。但是，台灣人並沒有積極呼籲台灣民眾支援、日本人也因安藤利吉總督嚴禁部下蠢動，所以在未成氣候之前即被打消。

關於對美國的瞭解，在日治時代算是少數，但當時也有留學美國的台灣人，或許能夠期待他們的活躍。同時，我們也不能忘記還有理解台灣的美國人，例如《被出賣的台灣(Formosa Betrayed)》的著者喬治・柯爾(George Kerr)先生。

喬治・柯爾於一九三八年至四〇年間住在台灣，曾任職台北高中的英語教師。我與亡兄都曾跟他學習過，可以說是有雙重的緣份。他與台灣人學生很友好，閒時在島內到處旅行，但在太平洋戰爭發生前突然辭去教職歸國。

他在戰爭期間是配屬於麥克阿瑟司令部的情報官。

美國G2（軍事情報局）在一九四二年提出關於台灣的備忘錄，直至四四年十月為止，一直在內部繼續檢討。喬治・柯爾認為台灣不應交給中國，其理由有下列二點：㈠中國沒有充分的行政人員與技術者。(二)面對腐敗的中國政府，台灣有被搾取的危險性。喬治・柯爾在歸國前曾經到大陸考察，他的感想是：「台灣的工業發展遠超過大陸，至於人民的生活水準更不能相比。」（《被出賣的台灣》，十六頁）

結果喬治・柯爾的台灣政策未被國務院的中國派所接受，但當時如果台灣人能夠內外呼應而積極爭取的話，很有可能改變美國的台灣政策。

## 皇民化運動的打擊

我想現在應能對日本的台灣統治做一個總結了。日本統治台灣究竟對台灣人有何意義？對台灣造成何種變化？目前豈不正是好好思考的適當時機嗎？

但這是非常重大的工作，需要各部門的專家就政治、經濟、社會、文化等所有範疇從事細密的考察，然後綜合全盤提出結論。反過來說，像現在大家正忙於生活與運動，實在沒有省思的空間。

爲刺激思考，謹在此表達我個人直覺的結論——第一贏家是蔣介石政權。拜日本半世紀以來的開發之賜，蔣介石政權得以長久盤據台灣。第二贏家是日本，其在台灣的收穫遠多於投注的心力。台灣人在日治時代雖於物質生活面有所獲得，但精神面卻相當貧乏。

日本長達半世紀之久的台灣統治，在最後十年間遭受相當大的損害。最重要的就是「皇民化運動」。由於「皇民化運動」，使台灣人失去族群的團結，淪為互不信任的散砂。

台灣人自嘲為「放尿嘸攪砂」(不團結)，我一直在思考這句話是從何時開始流傳的。這雖與孫文感嘆中國人為「一盤散砂」的說法相符，但台灣人至少到昭和十一年仍在抗日的大目標下保持團結。

在台灣被割讓時的台灣民主國防衛戰中，從台北失陷後，在新竹以南展開壯烈而大規模的游擊戰，豈非誇示台灣人的團結與勇氣嗎？

在認識到武力抗爭的犧牲過大後，台灣人在戰術上改為合法的政治鬥爭，從一九一八年至三六年近二十年間多彩多姿的活動，可說是台灣史上台灣人精神最高揚的時期。

做為開端的是留學東京的青年們對六三法的批判。一九二一年，台灣人在台北成立以林獻堂為總裁的台灣文化協會。台灣文化協會是包括地主、商業資本家、公務員、醫師、教員、學生和公司職員等台灣知識階層的一個大聯合體，總督府對此感到很大的威脅。

後來，台灣文化協會再三分裂，從右傾的台灣地方自治聯盟到左傾的台灣共產黨，台灣人創造多樣的政治組織，但無一不被破壞以終。值得注意的是，在此期間一直存續著一個代表台灣人言論的報紙。那是一九二〇年在東京創刊的《台灣青年》→《台灣》→《台灣民報》→《台灣新民報》的系列，從月刊到週刊、從週刊到日刊，發行所也從東京移入島內。這份台灣刊物不但未被破壞，而且持續發展。

它的主宰者是台灣文化協會的主流——林獻堂、蔡培火、楊肇嘉、吳三連，由於他們被總督府歸類爲「（台灣）民族穩健派」，因而能夠存續不息。不過，他們也因此被較具急進思想的團體攻擊，批評其爲墮落的幹部。

「玉碎或瓦全」時常是台灣人被迫必須的選擇。在此情形下，我認爲《台灣新民報》的存在對台灣人的團結與啓蒙教育扮演重要的角色，它發揮的作用是入獄或逃亡大陸、日本的人所無法比擬的。

在《台灣新民報》被迫廢刊之後，《皇民化運動》得以更加強化，此乃是理所當然的道理。被強制使用日本語，被迫改姓名，甚至被迫改變風俗習慣。對於如何抵抗或妥協，其時已不存在任何指示的機制，台灣人只好自己負起責任來對應。

「誰在做什麼」？台灣人會從聽到的風聲或從日本人編輯的報紙知悉，但因不能進一步得知事情的眞相，只有憤怒地咒駡：「這個背叛的混蛋」，或嫉妒指責「眞是會搞」。

## 要忍受到何時

所謂「台灣人沒有膽量」，也是台灣人墮落爲互不信任的散砂之後才出現的自嘲說法。在此之前，歷史教導我們：台灣人是屬於強悍而富有反骨精神的勇士集團。

原來台灣人的祖先不是海盜就是「羅漢腳」，他們橫越潮流激烈的台灣海峽，是爲了尋求新天地，勇敢地冒險航渡到這個島嶼。開拓台灣是與風土病、毒蛇、原住民持續進行決死戰的奮鬥，沒有膽量的人必然望而生畏。他們的鬥爭心頗強，以所謂「分類械鬥」展開內鬥，同時也一再抵抗統治者。根據歷史記載，早在荷蘭時代就有最初的起義，那就是郭懷一的抗荷革命（一六五二年）。

到清朝時代，更有知名的「三年一小反，五年一大亂」的諺語。平定朱一貴之亂的清朝將領藍鼎元曾說：「台民喜亂，如飛蛾撲火。死者當前，仍前仆後繼。」對此，我們現在不禁懷疑：我們的祖先爲何那麼不畏生死呢？

在台灣民主國的防衛戰後，緊接著就是各地的武力抗爭，以及大正末期昭和初期的政治鬥爭。對此，向山寬夫博士評曰：「以殖民地民族運動而言，台灣人確能永久驕傲地回顧自己的歷史。」這在拙著《台灣—苦悶的歷史》一三一～一三二頁）中已有介紹。

雖然有如此英勇的歷史，但台灣人最後卻被束縛於懦弱的自虐意識，那是以日治時代的最後十年爲轉機。

這十年間，台灣人被徹底的苛待。台灣人過去未曾受到如此可怕的統治權力，台灣人對自己的無力感深銘於心。爲了生存，只有忍受，別無他途，最後無奈地出現「台灣人沒有膽量」的自嘲言語。

至於統治權力的凶暴程度，戰後的蔣介石政權較諸總督政治更有過之而無不及。台灣人從恐怖統治與戰爭陰影中獲得解放而安心喘息的期間，僅是從日本敗戰至二二八事件發生的一年半而已。如今，蔣介石政權控制台灣已經持續三十八年，若包括台灣人在日治時代的最後十年，則除了區區的一年半之外，台灣人已在強權政治下忍受將近四十六年之久。

「死後一無所得」或「西瓜倚大邊」這幾句話都是肯定忍受的諺語，但是吾人切不可忘記：忍受會傷害自尊心，也容易使人卑屈。

忍受必須以來日能挺胸濶步爲前提才有意義，中國也有所謂「臥薪嘗膽」的格言。若越王勾踐只睡在柴薪之上而不討伐吳王夫差，豈非天下共嘲的愚舉？同時，若勾踐只有嘗膽而不去洗雪會稽之恥，則豈非滑天下之大稽？

由於獨裁者實施壓制時往往會玩弄計策，使其不會感受到被壓制的不平，以使被統治者放棄反抗而違背自己的良心。在自我痲痺之前的症狀之一，就是不承認過去的屈辱而重新主張「這樣就好」、「這樣也是正確的」。這使他們在今日會爲蔣介石政權辯護而攻擊獨立運動。症狀輕微者也會爲自己的怠惰辯護說：「不僅是我，許多人也是這樣。」

如上所述，日治時代的最後十年造成台灣人莫大的損傷，但如果這種損傷能由我們的努力加以補救的話，則日治時代對台灣人來說未必是負面的。

教育的普及、生活的提昇大大增進台灣人的智慧。在任何時代、任何環境，受教育總比不受教育好，此乃自明之理。台灣人不僅知道自由與民主的寶貴，實際上也曾爲此而奮鬥過。學習法治主義的精神之後，當然絕對無法容許封建專制的統治。

在物質方面，現代化的發端是基於土地調查、戶口調查以及其後的金融、度量衡、衛生等的整備，再加上電氣、通信、自來水、燃料、交通、灌溉等基本建設，從而促進農工業的發展。台灣遠比中國率先近代化，台灣人的生活水準是中國無法比擬的。此意義極為重大。我認為在此種情形下，不得不承認量的變化會引起質的變化。其結果是促使台灣人與中國人的意識在認識論上出現乖離。台灣人與中國人的意識早已出現乖離，只不過台灣人自己沒有發覺而已，但中國人卻在最初就已知道，所以蔣介石政權得以用差別政策一直統治台灣人。但是不管如何單純善良的台灣人，也總會有覺醒的一天。

## 大中國主義與中華思想

大中國主義是收復被帝國主義諸國所奪取的領土，以重建異民族王朝清朝鼎盛時期的版圖為目標，夢想著重現康熙、乾隆的盛世。所以中國人當然要「解放」、「統一」台灣，收回香港、澳門，甚至烏蘇里江以東的蘇聯領土。

然而，中國從何時開始具有統一的大帝國思想呢？這也許是受到秦始皇統一六國的影響。的確，大一統思想自秦始皇以來成為中國的正統觀念。漢、唐、明、清等大王朝的文治與武功，以及其龐大的領土版圖，凡是中國人無不引以為傲。

但進入近代以後，中國反而遭受帝國主義諸國的侵略，國政荒廢，民不聊生。在這種情形下，中國人很容易爲激發國民而喊出大一統爲神聖不可侵犯的目標。在這樣的意識形態下，任何合情合理的自決主張皆被視爲分裂主義，是背叛祖國的行爲。在大一統的大義名份之下，不論國民黨、共產黨均超越意識形態，連海外華僑也有不少信奉者。

大一統的主要標的是確立強力的中央集權，而位於頂點的即是皇帝。皇帝可重現大時代，袁世凱、蔣介石、毛澤東等所夢想的正是帝位。大一統常具有膨脹的傾向及與其逆向的閉鎖性。中國討伐比自己弱勢的敵人以擴大版圖，乃是不折不扣的史實。耀武揚威之後，即呈現自傲、頑固的排斥性。大一統的統治方式無視地域的特殊性，並抹煞地方的自主性與積極性。強力的官僚機構形成統治階級與被統治階級，排斥國民全體的活性化。昔日的中國之所以成爲欠缺發展性的封建超大國，實不無道理。

大中國主義根植於中華思想。中華思想源自神話世界，從堯舜的世代就已存在，至今已成爲中國人的劣根性。今日，日本人因對中國客氣而不觸及中華思想，但對中華思想最有研究的也是日本人。很多台灣人不知道中華思想是什麼？以下謹介紹已故和田清博士的文章以供參考。

「中國佔有亞洲東南角的肥沃土地，長久以來均是東亞唯一的文明大國。相較之下，四周各國頗爲貧弱，開發也較遲滯。愈是遠離中原地區，氣候風土愈惡劣，物質愈缺乏，住民愈未開發。

熟悉此點的中國人自然會相當倨傲，並相信自己為崇高的華夏上國之民，歧視其他民族而稱其為戎狄蠻夷，妄自尊大而產生所謂的華夷思想。

如矢野(七一)博士所說，中國自稱為天下而非國家。王者之德雖有厚薄，但王化所及均為天下，不容對立勢力存在。四方的邊裔只被認為是蠢笨的戎狄。

這種想法因不承認對等並立的國家，所以到近世初期歐美勢力東漸後，開始妨害國交融和，不久即招致中國的破滅。逐漸興盛的日本在與中國的外交關係上，隨著時代的進化而益加困難，這完全是因為中國的態度所致。

因為不承認對立敵國之存在而欠缺準備，再敗於近代的國際競爭，故其國勢衰弱乃是當然的道理。近世的中國人最被非難的即是欠缺國家觀念，此點有其歷史性的由來。中國人如眞能從對抗的國家競爭中覺醒，逐漸會養成國家思想，此點只要看今日的實態就可明白。

獨佔亞洲東南肥沃之地的中國，不但物產豐富而且文化進步，而周圍各國卻貧弱而野蠻，所以中國人沒有向他們學習的地方，即使遭到強暴鄰人的武力蹂躪，也一心只求保存其獨自的文明。中國人如何努力保護其固有文化，歷史上有其詳細的傳承。然則，一旦形成此種習性，即會造成民族重文輕武的風氣，甚至養成退避保守的性情。」(岩波全書，一九五〇年十一月初版，《中國史概說上》〈緒言　中國の特性〉)

## 中國人的民族性

受中華思想的影響，中國不能適應近代的世界史，導致國運一直衰退，這可謂是作繭自縛的結果。中國人爲尋求中國的出路，已花費超過一個半世紀的時間。在遭受幾次的挫折之後，終於形成現在的共產主義中國。共產主義中國爲了富國強兵，以「四個現代化」爲口號是衆所周知的，但是實際情形如何呢？

從一九八〇年四月到八一年三月，負責北京日本大使館文化工作的向山寬夫博士（國學院大學教授，專攻中國勞動法），在當地進行研究並廣泛從事國內考察旅行後，提出「文革後的中國情形」報告（國民政治研究會，一九八一年十月發行）。對於中國人的民族性，他列舉以下六點——㈠超保守、㈡自我本位、㈢重視血緣、㈣中華思想、㈤政治投資的性向、㈥個別具體的認識。

他進一步說明道：「如書畫、工藝任取一種，就知其依然故我，所以中國人可說是已到牢不可破的超保守地步。這種超保守的態度是因其自古代就有獨自的繁榮文化，依靠儒教與漢字而被形式化，從而長久以來一再繼承所致。」

「自我本位是以主觀去思考並處理事物，也可說是以自我爲中心，但未必是與利己主義同義。這種自我本位（如『面子』）並不限於私人的日常接觸，這從締結日中和平條約之際，中國堅持列入反對霸權主義的項目，或最近中國政府公然大量片面廢止與外國的工業投資契約，即可窺見一端。」

「中國人徹底重視血緣，除了有血緣聯繫者以外，全不能信用他人。例如不少著名高幹，一家均成爲黨員以佔據要職。……重視血緣當然會尊重親戚，甚至及於義兄弟等親友。中國人若有親密的交情，會如親兄弟般親密而融通無礙，此點在今昔完全沒有改變。」

「中華思想是以中國爲世界中心的偉大國家，從而視中國人爲上天選民的思想，其由來可以推到中國人早期就享有獨特的高度文明，並以儒教及文藝、工藝形式維持獨自的思想體系。」

「政治投資的性向，簡單說就是中國人爲了一身、一家、一門的利益與榮譽，只要有機會就會以生死爲賭注，積極投身於政治鬥爭。……中國人一般對政治表示不關心，特別是在被政治翻弄的文革之後更是如此。乍見之下，這種對政治的不關心好像與政治投資性向相矛盾，但對政治的不關心是因意識到政治投資有導致一家或一門毀滅的危險，事實上任何中國人心中都隱藏著政治上的投機性，文革並不能排除這種政治上的投機性向。」

「個別具體的認識指中國人的思考方式是個別性、具體性而非抽象性、形而上性。……從印度傳入的佛教是在捨棄其抽象性、形而上性的要素後才加以接受的。因此，對於天、極、理、氣、仁等抽象性、形而上性的概念，並沒有深入究明內部構造。孔子對弟子們解釋

『仁』的時候，僅止於例示歷史上著名而具體適合於仁的仁人。某日本學者曾說，中國自古以列舉事例來教導政治的書很多，但是卻連一本政治學的書也沒有。其實談個別而具體的認識，從中國語中即可如實窺見，中國文字（漢字）是無其他類例的象形文字。」

向山博士總結以上論點，做出如下的說明。「中國共產黨是歷史上首次以馬克思・列寧主義社會革命加政治革命的結果，此點使中國與中國人完全重生，並常被舉稱是沒有蒼蠅與小偷的社會。但當我前往北京時，立刻發現中國在共產體制下的政治與經濟雖已有改變，但中國人（尤其是民族性）完全沒有改變。」

## 外國人記者眼中的中國

有如要印證向山博士的觀察似的，從去年到今年，明白描寫中國內部的現地採訪報導陸續出版，這絕對不是偶然的。這是爲了修正毛澤東時代中國政府與中國崇拜者誇大宣傳的「進步新中國」的虛像，因此不但對世界有利，也對中國有益。無疑地，這是基於共同判斷的結果。

這些書籍包括①紐約時報特派員包德甫（Fox Butterfield）的《中國——苦海餘生》（China: Alive in the Bitter Sea, 1982）、②時報特派員Richard Bernstein的《中國的眞相》（From the Center of the Earth: The Search of the Truth about China, 1982）、③朝日新聞特派員船橋洋一

《中國內部的報告》（朝日新聞社，一九八三年三月）、④登載於《Harper's》八二年四月號的James Kenneson的〈中國在腐臭〉（China Stinks）。

這些著作的共同點爲：開發中國家具有的經濟社會的前近代性，與社會主義國家缺乏柔軟性的意識形態和官僚支配，兩者互相補強而形成獨特之制度與慣例。這就是現在中國的眞相。體制完全環繞個人一生的全部人格，嚴格監視日常行動、規範諸般制度（「單位」「公安」「檔案」、配給制度、就職的「統一分配」等）與公然的不公平（幹部特權、超越一切的關係、恣意行使的權力等）等，是這些著述的共同主題。

例如《中國——苦海餘生》中有如下的敍述：

「任何中國人必定屬於一個單位——公家機關、企業、工廠、學校、公社等。單位是中國社會的基礎構造，是每個人的另一個國籍。一個人要去其他地方，最先被問到的是屬於哪一個單位。法理上，單位只不過是一個人的勤務所在而已，但是中國的單位是提供他的住居、孩子的學校、診療醫院以及他要買米、油、肥皀等購物的地方。中國人要結婚必須得到單位黨書記的許可，相反地，離婚時也需要單位的同意。

所有單位的人事部門都有記載所屬成員秘密關係的分類整理簿。此一分類整理簿除了一般的個人經歷、教育、工作記錄外，還包括至今爲止對他的密告與黨對他的評鑑。分類整理簿中有一個人三代以來的階級背景，如祖父與父親是地主或是資本家，是貧農或是勞動者等資料。

一個人因人事異動而到其他都市或轉職時，需先將他的分類整理簿送到新單位做為證明。以前的單位還擁有他旅行的權限。如果從他居住的鄉村或都市遲一日出發，他必須提出理由書，以取得單位書記的許可。旅行或出差時必須取得單位的許可證，始得找到宿泊之處。宿泊地在登記他的姓名之後，須提交給當地的派出所。」

包德甫對這部分的結論是：「在嚴格的管理與異常而無隱私的狀況下，使人在中國的生活幾乎與兵營生活沒有多大的差別。」

專制政治對國民的控制是如此地嚴格，因此抱有不滿的人都想找機會脫出海外，但是能夠幸運脫出的人寥寥無幾。大多數的中國人並不覺得有何不滿，認為世間本來就是如此。

## 脫出中國的思維方式

本來，中國文化中「個人」的思想很不發達。儒教對人類的存在僅理解為君臣、父子、夫婦、兄弟、朋友的縱橫關係，其中君臣優先於一切。若極端地推論，此點就像現在任何人都隸屬於國家的一部分。若基於國家——此不過為共產黨與國民黨的同義語——的立場，則個人只是完全沒有個體價值的群眾之一而已。

但是，人們除藉種種羈絆而結合以外，也應該具有個人的獨立人格。這是文藝復興以來歐美的普世哲學，此一哲學也傳入文明開化的日本而生根。正如福澤諭吉所說：「天不在人之上造人，也不在人之下造人。」不少台灣人在日治時代的教育中學到此一道理。

福澤諭吉也著有知名的「脫亞論」。其大體內容是——以明治維新改革內政並導入西洋文明的日本來看，朝鮮與中國若不學習日本，必將遭受亡國之憂。因此，與其和這些國家建立親善友好關係，不如與歐美先進國家交往，學習歐美諸國對朝鮮與中國的態度，並以此原則與這些鄰國交往。日本唯一的出路無疑就是「脫亞」。

「脫亞論」在戰後遭到親中國派的激烈攻擊，但我卻認為福澤諭吉的主張是正確的，故而從「脫亞論」得到啓示而提倡「脫華論」。

「脫亞論」是明治政府議論外交政策的產物，而我的「脫華論」是主張台灣人不可以模仿中國式的想法與看法，而應脫出中國式的思維方式。無論中華思想或大中國主義都對台灣人毫無用處，所謂「炎黃子孫」完全是欺騙台灣人的無稽之談，「五千年的偉大歷史」、「燦爛的文化」與台灣人毫無關係。台灣人應該認識「三綱五常」之外還要尊重「個人」，應該決心廢棄中國式的人生觀、世界觀。這是意識的革命。

台灣人應以台灣人為中心去思考一切事物。台灣人為獲得自由與民主，應思考在意識上需要什麼，而中國式的思維方法反而會造成困擾。無庸贅言地，歐美與日本的公民思想、自由主義、民主主義才是重要的。台灣人從一九二〇年代就已為自由主義與民主主義展開戰鬥了，然而可惜的是，過去台灣人因具有潛在的中國人意識，無法脫離中國式思維，終於導致失敗的結果。不過時代已經改變，我們不會再犯同樣的錯誤。

台灣在地利上較福建或山東優越，因爲是隔離大陸的海島。福建人或山東人無論對中國如何失望，也不能與所住的土地一起脫離中國，可能的話，只有個人流亡外國而已。

台灣到十七世紀初還是無主島嶼。當時恰是明末清初的大動亂時期，福建、廣東沿岸居民告別沒有希望的大陸，渡台開拓新天地。其後滿清帝國雖進行大一統工作，但即使是在康熙、乾隆的盛世，還是有許多人冒險移民台灣。台灣似乎從一開始就存在著對大陸的否定。綜觀四百年來的台灣史，可知對中國的離心力與向心力一直在交互作用。

荷蘭時代（一六二四～六一）<br>
鄭氏時代（一六六一～八三）　┘ 離心力<br>
清朝時代（一六八三～一八九五）　向心力<br>
日本時代（一八九五～一九四五）　離心力<br>
國民政府時代（一九四五～四九）　向心力<br>
蔣介石政權時代（一九四九～）　離心力

歷史顯示，台灣欲脫離中國時即被拉回，被拉回後又立即想脫離。就全體來看，事實上離心力一直佔有優勢。清代的二百十二年間比其他時代更長，但台灣在此期間是處於中國貧困的福建省殖民地的地位，一直飽受中國官吏的歧視、搾取。還有一個向心力的時代(即戰後四年間)，當時台灣遭到何等的禍害，這是衆多台灣人的共同經驗。

## 親中台灣人的悲哀

歷史教示我們：台灣與大陸合併絕對沒有好處。誰能保證只有共產中國與過去不同呢？擺在我們眼前的是：如果台灣被共產中國併呑，將與過去兩個時代相同，台灣必須爲大陸奉獻，卻被視爲「次等中國人」而遭歧視與侮辱。此一事實不容忽視。一九八一年九月三十日，葉劍英發表「和平統一實現方針」，其內容是中共政權要與蔣介石政權共同統治台灣人，蔣介石政權不必改變現行的統治體制，可以保持軍隊(當然包括特務)，若有困難會給予援助，但不會干涉蔣介石政權內部……。

此實爲愚弄台灣人的語言。中共政權爲了奪取台灣這塊土地，要與蔣介石政權談判交易。台灣人數十年來遭受蔣介石政權的壓迫與剝削，並爲反抗暴政付出多大的犠牲，卻在兩黨心中視爲無物。從中共政權看來，蔣介石政權是「自己人」，台灣人是近於「匪夷」的存在。

對於此一主張，連中共在日本的傀儡組織之一——「台灣省民會」的幹部們也動怒了。在幹部座談會中，他們提出如下的說法：

「A：假設國民黨答應合作，那麼台灣的內政將不被干涉，也不必顧慮北京，蔣經國比現在更能發動權力。台灣人民豈不是會比現在受到更大的政治壓迫嗎？

假使發生像高雄事件或陳文成事件，北京也不對此進行任何干涉的話，台灣人民一定會很失望，台灣人民做爲中國人民，當然會懷疑其是否眞正被尊重？

在這種情況下，台灣省的知識份子與有錢人爭先流亡外國的可能性很大，此點實令人憂心。

B：也許有那種可能性。在此情形下，我們省民會的立場更加微妙，可能會遭逢困難。對我們來說，此誠爲嚴重的問題。」（《台灣省民報》一〇一期，一九八一年十一月發行所載〈座談會：如何看『葉九條提案』?〉）

連親中的台灣人都在內心對中國的台灣政策抱有疑問，這些人大多是出生於日本的台僑二世或三世，幾乎對台灣沒有感情，從而做爲台灣人的自覺很淡，只想努力地做眞正的中國人。

他們戰後初期喊「蔣介石萬歲」，看到共產黨得勢，則改口喊「毛澤東萬歲」，設立「華僑總會」（左派）與「台灣省民會」，做爲中國對日工作的一環，以籠絡在日台僑爲主要任務。他們都夢想有朝一日共產黨擊敗國民黨而解放台灣，讓他們能有面子回歸台灣。

但是，共產黨一直未「解放」台灣，其間甚至將口號由「解放」改爲「統一」。在他們對中國一直不努力解放台灣而覺得奇怪時，此次更以令人不敢相信的「寬大」條件與國民黨談判交易，實不得不令他們感到氣餒。

這些人非常討好中國，用盡惡言謾罵攻擊獨立運動者，企圖證明自己是眞正的中國人。但是，他們內心卻隱藏著「我們無論如何努力，或許也不能獲得信賴」的不安與不滿，此種心態在上述的座談會中完全表露無遺。

## 對拙著的非難與攻擊

從中國人對拙著《台灣—苦悶的歷史》的惡意相待，便可以領會中國人是何等地自大，何等地輕蔑台灣人。

拙著在一九六四年一月由弘文堂出版，迄今已二十年。但在近二、三年來，中國人的非難與攻擊的文章急速增加，究其原因，也許是讀到我於一九七九年八月自費出版漢文版《台灣—苦悶的歷史》的關係。

此次的出版（包括翻譯、印刷及郵寄等費用）頗多花費，其目的是爲了讓不懂日語的台灣人年輕世代能夠閱讀，最初就未將中國人的讀者計算在內。但是書本無法掌控它會在何時何地被什麼人以何種動機閱讀，因此被企圖吹毛求疵的中國人買去閱讀也沒有什麼奇怪。

《台灣》這本書不論日文版或漢文版都在台灣被列爲禁書，所以會閱讀《台灣》的中國人是注意台灣人動向以及有機會到海外的人。非難攻擊的文章除了被登載於美國與香港的所謂第三勢力（反蔣反共）刊物之外，台灣的雜誌也有發表，所以反而成爲對島內台灣人宣傳我與拙著的機會，這對他們來說是又氣又恨。

他們大概是讀了漢文版後才發覺這本書具有重大意義，而慌張失措地謾罵攻擊，可見他們實在太過魯鈍。因爲這本書在日本已經被定位爲「研究台灣問題不可或缺的佳著」，至今約已銷售四萬本，現在每年也賣出三百至五百本。

中國人對美國的一舉一動都相當敏感，獨獨卻忽視日本的問題。知識份子一般大多懂得英語，但不懂日語。其原因當然是來自中華思想，但現在日本是世界上數一數二的經濟大國，其政治影響力絕對不小，尤其在亞洲是優於中國的大國。同時，不止在形而下的領域，連形而上的範疇——思想、學問、藝術等，也都比中國更加發展與進步。現在已經不是不懂日語也無所謂的時代，當然對中國人說這種話沒有用，但是台灣的年輕世代因受中國教育的影響，恐怕會模仿中國的行徑，所以在此附加一言。

最先謾罵的是劉添財的〈台灣人同聲一哭！〉，登載於香港出版的《中國人月刊》第二卷第二期（一九八〇年三月）。

這個人經聯盟美國本部調查的結果，知其在一九三八年出生於中國遼寧省，其後被派遣到美國當特務。此前出版過《台獨眞相》一書，完全以誹謗中傷獨立運動爲任務。他的得意伎倆是使用台灣人通俗的筆名以親近台灣人，進而攻擊獨立運動。不知實情者，會對台灣人之中竟有如此激烈反對獨立運動之輩感到不解，這正顯示中國人奸狡多詐的一面。

他如此寫道：「王育德與辜顯榮是完全相同的大台奸。海內外的台獨人士、高級知識份子尊奉他爲台獨先覺者、英雄志士，可說是連基本的良心及分別是非的良識也沒有，誠爲台灣人的奇恥大辱。

王育德這本書到底是要給台灣人讀或是給日本人讀？他說這本書的目的是爲了促使同胞自覺，若是如此，應該以台灣人自己的文字來寫，而不應使用日語寫作，然後再翻譯爲中文。這豈不是侮辱中國人的文化劣於非洲的野蠻民族，直至二十世紀的八十年代，連文字都還沒有嗎？

總之，這本書過份地描寫對鄭成功的酷評、滿清王朝的貪婪、國民黨政府的腐敗，好像所有中國人的政權沒有一個像樣的。相反的，荷蘭人是寬容高明、日本人強大而進步，並稱這兩個東洋與西洋的壞人是開發、教育、建設台灣的功臣。

我也是台灣人，讀了這本書會想哭，但卻欲哭無淚。我傷心而憤慨，爲何台灣人之中會出現像王育德這種無恥的軟骨之輩。」

不辨別自身的程度，不計對方的社會地位，單是對一個反抗中國的台灣人，就如此公然露出憎恨與蔑貶地謾罵！我因爲有這種人的存在，所以對他們所說的「同是炎黃子孫」、「同胞」的說法，無論如何是絕對無法相信的。

## 說我是變質的台灣人

一九八〇年八月出版的《中華雜誌》二〇五期載有王曉波的〈偏見不能代替歷史——評析台獨的兩本書〉。《中華雜誌》是國粹派的胡秋原(一九一〇年生、湖北人)所發行，王曉波是屬於張俊宏所說的「中智階級」，託台灣人之福在台灣成長的中國人知識份子之一。他的文章發表時，在美國的友人勸我說：「王曉波是有影響力的文人，所以要寫文章加以反駁。」我卻認為太不值得而不想動筆。連這樣的人也具有影響力，就可知台灣文化界的水準不過如此而已，眞是令人感到可憐。

王曉波是在赴美之後始知喬治・柯爾的《被出賣的台灣》與我的書在海外獨立運動者中被奉為經典，因此才加以批判。

他一起始就如此描寫：「我不能贊成台灣獨立，是因為除了站在民族主義的立場以外，我從研究台灣史而知道中華民族發展到近代，台灣是對中國的生存與發展不可或缺的一部分，同時也知道在異民族統治下的台灣人的祖先是為了復歸中國而戰的。」

這短短的文字中已經包含幾個問題。他所說的民族主義無疑是指中國民族主義而言，由此一立足點當然不願放棄台灣。他雖大言不慚地說自己「研究台灣史」，但直到我的書出版為止，中國人幾乎對台灣史沒有研究(他們攻擊我的材料都是從我的書中引用)。從他的研究導出，台灣爲中國生存與發展不可或缺的一部分云云，完全是子虛烏有，中國是不是繼續生存與發展，完全與台灣沒有關係。此點只要看現在的中國就一目瞭然。這段文字中只有一點是正確的，那就是日治時代的台灣人先輩確實有不少人夢想回歸中國，我對這一點早就加以批判。

王曉波又這樣說：「民衆被迫起來謀反，在中國史上不勝枚舉。但是對中央政府的謀反，像台灣獨立運動者不承認自己是中國人，甚至不承認自己是漢人，則未曾見過。」他似乎不能理解台灣在地緣政治學上與大陸不同，也不能理解台灣因此走出獨特的歷史。我的確說過台灣人不是中國人，但未曾否認台灣人是漢人(漢族)的一支。

我對鄭成功及鄭氏時代的評價，似乎是中國人最不願接受的一點，他們必定針對此一部分對我加以非難。

「王氏認爲台灣的歷史從鄭政權開始是錯誤的，這是台灣獨立運動爲了定義鄭政權是外來政權而鋪路的。王氏不僅背祖，且爲荷蘭人與日本人辯護。這若不是像王氏這種『變質』的台灣人也許做不到。連清廷也以『鄭成功爲明朝遺臣，而不是朕(天子)的亂臣賊子』而不敢說他的壞話，王氏卻隨便誣言。如此，台獨可以說是台灣人嗎？」

因爲有「變質」的台灣人，所以才會創造獨特的台灣史觀，從事獨立運動。也許他眞正想說的，是良質的台灣人必忠厚地接受中國人的統治，照中國人的說法去思考與行動吧！

「王育德如此歪曲台灣先輩之歷史，不僅在天之靈的先輩不能贊同，也許台灣人的子孫也不能贊同。台獨自稱台灣民族主義，天下豈有如此醜化自己歷史之民族主義呢？而且以醜視爲美的逆說，正如對辜顯榮漢奸也認爲自有其道理的顛倒價值觀，從來未曾看過。王育德想將鄭成功的台灣人子孫變成爲辜顯榮的子孫，但是這種努力是徒勞無功的。」

與政府的宣傳相同，王曉波也視獨立運動爲國際陰謀。「中國沒有統一的一日，又中國人沒有團結的一日，則國際間的陰謀也沒有休止的一日。美國不做的話，日本會做，日本不做的話，蘇聯會做。爲了對抗台獨的陰謀，縱使中國在分裂狀態，我們也要奮起統一中國的意志，自己精神武裝。」

## 黨外運動中的大中國主義者

陳鼓應是一九三五年出生的福建長汀人，與王曉波同屬「中智階級」。他在台灣大學哲學系任副教授時，在一九七三年因共產黨嫌疑而被逮捕。釋放後參加黨外人士的陣營，在原訂一九七八年十二月舉行的中央民意代表選舉中，被黨外人士推舉爲台北市選區的國民大會代表候選人。

美麗島事件發生時，他雖倖免被捕，但因反體制的政治立場，不能謀到好的職位，在到處流浪之際，於一九八一年秋由美國經日本到達香港（後來又回到美國），並於《七十年代》十一月號發表〈知識份子對現實之回應〉。他對獨立運動表示激烈的反感，並認爲「台灣人不是中國人」、「台灣自古不屬中國」等主張未免過激，而攻擊其「歪曲歷史事實，莫此爲甚」。

我並不清楚他如何看待台灣的現實，但基本上他認爲有統治階級與被統治階級，前者對後者的壓迫未免太過，因此他從事民主運動，似乎也是爲了減輕此一壓迫。台灣人與中國人的「省籍」問題並不嚴重，統治階級中也有台灣人，被統治階級中也有中國人，這是他最強調的一點。這個人明明白白是大中國主義者，因此頻繁地說「統一」「統一」。擁有這種人物的黨外運動到底是什麼組織，令人有莫大的疑問。

一九八〇年九月十二日，美國版《華僑日報》登載署名常衡的文章〈中國人？台灣人？〉攻擊我。這個人是「由台灣赴匹茲堡留學還不滿一年的中國人」，其偏見的強烈著實令人驚訝。

「王氏在其書中不承認自己是中國人，其心情與背景是可以理解的。但不幸的是，他在日本的大學所教的是他所輕視的中國人的語言。如果他具有優秀的日語素養和台灣話特技，爲何日本的大學不給他教日語呢？爲何不給他教授台語文學呢？若他不知道的話，筆者可以告訴他，那就是因爲你是中國系的日本人。」

全文三千五百字，大體是以此種歇斯底里的口氣爲基調的謾罵，其中有一段不可輕忽的文字，那就是關於台灣的人口構成的部分。

「王氏說台灣的人口爲一千二百萬（現在已經是一千七百多萬）時，完全沒有根據地說其中一千萬是台灣人，二百萬是中國人難民。這個比率相當於南非的黑人與白人的人口比率。……

台灣現在的一千七百多萬的人口之中，雖然沒有政府的統計數字，但是有理由相信台灣人與『中國難民』的比率爲二比一，而絕對不是五比一。國民黨政府收復台灣之際，台灣的人口只有五百萬多一點。現在人口的自然增加率是三十三年增加一倍。依此計算，經過三十五年的現在，本土的台灣人大約爲一千萬，剩餘的七百萬應該是外來的中國人。」

依昭和十八年的總督府統計，台灣的總人口數爲六百六十萬，其中日本人約四十萬，所以日本敗戰時台灣人口應超過六百二十萬。這是常識。以此方式來反駁將永無止境。總之，這個人意圖誇大在台灣的中國人數目，以主張其在台灣生活下去的權利。此誠爲得寸進尺的強盜理論。

參加獨立運動的台灣人中，也有人提出獨立運動最好能得到中國人的瞭解、敵人愈少愈好等意見，所以主張若有機會應赴中國與其重要人物見面對話、溝通。我認爲這是不認識中國與中國人的人才會說出的話。要中國與中國人理解獨立運動，以及表明在獨立達成後絕對不會與中國對敵，我們應該知道，無論如何重複說明也不可能得到對方的認同。對於這種說法，也許會遭到反對者指責我有偏見，認爲還沒努力去做怎能知道結果？但議論這種事情難有結論，所以我都盡量避免。聯盟幹部的共識認爲：要達成獨立，只有靠自己的力量，別無他途。只有以實力達成獨立，才能改變中國人對台灣人的認知。

## 為何繼續抱持幻想

中國人輕視台灣人，不理會台灣人的意見，這在現在就某種意味而言是理所當然的事。對他們來說，台灣人應該服務中國人，也應該是被中國人統治的「二等中國人」。可悲的是，台灣人之中有不少人不知道自己的立場，僞裝中立而替中國人攻擊台灣獨立運動。

其典型人物就是前述親中的台灣人。不過，他們不說自己是台灣人，而自稱爲台灣省民或台灣籍民。也許獨立運動者一直自稱台灣人，以致他們不便使用台灣人這個稱呼，另一個理由是受到日本媒體在戰後長期視台灣人三個字爲禁忌的影響。

日本媒體不承認台灣人的存在，與操縱媒體工會的日本共產黨有關。此點從日本國會審議台灣人原日本兵的補償問題時，共產黨議員（東中光雄氏與中路雅弘氏）的質詢就很清楚。東中議員說：「台灣人是指何種人，我不大清楚。我認爲應是指在台灣的中國人。」中路議員也說：「現在成爲問題的是住在台灣的人們，正確地說就是中國人，沒有所謂的台灣人。」

日本共產黨尚有自主性與勇氣和中國共產黨爭論理念，但親中系台灣人恐懼北京政府的心理，卻有如昔日領民對封建領主一般。就此而言，在他們做爲「解放」台灣的先鋒而進入台灣之際，我們現在就可以想像他們將會做出何種殘忍的事，因爲那必定與昔日「半山」的所做所爲沒有兩樣。

他們不但沒有進步，甚至還退步，其原因不外是對中國還繼續抱持幻想所致。雖說是同樣對中國抱有幻想，但昔日的台灣先祖還有一種浪漫的感覺。他們認爲：中國雖然遭受帝國主義諸國的侵略，但有朝一日如能覺醒而脫離帝國主義的桎梏，不知能成爲何種美好的國家？不知能對台灣伸出何種溫暖的手？他們想像的空間是無限綿延伸展。

但是，現在中國大陸的眞面目已完全被揭穿，各種情報都能入手，分析其政經社會的專家也很多。我早已針對中共頻頻呼籲第三次國共合作，批評其內容是何等地愚弄台灣人。如果瞭解此點，現在還對它抱什麼幻想呢？還有幻想的餘地嗎？這已經不是對中國的幻想，而是已變質爲對自己的執妄！

《擁抱中國，幻想之旅》這本書描寫一個父親是台灣人、母親是日本人之台僑二世到中國旅行的體驗。如今以這種可愛的書名爲題的作者已不多，我以爲著者是十一、二歲的少女，但事實上卻是超過四十歲的歐巴桑——蔡素芬。其父是「台灣省民會」的音樂家，或許因爲家庭內的「幻想」氣氛，使她寫下這樣的書吧?!

對南京、西安、上海等大飯店的鄙陋也不加批判，這種喪失自主性以及對中國的自卑感，實在令人感到無奈。赴北戴河旅行時，旅行社的中國服務員未依約定時間前來迎接，使其不得已只好自己一個人乘計程車趕到車站，她所搭列車的對號席皆爲歸國華僑。好不容易到達北戴河之後，卻因旅館人員的錯誤而不能進入……。任何一個普通人都一定會表示憤怒，可是作者卻不敢發怒而只能多加奉承。或許大家會認爲她頭腦有問題，但其實似乎並非如此。在四人幫的時代，台灣出身者不僅被另眼看待，即使現在也倍受監視，同時還得不斷歌功頌德：「像太陽的毛主席，像慈母的周總理。」

台灣人之所以會有大中國主義者，完全因爲中了「同爲黃帝子孫」、「同胞」等中國人宣傳的毒素，加上「大就是好」的巨大願望，使其對小台灣失去自信。除此之外，居住日本的台灣人另須再加上一個特殊事例。亦即，在面對日本人說自己是台灣人時，會有「昔日的被統治者」的反應，自然產生排拒的心理。說自己是中國人時，日本人反而會因對中國的贖罪意識與對蔣介石的恩義論而另眼看待。同時，外國人登錄證的國籍欄也標示著「中國」，所以使用中國人的名稱有其法律上的根據。

前述王曉波與陳鼓應等雖然也是大中國主義者，但是他們只不過是觀念上的中國人，與旅日台僑有很大的差異。正因爲陳若曦等人在中國社會無法安居求存，所以才選擇居住在國外。而到了外國之後再喊出「我是中國人」、「偉大的中國」，這樣算光彩嗎？

（刊於《台灣青年》二七二～二七六期，一九八三年六月五日～十月五日）

# 台灣人覺醒吧！

## 就讀台北高校的幸運

最近讀到美國人唐納德・T・羅丹(Donald T. Rotan)著、森敦監譯的《我爲友人之憂而哭——舊制高等學校的故事》上下兩册（昭和五十八年四月出版，講談社）。

舊制高校是戰前日本最成功的教育制度，培養不少推動日本躍進及近代化的優秀人才，有些歐美的有識之士正在研究這個題目。

我讀了這本書之後，重新回味就讀台北高校時（昭和十五年四月到十七年九月，也就是我十六歲到十八歲）讀過的書，回想當時學習獨立自治的精神及培養「任天下之國士」的氣概，驅使我步入獨立運動之途。

從我創立台灣青年社（台灣獨立聯盟日本本部的前身）至今，恰好進入第二十五個鬥爭的年頭。當時另外有廖文毅的「臨時政府」，但因「臨時政府」設有總統、副總統、部長、國會議員等職，拚命地虛張聲勢，塑造外觀，結果反而內爭不絕。

我與他們的做法不同。我從台灣話與台灣歷史的研究著手，並致力於組織成員的訓練與理論武裝。我個人的研究成果之一是《台灣—苦悶的歷史》，一九六四年一月由弘文堂出版。

這本書的出版對日本媒體的衝擊非常大。以《朝日》、《每日》、《讀賣》、《日經》等全國性報紙爲首，各種週刊雜誌、電台無不做出善意的書評且大幅加以報導。但是，我真心的願望是要促進台灣人的覺醒，自不待言。

該書出版後不久，據說即有各路人馬透過不同管道秘密帶進台灣傳閱。爲了方便不懂日語的年輕世代，我特別在一九七九年出版漢文版《台灣—苦悶的歷史》，其所引起的迴響似乎更加擴大。

## 提昇對台灣史的關心

台灣大學歷史系有一位年輕的鄭欽仁教授。他曾在《台灣文藝》第八四期（一九八三年九月十五日發行）發表〈台灣史研究與歷史意識之檢討〉的文章。其中描述「海外台灣人以自由的立場進行研究，此點頗能激勵刺激國內的學術」。

由其所說「台灣史的研究與台灣將來的生存有深切的關聯」，即可知鄭教授的觀點。

「原本歷史意識與歷史教育及歷史研究三者並行且相互影響始符合理想，惟在因襲過去慣行的約制下，不易自由地從事科學性的思索與研究。因此，讓政府片面性地推行歷史教育之下，其結果是造成許多人抱有偏頗的歷史意識。」

「中國人普遍具有的傳統歷史意識即是中華思想，其本質可說是中原文化本位主義。」就是以此種歷史意識爲出發點，使得中國人在心理上會輕視、在制度上會歧視台灣人。

「中國人過份強調中央集權，結果導致其輕視地方的特殊性。此點造成中國人只知高喊統一、統一，而不去思考統一的條件或統一後是否順利發展，所以會在新疆與西藏摩擦不絕。」

「現在台灣面臨嚴重的人口問題。這主要是因爲過去政策的失敗（王註：為了反攻大陸需要確保人的資源而獎勵多產），中國大陸也有同樣、甚至更嚴重的人口問題。依最近四百年的歷史來看，中國大陸的人口不斷外流，不像美國大陸般地接受移民。正如此事所象徵的，台灣對中國大陸不可能有什麼期待。」

鄭教授特別強調的是：「台灣的海島型立國條件與中國大陸在本質上不同。大陸是閉鎖性的農業社會，而台灣是以貿易立國的開放性商業社會。大陸是孤立而獨自的世界，而台灣是向世界敞開門戶且自由進取的。此點雖由於長期備受外來勢力的統治而不能如願，但是台灣人爲島上主人翁是不容置疑的。」

台灣史的研究漸被重視，部分大學歷史系接連開設台灣史課程，此點的確是可喜之事，但總的來說還有許多問題。

例如廟寺與石碑及古蹟巡禮和民俗研究等，時常以勿忘祖先做結論。同時，台灣史講義僅止於清朝時代，迴避日治時代與現代，且清朝時代也僅強調台灣如何「內地化」的部分。

在同期的《台灣文藝》還登載有郭添〈下一代値得憂慮〉一文，主要內容是一位已退休的七十幾歲老祖父在閒暇之餘翻閱孫女的高中歷史教科書所引發的迴響。

祖父：「從日治時代至今，台灣曾經發生種種重大事件，爲何教科書連一行都沒有寫呢？」

孫女：「因爲台灣是個小島，即使發生事件也是微不足道的，所以不會登上歷史教科書吧！」

祖父：「不要說傻話。你知道二二八死了多少人嗎？此事若是微不足道，請問還有什麼大事件呢？」

孫女：「我們在學習中國的歷史，必須著眼中國全體，應該瞭解中國大陸的事情。」

祖父：「此點祖父並不反對。但是我們住在台灣，不懂台灣過去的事，怎麼能夠理解今天的問題呢？台灣人不懂台灣的歷史豈不是很可恥嗎？」

話還沒講完，孫女就面露不悅地大步離去，而且口中好像還嘟嚷著「台獨」。

# 台灣話的學習熱是好現象

近年，台灣人之間出現熱心講台灣話以及研究台灣話的傾向，這是很好的現象。《台灣文藝》也時常登載有關台灣話的文章，黨外人士發行的政論雜誌也設有台語專欄。在美國發行的《台灣公論報》也多少會登載相關的論文。

但迄今爲止，其做法似乎有些錯誤。很多人單純地認爲「語言只要能讓對方瞭解就可以」、「語言只不過是傳達意思的工具而已」，他們認爲不只台語，任何語言都一樣，並且即使發音不太正確，文法上有若干錯誤，但只要能傳達意思即可。事實上並非如此，語言是一種靈魂。例如像這樣的英語：「I go, you go, tensen go」（我去，你去，十錢就去。譯者註：一圓等於一〇〇錢）——這是昔日神戶的人力車夫招攬客人的說法——的確能夠傳達意思，但若用這樣的英語來宣傳獨立運動，即使是條理分明的獨立運動，其意義也必定大打折扣。

年輕的台灣人說台灣話時，難免摻雜著錯誤的發音。我會在考慮對方與自己的關係之後，決定訂正其錯誤。一般大概都會虛心地接受訂正，但其中也有人認爲自己的發音正確而與我爭論。台語的發音並不是我決定的，而是存在《康貝爾辭典》或《十五音》等論著。我是以其爲根據而提出訂正，所以對這種不尊重語學權威的態度，實在令人感到困惑。

台灣人認爲台語重要而想要研究是很好的事，不過很容易爲探究漢字的語源而陷入泥沼或迷宮。此外，最近出現想要自行發明表記法的人，此種突如其來的舉動亦讓人擔憂。

前者相信任何單語都能以正確的漢字套合，而在說文、爾雅、集韻等古典中蒐尋來用。然而，即使是台語的常用語彙中，也有約二〇%至今還不知道正確語源。如男子、女子、孩子、肉、遊戲、揭開、飲、乾、美、醜、惡……

語源的探究早於半世紀前連雅堂開始著手以來，許多台灣人就為此迷惑而浪費不少精力。他們幾乎都沒有學習過語言學。單語有音韻與意義兩面，音韻會變化，而意義也會擴大或縮小，所以他們有時找到奇僻的字即加以斷定，並認為是大發現而洋洋得意。

說到語源的探究，也許我比這些人更有效率，迄今已發現不少的字源。但是，這種事是沒有止境的，所以我對不知語源的字及雖知語源卻不易使用的難字，一律提倡使用羅馬字書寫。是的，我主張漢字與羅馬字混用。這當然是採用日本的觀念。順便一提的是，我認為日本語將漢字與平假名、片假名三種適當地混合使用，可說是世界上最好的表記法。

其次，想發明奇妙表記法的人必須先瞭解教會羅馬字的存在。教會羅馬字已經有一世紀半的歷史，比現在北京語拼音的傳統更為悠久。台灣的基督教徒大概都會使用，且其表記制度相當合理，雖然多少有些缺點，但是只要稍加改良即可。

台灣從獨立之日起，政府就要公告使用台語，所以不可隨便提出表記法，以致拖延普及教育的時機。我本身迄今發明兩種羅馬字的表記法，但結果還是認為直接使用教會羅馬字比較實際，因此我著作的《台語入門》、《台語初級》都是使用教會羅馬字。

## 從鄉土文學到台灣文學

一九七七年八月末，國民黨舉行第二次文藝座談會，藉政府權力扼殺台灣人作家的所謂鄉土文學。兩年後的十二月發生美麗島事件，第一線的台灣人政治家被一網打盡，對現狀批判最激烈的兩位作家——王拓與楊青矗也一起被捕。因此，我認爲此後會有一段台灣人文學活動的低潮期，故在明治大學的教養論集中寫〈戰後台灣文學略說〉（一九七八年十一月完稿、十二月加筆）與〈鄉土文學與政治——以王拓與楊青矗爲中心〉兩篇論述。

不料，於一九八一、八二年起，台灣人作家又開始執筆。這也許是與第二線台灣人政治家於一九八二年末中央民意代表選舉中陸續出現，而與政治情勢表裏呼應吧！同時，這次爲了不再被視爲「鄉土文學」，而在一開始就高舉「台灣文學」四字眞言。這種不屈的精神使我感銘深刻。

台灣文學迄今還未出現被世界文壇談論的作品，可是已逐漸產生這種水準的作品，甚至聽到企圖獲得諾貝爾獎的旺盛呼聲。但老實說，台灣文學目前令人感覺好像有理論先於作品的傾向。儘管如此，我們還是應先瞭解作家要以何種意識寫作爲宜。

年輕作家宋澤萊說：「何謂台灣文學。我以爲文學是人產生的，因此要界定台灣文學，就要先界定何謂台灣人。依我看法，若以人數來算，當不只是目前所認定的這一千七百萬的同胞，我相信拿固定的人口來界定它是不很恰當的，如果是一個膚色與我們不同的外國人，他不在台灣，不入籍貫，但卻關懷這裏的一切，那麼他算不算台灣人呢？我以為也是算的，要之，用人口，用地理去界定台灣人都是不完整的，狹隘的，只會使台灣走向封閉罷了，它應該是取決於心理上的實際上的，我寧願說，凡是認同台灣，愛護台灣，貢獻台灣的任何人，都算是台灣人。」

「如此，我說由這些心懷台灣的人所寫出來的文章，便可稱為台灣文學。台灣文學有古老的傳統。第一為逃脫異民族統治的鬥爭。第二為爭取政治民主化的鬥爭。第三為追求經濟平等的鬥爭。我們必須守護此一傳統。」（《台灣文藝》第七三期，宋澤萊〈文學十日談〉）

可做為反面教材的就是在《書評書目》發表的詹宏志〈兩種文學心靈〉。我雖沒讀過原文，但曾在《台灣文藝》第七三期（一九八一年七月發行）登載〈台灣文學的方向〉的座談會記實中讀過。在座談會中，詹宏志反覆陳述自己的想法。

「有時我會感到憂慮。我們三十年來在文學上的努力是不是只有浪費精力而已。三百年後，如果有人在中國文學史的最後一章，只用百字來描寫我們三十年間的努力，到底要如何描述呢？

也許一切將被當做邊疆文學也不一定。所謂邊疆文學，即是遠離中國的中心，也遠離中國人的情感與諸問題而充滿異國的情緒，只能給予浪漫和幻想的材料。」

「若從中國文學史發展的觀點來看，如果台灣因血緣與同文同種關係而無法避免成爲中國一部分的話，台灣的文學必定只能成爲中國文學史中的特殊狀況，而絕對不能成爲中國文學史的本流。」

這種想法遭到出席座談會的巫永福、鍾肇政、趙天儀……諸人的強烈反對。

## 難以挽救的「祖國來援幻想」

我認爲這位詹先生屬於大中國主義者，也是失敗主義者。抱持大中國主義的台灣人爲數不少。症狀輕者或許可能勸其參加獨立運動，症狀重者則有時會成爲頑固的敵人。例如在日本的戴國煇即屬這類的人。

日治時代的台灣是被中國割讓而受總督府壓迫，是在一種極限狀態中逐漸形成台灣人集體的過程。原住民族也是同樣的命運。當時已經沒有福建系與客家系的區別，福建系中也不再有泉州與漳州的區別。當然，台灣人集體並非始於日治時代，從我們的祖先放棄中國大陸追求新天地遠渡台灣起就已開始形成。

然而，日治時代的台灣人知識份子一般都受困於「祖國來援幻想」。他們認爲台灣人的祖國是中國，而中國有一天會來救助。此一「祖國來援幻想」在二二八時被澆了冷水。許多台灣人因而放棄對祖國的幻想，但卻還有善良的台灣人認為：「大陸的中國人與台灣的中國人不同，共產黨絕對比國民黨好。」儘管後來他們受到文化大革命的衝擊，卻還是無法覺醒。這種人的確無可救藥！

二二八之後逃亡到大陸的台灣共產黨員蘇新，他私下對思慕祖國——中國而偷渡大陸的台灣人說：「這裡不是台灣人來的地方。」這是眞實的肺腑之言！

大中國主義者具有成為失敗主義者的傾向，理所當然的結果是：台灣終究會被中國統一，這是台灣的命運，所以現在做什麼都徒勞無功。

另外，最近也讀到有趣的文章。那是一篇譯介我在一九四六年以日語發表在《文藝評論》的文章。翻譯者是當代一流的文藝評論家葉石濤。我相信他應該知道我在日本從事什麼工作。他在此時期翻譯介紹我的文章，也許有他獨自的判斷。

## 台灣女性奮鬥的象徵——方素敏

去年底舉行的立法委員選舉中，最能打動我內心的，是方素敏與高李麗珍兩名新面孔的女性參選人。對於國民黨政權下的選舉，我自始即未將當選與否當做一回事。結果，方素敏獲得全島最高票當選，高李麗珍則僅以十七票之差落選。

打動我內心的是，兩人同為美麗島事件犧牲者之妻——方素敏是在軍事法庭被判十二年徒刑的林義雄的妻子。相隔八十日後的一九八〇年二月二十八日，她更遭遇婆婆與兩名雙胞胎女兒被殘殺、長女也負身重傷的悲慘事件。而高李麗珍是擁有二十萬信徒的台灣最大宗教團體——長老教會的總幹事高俊明牧師的妻子。如衆所周知，高俊明牧師在美麗島事件中因藏匿被判無期徒刑的施明德而被判七年徒刑。

我所知道的台灣女性——盟員的太太例外——大多唯恐丈夫與兒子參與政治，只知道如何存錢過更好的生活。我也認識一些二二八犧牲者的遺孀，她們說丈夫並沒有做任何事卻被慘殺，連屍體在何處也不得而知，故告誡兒子說：「你們的父親死得不明不白，爲此母親何等的備受苦勞，你們絕對不要學父親那樣，不可以接觸政治。」這是台灣女性的典型想法。

方素敏曾說：「台灣是地獄，不是人們能夠居住的地方。」於是，她帶著倖存的長女遠渡美國。不知她在美國受到什麼刺激，去年夏天毅然回到台灣，並決心投入年底的立法委員選舉。最驚訝的要算是蔣介石政權了。他們爲此派人前往說服：「妳不要回去，即使回去也沒有好處。」並威脅說：「妳不怕遭遇像菲律賓艾奎諾的下場嗎？」方素敏回答說：「事到如今，還有什麼可怕的，死也無所謂呀！」

方素敏的競選演講令人動容落淚。她說：「三十年來，國民黨政府在台灣做過什麼事呢？他們不就只是寄生在台灣嗎？他們一心只想在台灣避難，他們不在台灣生根，也不想在台灣生根。我與國民黨不同，我的根在台灣。我從出生時就將我的根深植在台灣的大地。」

方素敏的丈夫被監禁於軍法看守所，婆婆與小孩被慘殺，她將自己身邊發生的事情深切地訴諸聽衆：「來家裡弔問的人都在門口受到特務盤查，都被詳細地問到與林家有何種關係。因此，許多親戚與朋友都不敢上門造訪。」

家族被慘殺之後，林義雄被特准回家料理喪事，每到市場購買供奉物品時，賣給林義雄的商人無不被警備司令部傳喚，不勝其煩地問及賣給他什麼東西？爲什麼要賣給他？爲什麼便宜一百塊等等。

方素敏最後總結說：「三十多年前二二八發生之際，無數的家庭家破人亡。有人被殺，有人被關，有人流亡海外。聽衆中的長輩也許還記得當時的恐怖狀況。但是對於當時的體驗，台灣人都沒有勇氣告訴大家，也沒有抗議的勇氣。所以三十多年來台灣的政治都沒有進步。我自己的家庭遭遇第二次的二二八，我本以爲這種不幸僅只自己的家庭即可結束，但其實不然。相繼發生的陳文成命案與王迎先事件，何時能夠了結也不得而知。我是爲了向這樣的政治暴力與恐怖統治的社會討回公道與正義而投入選戰的。」（一九八三年十一月十九日，在永和市網溪國民小學的演講）

## 長老教會強化政治活動

高李麗珍的演講有個性，令人感動。「我丈夫高俊明若將施明德的行蹤報告警察，就可獲得五百萬元的懸賞，他不但不這樣做，反而選擇被判七年的徒刑。因此，有許多人說高俊明是愚笨的男人，但我不這麼認爲。他是一位具有良知良識的台灣人，也是具有俠義心、很會體貼他人的人。他寧願被關而不願出賣自己的良心。他確保台灣人應有的自尊心以及做人的尊嚴。這是他時常對我說的話。宗教最高境界是對社會與國家前途的關心，宗教並不是自私自利地從社會隱遁，只獨自一人向神祈禱的事。」

「政府禁止使用自決二字，並通告黨外人士必須將共同聲明中的自決二字取消。但在十二年前（一九七一年十二月），長老教會在《國是聲明》中即已宣言『台灣的前途必須由台灣全體的住民來決定』。其後，高俊明牧師時常被特務監視，他們甚至說高俊明要發動叛亂。由此可知國民黨企圖鎮壓台灣人努力開拓自己將來的權利與智慧。」

「我投入選戰是爲了高俊明一路走來遭到挫折，由我代替丈夫繼續走下去。國民黨禁止組黨，禁止言論自由，甚至禁止台灣人對台灣的將來發表意見。高俊明爲了台灣人還沒講完的事，由我代替丈夫來講。那是什麼呢？就是爲台灣開拓一條血路，以解救我們的鄉土。」

「處在監獄中與監獄外並無太多的差別。只要存在戒嚴令一天，我們的心等於是被關在獄中。只要戒嚴令存在，我們的教育只是罪人的教育。」

「台灣人應該覺醒。只有自覺的人才有自由。只有自覺的人才知道做人的尊嚴。台灣的前途實在令人憂慮。」（一九八三年十一月十八日，在台南市體育場的演講）

長老教會似乎從以前就決定以選舉活動做爲傳道的新手段。一九八四年一月八日的《台灣教會公報》社論中說：「去年底的立法委員選舉有不少教徒參與選舉或支援選舉。這可以說是劃時代的新式傳道大會。不論個人的演講會或散發傳單都有說明福音宣教的意義。在此次的選舉活動，基督教徒開始使用一般大衆能理解且容易接受、平常慣用的語言，來說明基督教信仰的實質內容。同時，不但將具體的政見反映基督教的信仰，並努力將其政見在鄉土上實現。這是突破過去傳統上的宣教觀念。基督徒原本認爲政治是行使權力的地方，人的利己主義由骯髒的一面造成種種罪惡，導致世上充滿污穢，使一部分希望潔身自好的基督徒不敢接觸。結果，台灣的教會與基督徒將自己關在教堂的牆壁內，僅止於空泛地呢喃著祈禱的聲音。」

台灣最大組織的長老教會展現這種正面面對政治的姿態，實在可喜可賀！

## 期盼覺醒未遲

如上所述，台灣人的確逐漸覺醒。台灣人自古以來就被譏笑爲沒有膽量。的確，從我們自己來看，事實上也有這麼一面。不過，如今台灣人似乎開始覺醒了。我以「台灣人覺醒了」爲演講題目，其實就包含著這種意味。但是，好像日本流行歌曲「愛你太遲了嗎？」的歌詞，任何事物的時間因素都很重要。覺醒是好現象，不過時間上太遲的話就不好。我們必須發揮全體的力量，使台灣人的覺醒能夠趕上將來台灣的政治大變動，朝建立台灣人的獨立共和國邁進。

（刊於《台灣青年》二八二期，一九八四年四月五日）

# 大中國主義與台灣民族主義之戰

## ——蔣介石政權四十年的統治

### 與日本統治比較

今年，台灣淪入蔣介石政權統治，剛好滿四十年。眞久！太久了！四十年相當於鄭氏政權二十二年（一六六一～八三）的兩倍，凌駕荷蘭的三十七年（一六二四～六一），僅次於日本的五十年（一八九五～一九四五）。

但是，台灣絕對不是中國的「固有領土」，台灣的歸屬仍然未定！我們的此一主張不但有理論根據，諸外國也多贊同。雖然如此，蔣介石政權統治台灣四十年是儼然的事實，但在現實的世界中，道理在暴力之前是講不通的。

蔣介石政權之所以能夠長期統治台灣人，一言以蔽之，是因爲台灣人的反抗力量太過薄弱了。爲什麼台灣人的反抗力量薄弱呢？因爲台灣人對蔣介石政權的敵愾心不強。爲什麼台灣人對蔣介石政權的敵愾心不強呢？因爲台灣人多少具有中國人意識，不認爲蔣介石政權是外來政權。

這與過去日本人的統治相較就一目瞭然了。台灣人叫日本人爲「臭狗」、「四腳仔」，燃燒著敵愾心，深深地期待著有一天要打倒日本人的統治。

若公平地比較兩個統治實體，以手段的毒辣和壓迫搾取的苛酷來說，蔣介石政權比日治時代更爲惡劣。戰後數年間，國民黨政府有如掠奪佔領地似的，將龐大的金銀、砂糖、石灰、樟腦等帶回大陸，此點只要一讀喬治・柯爾的《被出賣的台灣》(Formosa Betrayed)即可瞭解。綜觀蔣介石政權自一九四九年秋逃亡台灣迄今，其恣意制訂法律、踐踏法律的做法，有如「無法無天」的惡覇。

開口閉口稱呼「同胞」「同胞」，但實際上是明顯地有中國人與台灣人的差別待遇。他們不但區別國民黨員與非國民黨員，更分化福建系與客家系。強制使用「國語」，企圖消滅台灣人的母語；另一方面則強化中國人支配階級的特權，他們不但過著奢侈的生活，而且將私產轉移至海外，隨時準備逃亡。

日本人卻未曾玩弄如此惡毒的統治策略。因爲日本人視台灣人爲有尊嚴的異民族來對待，而採取逐漸同化的政策。最後的十年雖然推行苛烈的皇民化運動，但以往的四十年則相當承認台灣人的特殊性——風俗與言語等。同時，日本人高層並沒有特權階級，也沒有結構性的貪污，官員幾乎都是淸廉的。

在日治時代的前半期，台灣人以武力抵抗總督府。「台灣民主國防衛戰」失敗之後，北部有簡大獅與陳秋菊、中部有簡義與柯鐵、南部有林少猫與吳萬興展開游擊戰。在他們被鎮壓以後，也發生過北埔、林圮埔、土庫、苗栗、西來庵等事件。事隔不久，在一九三〇年（昭和五年）更有原住民的霧社事件。但是，總計這些在武力抗爭中被日本人殺害的台灣人，都不及一九四七年二二八事件中被中國人殺害的人數。

## 楊逵的例子

對於蔣介石政權的本質，最近台灣人也逐漸出現質疑的徵兆。

茲舉一、二例。其一是潘榮禮弔慰在三月十二日逝世的文學家楊逵的輓聯。關於潘榮禮，我曾於《台灣青年》二五一期所登的拙文〈對鄉土文學與農民的蔑視——以王文興爲例〉一文中介紹過。潘榮禮與蕭國和在《這樣的教授王文興》一書中強烈批判王文興。該輓聯登載於《台灣文藝》九四期（一九八五年五月十五日發行）。

送報伕屢寫抗日文學　拘留十次四十天　飽嘗獄卒欺凌

老園丁一篇和平宣言　綠島一趟十二年　享受祖國溫馨

楊逵（一九〇五年生）以過去遠渡日本苦學的體驗爲基調寫出小說〈送報伕〉，於一九三四年在東京的《文學評論》獲得第二賞（首獎從缺）。此次得獎，拓展了楊逵的文運。

楊逵幸運地趕上大正末昭和初台灣人文化、政治活動高揚的時期，因熱心參與文化運動與政治運動的結果，從一九二七年三月起至一九四〇年四月共計遭受十次逮捕。被拘禁的次數雖多，但共計也不過是四十日而已。由於大多是輕微的犯罪，因此只要有保證人，隨時可被保釋。至於遭受獄卒頻繁欺凌之說，一半是誇張其詞，一半是事實。

一九四五年八月十五日，日本敗戰。幾乎所有台灣人都認爲從此能夠回到「祖國溫暖的懷抱」。在戰爭中，楊逵在台中經營小小的農園，但一九四七年二二八發生後，夫妻一起在同年四月被捕，直到八月才獲得釋放。

依歷史年表顯示，一九四九年一月二十一日蔣介石下野，由於受到反內戰的國民輿論的壓力，代總統李宗仁從四月三日起展開國共和平交涉，但雙方卻在四月十九日絕裂。楊逵因關心國事而在上海《大公報》寫下〈和平宣言〉一文，被台灣省主席陳誠看到後，於四月六日再度被捕。陳誠是蔣介石早一步派往台灣的親信。〈和平宣言〉的內容爲何？我手邊沒有介紹的資料。判處十二年徒刑確定後，即被送往綠島服役。直到一九六一年才被釋放，整整服刑十二年。「享受祖國溫馨」，的確是潘氏的強烈諷刺。辭典中原本沒有溫馨二字，這是潘氏臨時創造的語彙，但確實能傳達其意義。

楊逵本人是以什麼心情來看待蔣介石政權的統治呢？前年楊逵在結束美國的演講旅行返台途中，由「在日台灣同鄉會」召開以楊逵爲中心的座談會，我當時也被邀出席參加。

楊逵與我並非初次見面。二二八發生前的一九四六年，楊逵協助以中國人爲主體的「麥浪歌詠隊」（成員約十餘人）全島公演，來到台南時曾經訪問過我。當時，我因戲劇活動的實績而成爲台南市知名的文化人之一，所以其時或許有想藉我的名字來壯大聲勢的目的。當然我並沒有那麼大的實力。我們舉行簡單的茶會慰勞他們一行的辛苦。我與他們因言語不很通暢，故對楊逵爲何要照顧這些人感到奇怪，後來聽說「麥浪歌詠隊」似乎是共產黨系統的人物。

我在座談會中嘗試提出往事，他似乎沒有什麼記憶。至於是不是患有痴呆或想忘記過去不愉快的記憶，則不得而知。

此事暫且不提，由於過度被推舉爲鄉土文學的元祖之故，那一天楊逵的態度似乎以文豪自居而難以相處。他可能對日本國情不太熟悉，卻對茫然的社會主義表示憧憬，頻頻自稱「中國人」「中國人」，著實令人氣結。

## 巫永福的苦惱

第二個事例是在《台灣青年》中我再三提起的人物——巫永福。但我個人與他並不相識。

《台灣文藝》九一期(一九八四年十一月發行)被台灣警備總司令部沒收。巫永福先生因長年擔任《台灣文藝》發行人，乃於《台灣文藝》九二期(一九八五年一月發行)發表〈查扣有感〉一文。此爲其中的一段：

「日據時代，日本是個嚴守法治分際的國家，如要刷黑或查禁刊物，依法一定會明白指出某地方的用字不當，或某段文章不妥當的事實與理由使人折服，並使你日後有所遵循。且對發生過的事件——如初期的西來庵事件、中期的霧社抗日事件、末期的治警事件等，提出評論都會容認，不會被查禁。因爲這樣政治才會進步，官僚才不會蠻橫且不會再做出錯誤的事情來。他們對於既成的事實，都會採取適切的善後措施以信服民心。如霧社事件發生後便迅速地更換台灣總督、總務長官及總督府警務長之外，台中州知事、台中州警察部長、台中州理蕃課長，直接監督的能高郡守、能高郡警察課長都被免職。至於治警事件的處理，他們也不會如臨大敵，判之爲叛逆罪名。比如說我的岳父許嘉種先生，以治警事件在彰化被捕入獄，可是日人僅以違警罪處罰，且不以一般犯人對待，對他們相當的禮遇；不多久釋放之時，又容忍他們的親戚朋友列隊放炮歡迎出獄，看來，可以說很富人情味。

九十一期的文字，事實上非常平淡無奇，就我所知日據時代的標準來講，並沒有什麼值得大驚小怪的所在，斷不能構成查扣來摧殘文學的理由，但若要以『褲腳全是鬼』的作法來從事查扣，眞是萬萬想不到的、不可思議的人間現象了。況且偏偏在我們所謂文化古國的同胞身上發生，那麼我該當作何感何想呢？」

巫永福個人也有如下的體驗，這是以「有一日」爲題的現代詩——

在一個展覽會場我看到
前面人練達的運筆和簽名
正在一面看一面等
是時感受著我前面的人
起身，反看著我微微笑
卻不立即走，要看我的簽名

我輕輕目禮後提起毛筆
稍感耳紅並寫完幼拙的名字時
他似乎認爲我是有身分的人
看著我眼睛親切地問起話來
「我是國民代表，貴姓在台灣甚少
在浙江附近相當多，您是何省人」

哈哈是六年任期的代表卻因特殊事情
變成史無前例的終身職總統選舉人
我自先前就注意到他的穿著和行動
認出他是大陸來台的外省人
如果是台灣人自其外形就可分別出來

「我是台灣人」
我也反視其眼睛正直地回答時
他以意外的面貌改變語調
似是嘲笑地冷冷說著
「在台灣只有山地人的存在」
「我的祖先自福建渡危險的海峽前來
流了血汗開拓了台灣
至我這一代已有三百餘年了」

他聽完我這樣回答後默默地走失
一瞬在我們的中間流著冷冷的空氣
而我感傷地送走他的背影

此詩顯現戰後台灣人與中國人接觸時複雜而微妙的內心動態，描寫十分貼切。詩中顯示：㈠台灣人對中國人善用毛筆而感到五千年文化的蓄積，從而產生敬畏之念。㈡台灣人對自己不擅長使用毛筆感到自卑。

但是，中國人對稀少的「巫」姓感到好奇，問他是浙江省以外的什麼省出身。巫氏感到對方是「外省人」。台灣人與中國人的區別不必由言語，由其動作便可知曉，雙方的差距已經質變到這種程度。巫氏一旦告白自己是台灣人，則此中國人隨即改變態度。他們敗逃到台灣後還是如此傲慢。吳濁流與陳若曦的小說中，都曾描述前往大陸的台灣人隱瞞自己的身份，詐稱自己的出身地是福建或廣東。這種說法一點也不誇張。巫氏全力強調他家是在台灣有三百年傳統之名望家族，唯對手則無論是三百年也好，五百年也好，認爲住在蠻夷之地的台灣人都是卑下之徒，並以甩肩表示輕侮而離去。

此詩是一九七九年二月由熊本市土龍書店出版，登載於北原政吉所編的《台灣現代詩集》。原用中國語寫成再由巫氏自己譯爲日語。他知悉要在日本出版，刻意從許多作品中選擇此詩，可見當時巫氏的體驗或許已在其內心烙下相當深刻的傷痕。

雖說內心留有深刻的傷痕，但巫氏自己卻努力要將它忘記。此點由我之前再三介紹的巫氏文章可得知（參照《台灣青年》二七二期〈敵人是大中國主義(1)〉、二九五期〈漢字的アリ地獄㊤〉、二九六期「漢字的アリ地獄㊦」）。事實上，巫氏此時已對自己是否爲中國人存疑，還算是個中翹楚，某些人自始至終均不曾覺醒。我自己是在一九四五年九月看到出現在台南市的中國軍人與商人的服裝與言行，即感到莫名的異樣感覺，從此台灣人意識與日俱增。

但從後來巫氏發表的文章來看，他有時會不自覺地執著於自己是中國人。爲什麼有那麼多台灣人被蔣介石政權歸類爲「二等國民」，卻還要自命「正統中國人」呢？

此次《台灣文藝》九一期被禁，巫氏將蔣介石政權時代與日本時代的言論制約做一比較，斷言日本時代「還算不錯」。日本人是異民族，若異民族的言論制約還好的話，那麼蔣介石政權統治的本質到底是什麼呢？巫氏應該更深入探索問題的焦點，這樣才能稱爲眞正的知識人。

## 尾大不掉的中國幻想

四十年的蔣介石政權統治中，獨立運動者向台灣人鼓舞台灣民族主義，努力脫離中國的羈絆，期盼完成台灣獨立。相對地，蔣介石政權卻對台灣人移植中國人意識，將台灣連結在中國的統治之下。因此，這四十年或許可以歸類爲這兩個勢力的鬥爭。

到現在爲止，後者優於前者，唯不足爲嘆。一方面蔣介石政權在島內徹底彈壓獨立運動，另一方面嚴格取締出入島內者，斷絕足以鼓舞台灣人獨立思想的文字。不僅如此，更以強權對台灣人實施組織性、計畫性的中國教育。其目的是以「五千年的歷史文化」或「同爲黃帝子孫」來灌輸台灣人。中國人譏笑台灣人所受的日本教育是奴化教育，但現在的中國教育對我們來說也是不折不扣的奴化教育。

問題在於有這種思想的台灣人微乎其微。與其說蔣介石政權的做法巧妙，毋寧說是台灣人比較容易接受蔣介石政權的心理在作祟，否則不易說明其所以然。

在日治時代，大部分台灣人一直抱有「中國幻想」，並祈願能被中國解放與救援。借用吳濁流的自傳《無花果》的描寫——

「台灣人具有這樣熾烈的鄉土愛，同時對祖國的愛也是一樣的。思慕祖國，懷念著祖國的愛國心情，任何人都有。但是，台灣人的祖國愛，所愛的決不是清朝。清朝是滿州人的國家，不是漢人的國家，甲午戰爭是滿州人和日本作戰遭到失敗，並不是漢人的戰敗。台灣即使一時被日本所佔有，總有一天會收復回來。漢民族一定會復興起來建設自己的國家。老人們即使在夢中也堅信總有一天漢軍會來解救台灣的。台灣人的心底，存在著『漢』這個美麗而又偉大的祖國。

清朝已亡，民國興起，台灣人對祖國的思慕又深了一層。……眼不能見的祖國愛，固然只是觀念，但是卻非常微妙，經常像地心引力一樣吸引著我的心。正如離開了父母的孤兒思慕並不認識的父母一樣，那父母是怎樣的父母，是不會去計較的。

只是以懷戀的心情愛慕著，而自以爲只要在父母的膝下便能過溫暖的生活。以一種近似本能的感情，愛戀著祖國，思慕著祖國。」（《黎明前的台灣》一八～一九頁）

當時中國的動態如何呢？宋蕉農（宋斐如，半山。在二二八時被陳儀所殺）翻譯山川均的《殖民政策下的台灣》，以〈日本帝國主義鐵蹄下的台灣〉一文登載於《新東方》一卷三、四期（一九三〇年三、四月）。他在譯者序中指出：

「甲午年被割與日本以來，本國（中國）同胞完全不在乎台灣問題。有如父母一時被迫還債，而將次子賣給他人，但其長男卻視之爲『他人』一般。其實，次子——台灣——是做爲不知是第幾個兒子的遼東的替身，只是形式上成爲外國人而已。在甲午和議上，日本原來的企圖是取得遼東。成爲替身並沒有特別『認爲重要』，但應有『可惜與懷念』的價值。但是，本國同胞對台灣實際上內心並沒有『可惜與懷念』之情。不但不將台灣『認爲重要』，反而有時在以台灣人爲話題時，使用『外國人』『日本奴』等令人受傷的語言。特別是在現實上長男與次子發生衝突時，用『外國人』『日本奴』等言辭做爲排除異己、外來者的武器。噫！『外國人』！『日本奴』！我爲你們流下多少熱淚呢！」

以上描述，吾人不可不知。

同樣地，許地山也爲《日本帝國主義鐵蹄下的台灣》寫序，他寫道：「中國本身自己多災多難……連照顧自己就唯恐不及，豈能照顧數十年前遺棄的兄弟呢？」許地山本名爲許贊堃，台南人，一八九三年生。父親許南英是清末的進士，他在台灣割讓之際舉家遷往大陸。（此部分可參照研文出版，一九八三年三月，若林正丈著《台灣抗日運動史研究》，二九一、二九二頁）

宋、許這兩位投身大陸的台灣人均異口同聲警告說：「對中國不要抱有幻想，中國沒有關照台灣的餘力。」在數十年前，中國人的開明政治家梁啓超在奈良的旅館與林獻堂會面時，即以筆談忠告曰：「中國今後三十年斷無能力幫助台灣人爭取自由。」（參照拙著《台灣—苦悶的歷史》第一五頁）

但是，寄身大陸的台灣人大多對中國的陰暗面視若無睹，而透過《台灣青年》《台灣民報》等，不斷將美化中國的文章送入島內。

前往中國的台灣人比渡日的台灣人更少，他們內心最初就有無法抑遏的感動與興奮。在那種心理狀態下所寫的中國報告，當然難免會有加分的作用，但是決定性的因素是島內的台灣人正在日本帝國主義的壓迫下受苦。台灣人沒有用心去聽梁啓超與宋、許兩人的忠告，繼續對中國抱持幻想而相信祖國的救援，此點也可以說情非得已。

但是，現在台灣人不再是幻想，而是實際地接受中國的國籍，而且接受蔣介石政權的統治，台灣人應該冷靜回顧此四十年間發生的事。

## 寄生而統治

台灣自從一九四五年十月二十五日正式「光復」後，到四九年十二月七日宣告「遷都台北」爲止的四年間，是以南京爲首都的中華民國的新省份。當時許多台灣人曾爲如願「回到偉大祖國的溫暖懷抱」而歡欣。

但「偉大祖國」的眞實姿態是：世界各地正在慶祝和平來臨之際，國民黨與共產黨正在展開激烈內戰，而「民族救星」蔣介石率領的國民黨軍已經失勢。他們不管是否會造成台灣人的困擾，對國民黨來說，台灣是唯一安全的樂園。從蔣介石、宋美齡夫婦以下，政府的大官顯要不斷前來觀光與休養，並且大量徵收軍需物資，貪官污吏毫無保留地持續搾取。

一九四九年秋，內戰敗北的蔣介石政權逃亡到台灣，「偉大的祖國」反而投入台灣人的懷抱。蔣介石政權會逃亡到這個小島，幾乎是當時所有台灣人都料想不到的事。日治時代的台灣人寄予「祖國＝中國」的幻想，如今卻回映如此的現實。

但是，蔣介石政權的確是身經百戰的強者，他厚顏無恥地長期受惠於台灣人，內心卻一點也不感恩，反而更堂堂地君臨在台灣人之上，氣定神閒地推行專制統治。

經歷二二八的屠殺與接踵而至的血腥鎭壓，蔣介石政權當然看不起台灣人。台灣人不管如何在人數上居於優勢，但既無防備也不團結。蔣介石政權最引以爲恃的是，台灣人一直被中國人意識所糾葛，對「中國五千年的歷史文化」抱有情結。即使到現在，還有許多台灣人尙未從幻覺中覺醒，眞是令人氣結。

所謂「託蔣介石政權德政之福，台灣的政治安定，經濟持續發展，民生日益向上」的宣傳標語震耳欲聾。當然這是欺騙局外人的美麗辭句。

政治的安定是依靠軍隊、警察、特務無理壓制的結果。經濟發展是因爲：第一、日治時代社會資本的整備；第二、一九五〇年到六五年間美國每年一億美金的經濟援助；第三、台灣人優質而廉價的勞動力等三項因素所造成。

至於民生日益向上，不能只依國民所得增加與電視、冰箱普及率等政府發表的數字來判斷。若顧及環境的破壞、貧富差距的擴大、社會風紀的頹廢、犯罪的激增等，再將健保福祉與精神文化方面的負面要素也併入思考的話，則問題並不單純。

這些問題在日治時代並不存在。自從接受蔣介石政權統治以來，台灣人的精神構造被扭曲，良心痲痺、道德墮落、互信薄弱、猜疑心增強，這是受到特務與強制密告制度和拜金主義的影響。

爲對抗共產主義，蔣介石政權宣傳擁護儒教。他倡導「王道」與「道德力量」，街市大道高揭「仁義禮智信」的標語，但實際上所做所爲卻完全相反。

像蔣介石這種以謊言來鞏固罪惡政權者，的確前所未有。從「代表中國唯一的合法政府」「反攻大陸」等謊言開始，除長期實施戒嚴令、停止中央民意代表改選、禁止組黨、恣意禁止新聞雜誌發行、憲警濫捕無辜加以處刑之外，利用職業殺手暗殺等傷天害理的罪行也不勝枚舉。

有不少人感嘆「最近台灣人也變壞了」。被充滿虛僞罪惡的政權統治四十年，不變壞也難。「公私不分，中飽私囊」、「陽奉陰違，不守法令」、「粉飾太平」以討好上司、「行事油條」以逃避責任。

此等惡行是日本人最討厭的，故在其對台灣人的教育中也嚴格警戒。教過我的老師雖常在修身與公民課說些關於「萬世一系」與「神州不滅」等神話，但那僅是附加的內容。最重要的是，他們對於人應該如何行止，不忘以教育來教導最基本的事，並努力促其實踐。

我有時會遇到想否定日本殖民統治事實的日本人，他們會說：「雖然我住在台灣，卻從未認爲是殖民地，也未曾輕蔑歧視過台灣人。」那是他特異的神經與主觀的想法，即使努力辯解也徒勞無功。我一再提及，因爲是殖民地統治，所以當然會彈壓搾取、輕蔑歧視，這是無可避免的事。沒有彈壓與搾取的殖民地統治，不但前所未聞，更超乎想像。優勢者有其驕傲，所以會對劣敗者表現輕蔑歧視。當然也有對殖民地人民平等對待的情形，有很多日本人由此產生眞正的朋友關係、培育夫婦愛、師徒愛，但那是屬於個人的問題。超越個人問題的統治與被統治關係、本國與殖民地體制儼然存在，此一事實是不能否定的。

蔣介石政權稱呼台灣人爲「同胞」「同胞」，高喊「光復大陸的神聖基地」、「三民主義模範省」等，表示他們絕不是殖民統治台灣，絕不是輕蔑歧視台灣人。但是數十年來，政權的中樞均由中國人把持，金融、文化、報導等各重要部門都由他們操控，僅此一事實就無法隱蔽殖民地統治的實態了。而無法隱藏的事實卻硬要強辯絕無此事，這無非是對台灣人的雙重侮辱。

「同樣是殖民地統治，我仍覺得日治時代比較明朗。」這是一位曾活躍於台灣文化協會時代的老人家對我說的話，至今仍然記憶猶新。前述巫永福的抗議文章中也可窺見此種內心話。

## 中國的陰影

討論到此，中國的陰影逐漸籠罩，共產中國的存在對一部分台灣人的心理開始產生微妙影響。

蔣介石政權宣傳獨立運動者是「中共的同路人」，企圖切斷島內台灣人與獨立運動的關係。最近則宣傳「台灣若獨立，中共會動武」，企圖嚇阻傾向獨立的民心。事實上，國民黨目前已不再高喊「反攻大陸」，反而想依靠共產中國的庇護以保住政權，這眞是天下的一大笑話。

如衆所周知，中國從數年前就由葉劍英、廖承志、鄧穎超以不同語調向蔣介石政權呼籲統一，且時常以「台灣若企圖獨立，不排除使用武力」來恫嚇台灣人。其實中國還不具備侵台的實力，且國際情勢也不容許其暴力行爲，唯其恫嚇對沒膽量的人仍有效果。台灣人之中也開始出現「獨立很難」的聲音。

反對蔣介石政權的陳逸松（前律師、台北市長候選人）有一段時期曾與獨立運動者保持緊密接觸，結果因爲不能理解獨立運動的理念，並認爲「要打倒蔣介石政權就只有借用中國的力量」，因此投身中國（中國則利用他做為對日宣傳工具，然後束諸高閣。陳後來逃到美國）。雖然沒有到陳逸松那種程度，但也有一部分台灣人確實認爲「蔣介石政權沒有將來，中國卻有希望」。

對此，我將其稱爲「第二次幻想」。「第二次幻想」是因中國就香港問題提出「一國兩制」口號，以及「五十年不變」的約定，從而成爲他們內心的支柱。與日治時代的「第一次幻想」不同的是，目前因爲已有充分的情報，所以不會天眞爛漫地對共產中國的統一寄予甜蜜夢想，而中國對此也相當瞭解。「解放」一詞則因爲語感不佳，所以改爲「統一」。但是，「統一」也可能被警戒，所以改爲「一國兩制」。其內容正如中國諺語所說的「換湯不換藥」。

「一國兩制」要如何互相交涉呢？發生摩擦時要如何處理呢？幻想家們恐怕沒有想那麼多，而世界各國也沒有想過，因爲「一國兩制」明顯有欺騙之嫌，所以不值得認眞。「五十年不變」也是欺騙又是宣傳。鄧小平說：「如果有任何問題將投入軍隊。」而捏造「問題」，是他們最得意的伎倆。

我們深知中國將香港問題掛在嘴邊，並橫眼盯視著台灣。雖然中國對香港可如秋風掃落葉一般，但是認爲萬事均能順利進行的有識者並不多。台灣與香港面積不同，政治背景與經濟基礎也有很大差異。尤其重要的是，台灣有四世紀之久與大陸存在不同的歷史，即使順利解決香港問題，也不代表能順利解決台灣問題。「第二次幻想」將與「第一次幻想」同樣幻滅而終，這是很容易想像的。

## 黨外人士與台灣文學

並非一切都是暗淡的，事實上也有光明的一面。我們也可以看到爲追求自由與獨立而戰的台灣人。在一九七九年十二月的美麗島事件，蔣介石政權一度逮捕數十名黨外菁英，加以拷問、處以重刑。蔣介石政權對台灣人的領導階層施以全面打擊，企圖重現二二八後的「白色恐怖」。

但是此項陰謀卻歸於失敗。台灣人已經不再是三十二年前的台灣人了。在一年後的「中央民意代表」選舉中，黨外戰將給予蔣介石政權莫大的打擊。美麗島事件受難者家屬與辯護律師多數參選，結果幾乎都高票當選。此舉讓島內外對台灣人不畏犧牲、勇往直前的勇氣有極深刻的印象。

蔣介石政權爲了操縱台灣人而玩弄不正當的選舉花招。然而，隨著選舉次數的增加，台灣人日益熟悉政治，並累積鬥爭的經驗，培養金字塔型的政治人材。此事可說是一種諷刺。

島內的鬥爭以民主化爲目標。因爲不許主張獨立，故只有以民主對抗一黨獨裁。但很可惜的是，至今還沒有多大效果。被禁止組織政黨的黨外人士，幾乎是在被設計爲輸家的選舉制度中奮鬥。蔣介石政權面對美國壓力，不得不容許民主化運動，但一旦認爲危險，則隨時加以強力鎮壓。美麗島事件即爲此類的警告。環繞著黨外人士的，就是如此辛苦的處境，所以時常聽到誰說誰是「大中國主義者」、「統一派」的風聲。雖然不必相信所有的風聲，但是難免質疑黨外人士的政治理念並非十分堅定。如反蔣的中國人陳鼓應曾加入黨外陣營，並受到相當的評價，但這個人在日本與香港旅行時攻擊獨立運動，然後投降中國。因爲有這樣的事例，所以不要因爲是黨外人士就完全相信他。

台灣現在是典型的貿易立國。明確地說，就是完全納入以美國與日本爲中心的西方經濟圈，並追隨美國與日本進入資訊社會。

在此，蔣介石政權也幾乎將報紙、電視、收音機等媒體全面操控，用之對台灣人實施愚民政策。由於雜誌是小資本也可出版，所以黨外人士乃設立雜誌社，持續發行批判政府的月刊與週刊。雖然雜誌也會遭受蔣介石政權前述的無理取締，但蔣介石政權已不可能完全封住黨外人士的聲音。假使所有雜誌都被禁止發行，那麼也會以地下刊物的形式出現。

在文化方面，一九七七年秋被強權斷根的「鄉土文學」，在進入八〇年代後則堂堂取名為「台灣文學」而重新登場。作家層更形寬厚，並出現「政治小說」、「監獄小說」等新藝術作品，路線似乎較前更為廣大。另一方面，中國人作家則寫作以中國人為對象的小說，呈現兩者各自步入自己路線的有趣現象。

「鄉土文學」知名作家之一的陳映真，據說過去曾經有個時期對獨立運動發生共鳴，但不知從何時開始左傾，甚至現在也不再隱藏其「大中國主義」的立場。六〇年代末期，女作家陳若曦因憧憬社會主義，且與中國人結婚而「回歸」中國，但是不久即感到幻滅而前往北美洲。寫小說若不懂歷史、不懂政治即成不了大器，陳映眞難道不能從陳若曦的「徬徨」中獲得教訓嗎？

## 新台灣人・聯盟

最後要提醒大家注意的是，台灣近四十年的經歷是以往四百年歷史中未曾有過的，那就是台灣人首次在明確的台灣民族主義下，開始為獨立建國而戰。

五〇年代後半，廖文毅在日本開始以「台灣共和國臨時政府」為號召從事獨立運動。幾乎在同一時期，在美國東部有也以留學生為中心的三F(The Committee for Formosan's

Free Formosa)獨立運動。進入一九六〇年以後，在日本有「台灣青年」勃興，並取代「臨時政府」，成爲獨立運動的主要勢力。在美國逐漸式微的三F，則由「台灣青年社」的分支組織所取代，並重建獨立運動的勢力。在一九七〇年一月，更擴大到日本、美國、加拿大、歐洲、台灣(後來又增加南美洲)而發展爲「台灣獨立聯盟」。

回顧歷史，台灣人反抗外來政權的鬥爭，其激烈與次數之多實足以泣鬼神。茲列舉犖犖大者，有荷蘭時代(一六五二年)的郭懷一起義，清朝時代的朱一貴(一七二一年)起義、林爽文(一七八六～八八年)起義，日治時代的「台灣民主國防衛戰」(一八九五年)，大正末期昭和初期的政治運動，而國民黨政府時代則有一九四七年的二二八事件。

除了大正末期昭和初期以外，皆是屍積如山的悲壯武力鬥爭，可見台灣人絕不是沒有勇氣的民族。即使大正末期昭和初期的政治運動，也是歷時二十年在法律邊緣展開反抗運動，證明台灣人的智慧與韌性。

包含此等事例在內，過去台灣人的鬥爭無不失敗。究其原因，主要是自己的力量微弱，但我所關心的並不是力量的問題，而是爲什麼老是重覆著相同的失敗，幾乎沒有進步。

以往的反抗鬥爭大體上都是「坐以待斃」式的起義。因爲沒有充分的準備，所以簡單地就被鎮壓。同時，內部有漢人與原住民、福建系與客家系、漳州系與泉州系的對立，提早造成內部的崩潰。此外，勝利後要建立何種新體制都還在白紙階段。這種現象特別表現在清朝時

代的「三年一小反，五年一大亂」上。因此，藍鼎元譏笑道：「台民好亂，如飛蛾撲火，前仆後繼。」(《東征集》)

時代稍後的「台灣民主國防衛戰」與二二八事件也不脫準備不足的突發性質。然而，內部的對立與背叛幾乎不再發生，反而是台灣人的團結日益強化。台灣人的文化水準也提高到足以留下記錄，從其記錄可以概略知道勝利後台灣人想要構築何種新體制，但基本上仍未能脫離中國的羈絆。在台灣民主國的獨立宣言中指出「恭奉(大清)正朔，遙做屏藩」，在二二八事件中也是一方面要求台灣的高度自治，一方面卻打電報到南京宣誓對蔣介石忠誠。這兩個宣言顯現台灣人在日治時代的「中國幻想」。

歷史上，壓迫搾取甚至出賣台灣人者就是中國人，但是台灣人卻不知道這樣的歷史。因爲無知，所以在打倒眼前的中國敵人後，卻視後面的中國人爲自己人而加以迎接。如此，台灣人無論何時都處於中國人的下風。

獨立運動者(即台灣獨立聯盟的盟員)是台灣人四百年歷史中最初出現的新台灣人，他們從否定中國人開始。那絕不是情緒性的反應，而是對台灣人進行相關研究，並對中國人也進行科學研究，而認知到，爲了台灣人的自由與幸福，只有在台灣建立獨立國家一途。

台灣獨立聯盟對台灣人的母語——台灣話，對台灣文化、政治、經濟、社會進行研究，同時挺身於實際上的運動。台灣獨立聯盟的盟員是研究者，同時也是實踐家。

蔣介石政權恐懼的不是共產黨，而是台灣獨立聯盟。中國恐懼的不是國民黨，而是台灣獨立聯盟。不僅如此，在思想上不能跳出動脈硬化舊觀念的台灣人，或個性堅強而不知建立組織之必要性的台灣人，或徹底接受蔣介石政權中華思想教育的年輕台灣人，均對我們白眼相待，因此台灣獨立聯盟一路走來，實在不容易。

因長期作戰而疲累脫隊、因不理解近代性組織之意義而叛離，或讓敵方收買、不堪脅迫而出賣等等，我們曾付出許多犧牲而且頻受打擊。但是，台灣獨立聯盟相信絕大多數台灣人的信念而奮戰迄今，並且也將繼續戰鬥下去。

蔣介石政權只不過是過渡性的存在而已，沒有人相信蔣介石政權能夠長年存續。第二代獨裁者蔣經國已經七十五歲，且爲嚴重的糖尿病所苦，死期已近，他死亡時將是局面大幅變化的一個轉機。未來的選擇只有二個，一爲獨立，一爲被中國併吞。

「無法無天」而極盡惡業的蔣介石政權竟然維持四十年以上，實在令人超越憤怒而深感驚異。其所以如此，主要是台灣人的責任。應被責備的，不是蔣介石政權，而是台灣人本身。我們絕不能如此沈淪下去！

（刊於《台灣青年》二九八期，一九八五年八月五日）

# 解開康寧祥的「和平見解」之謎

## 康寧祥的政治軌跡

七月七日，《朝日新聞》以「與中國對話的四個條件　尊重自治及不干涉內政　台灣反體制派領導者之見解」爲標題，用八大段做大篇幅的特電報導，署名「香港六日＝鮫島特派員」。

日本報紙以如此篇幅報導台灣的消息是非常罕見的。我懷著不安的心情閱讀，果然是關於「應與中國統一」的報導。雖說記者就是記者，但被利用成爲報導題材的還是台灣人，我的心情有些不悅。

在這篇附有特寫照片的報導中，介紹的台灣人乃是一直被視爲黨外領袖的康寧祥，這是我早已猜想得到的，因此令我再度受到打擊。

康寧祥生於一九三八年、台北市萬華人。中興大學行政系畢業後，曾當過業務員及加油站工作員。一九六九年末，以「無黨無派」身份參加台北市議員選舉並高票當選，當時他以「做人民的口舌」為競選標語。一九七二年底參加（增額）立法委員選舉並當選。七四年七月，被《時代雜誌》推舉為肩負世界未來的一百五十位社會領導人之一，康寧祥的聲譽如日中天（不知道《時代雜誌》推選的標準為何）。之後，他接連三次高票當選立法委員，在黨外人士之間深受重視，被視為領導之一。

在討論康寧祥近況之際，不能忽略的是黃信介的存在。黃信介年長康寧祥十歲，生於一九二八年。同樣是台北人、畢業於中興大學，但他是日本大學的政治學博士，具律師資格，也是一個擁有資產的企業家。

一九七五年四月，蔣介石逝世。八月，黨外人士最初的政治雜誌《台灣政論》創刊，其成員為發行人黃信介、社長康寧祥、總編輯張俊宏等有力人士。然而，在同年十二月第五期被停刊後，黨外人士分裂為強硬路線及穩健路線兩派。

一九七七年七月，黃信介與張俊宏等人創刊《這一代》。其後，因一九七九年一月發生「余登發逮捕事件」，導致《這一代》被禁，於是康寧祥在五月創刊《八十年代》。八月，黃信介、張俊宏等人創刊《美麗島》，其銷售量超越《八十年代》。然而，它的熱賣卻導致同年十二月「美麗島事件」的發生。

演變成「美麗島事件」的高雄「世界人權日」（十二月十日）集會，康寧祥特地從台北南下，在宣傳車上向民衆打招呼。在美麗島事件中，以黃信介及張俊宏等爲首、將近一百名黨外人士——甚至包括當時不在場的人士——都遭到逮捕並被處以重刑，康寧祥卻逃過一劫。然而這對他未必是一件好事，民衆對他的信賴感已開始動搖。

七十年代活躍的菁英份子在「美麗島事件」中被一網打盡之後，緊接而來的就是年輕黨外人士的抬頭。自一九八二年六月左右開始，康寧祥受到這些年輕黨外人士的圍剿。這個時期，黨外人士的人際關係及分類非常複雜。簡單地說，康寧祥的體制內改革路線、立法院內的妥協戰術，因與體制外改革（民衆）路線、罷工路線對立而遭受攻擊（參照收錄於一九八三年十一月發行的《暖流》，康寧祥〈跨越「路線之爭」的迷巷〉）。康寧祥在比較國民黨與黨外的權力關係之後，提出應採取務實戰術的論點。然而他卻在一九八三年底立法委員選舉初次失敗，且所獲選票之少，甚至可以慘敗形容，此點正說明民衆對他的不信任。

落選後，康寧祥到美國做爲期九個月的「進修」旅行。今年春天，他在回台灣的旅程中順道造訪日本，並與部分記者會面。

中共協商和平統一的呼聲雖高，但台灣當局仍一貫採取拒絕的態度。然而，在台灣大膽批判一黨獨大、對台灣民衆極具影響力的領導人物康寧祥，卻於最近在台北市與記者會面時明確提出：中國方面只要「對四點要求表示誠意」的條件下，「台灣即可開始與大陸進行協商」。雖說是以黨外的立場發言，但從台灣內部發出願和北京會談的發言卻是非常少見的，再加上康寧祥爲台灣本地出身(本省人)，可預見今後將爲台灣內部帶來不少衝擊。

鮫島特派員的報導以此爲開場白，並介紹康寧祥所舉出的四點要求。

1.大陸不干涉台灣從國外購買武器。

2.不干涉台灣參加國際組織。

3.對台灣人統治台灣表現最大誠意。

4.不對台灣的對外經濟交流進行政治干涉。

對於鮫島記者提出的「如果能同意這四點要求，是否表示台灣能成爲中華人民共和國的台灣特別行政區」的問題，康寧祥以愼重的說法答道：「那只不過是一種可能性。我是說，如果能同意這四個條件，就能開始展開與北京方面的對話。」然而，他的這種保留態度當然會在獨家專訪裏被刻意忽視。

同時，在記者詢問關於「台灣未來」的看法時，他說：「首先，台灣的政治家要解決台灣的將來問題，其前提條件是必須妥善處理與北京的關係。」

## 和平交涉的提案與聯盟的態度

當一九七八年十二月十六日發表中美邦交正常化之後，中國的對台政策發生極大的變化。一九七九年一月一日，人民日報刊載的「告台灣同胞書」中，即不再使用「解放台灣」及

「蔣匪、蔣幫」等字眼，並對「台灣當局」一貫堅持「一個中國」立場、反對台灣獨立一事給予高度評價，明示其準備爲「祖國統一」與「台灣當局」進行交涉。

一九八一年九月三十日，全國人民代表大會委員長葉劍英提出九個條件：

1.爲第三次國共合作進行意見交換。

2.以通郵、通商、通航爲首，展開探親、觀光、學術文化的交流。

3.統一後，台灣成爲特別行政區，除了擁有自治權之外，也可保有軍隊。

4.台灣現行的社會、經濟制度及生活方式不變，與國外的經濟、文化關係也不改變。

5.台灣當局及各界人士能擔任全國性政治機構的指導地位。

6.台灣的地方財政陷入困難時，能獲得中國中央政府的補助。

7.台灣各界人士可以回大陸居住。

8.歡迎台灣工商界人士到中國投資及創辦各種經濟事業。

9.歡迎各界人士以各種方式提供關於統一的意見。

一九八二年七月二十四日，人民代表大會副委員長兼國務院僑務委員會委員長廖承志寄送私人信函給蔣經國，寫有「劫波渡盡兄弟在，相逢一笑泯恩仇」的字句，採取訴諸情感的手段。

一九八三年七月十七日，鄧小平也首次談到和平交涉。他說：「這是站在平等立場的合作與交涉，並非中央政府與地方政府的對談。統一後，中國的台灣政策不會改變。」

多數台灣人以不愉快及不安的心情看待中國政府不斷呼籲蔣介石政權進行和平交涉。中國忽視身爲台灣眞正主人的台灣人，並將台灣人視爲亂源的肇事者，這對台灣人是一種侮辱，同時也正是其霸權主義的露骨表現。蔣介石政權仍以一貫態度加以拒絕，算是不幸中的大幸。這是必然的反應，蔣介石政權因拒絕併入中國而得到台灣人消極的支持，並以此勉強維持與美國及日本的實務關係。然而，這是中國人狡猾無比的計畫。沒人知道他們私下到底有哪些秘密交涉？因此，打倒蔣介石政權是一件刻不容緩的事。

台獨聯盟對中國所呼籲的和平交涉或「統戰」工作的態度非常明確。當一九八一年九月葉劍英提出和平統一呼籲之後，台灣獨立聯盟張燦鍙主席即寄出一封公開信給中國首腦。他指出：

台灣爲全體台灣人所有，只有台灣人民才有權利決定台灣將來。蔣介石政權並不能代表台灣，貴國也無權干涉台灣人民的倒蔣建國運動。我在此明確聲明，我們強烈反對且不承認包含貴國在內的任何國家，以蔣介石政權爲對象談判關於台灣的各項事宜或締結任何協定。台灣人民對於任何侵犯台灣的行動均會加以抵抗。

台灣人民的倒蔣建國運動是基於人民自決的原則，爲台灣人民共同的願望。台灣人民對獨立自主的願望，必將因我們強烈的意志得以實現。未來的台灣是否能與貴國建立正常的國際關係，取決於貴國在台灣獨立建國過程中所採取的一切行動。

之後，在「台灣人民對台・中關係的聲明」中，宣示各項原則（蔣介石政權不代表台灣、台灣住民自決、台・中互不干涉彼此內政、平等互惠原則、所有居住在台灣的人均可自由選擇去留等），並且明記：「我們在此想表明的是，為了解決台・中之間所有不必要的誤解，並終結歷史的悲劇，準備與中華人民共和國代表，在第三國舉行公開的正式會談」的最低談判條件。（一九八一年十二月發行的《台灣青年》二五四期）

## 被「統戰」所騙的台灣教授們

有部分台灣人抱持「台灣獨立應該獲得中國同意」的想法，正與康寧祥所言「要解決台灣未來的問題，就必須妥善處理與北京之間的關係」如出一轍。

我在此想介紹一個事例。一九八三年夏，從八月九日至十二日四日間，九名旅居海外的台灣學者接受中國的招待，在北京的香山飯店與中國學者展開關於「台灣之將來」的學術研討會。

這個企劃起於任教加拿大英屬哥倫比亞大學，並擁有北京大學名譽教授頭銜的林宗義

（在二二八時被殺的台灣大學文學院長、《民報》社長林茂生的長子）與廖承志間的對話。林氏直接向我說明：「我們不能否定中國對台灣的未來有重大影響的這個事實。因此，必須要讓中國清楚明白台灣人到底在想些什麼。」然而我並不同意他的說法。台灣人在想些什麼，中國高層早就已經知道。藉著已有二十六年歷史的《台灣青年》等獨立運動者發行的雜誌及出版的單行本，以及台灣人在各種集會的演說等，中國應該早就知道並已對這些說法加以分析。他特地前往中國，並在有限的時間內進行討論，我很懷疑它的效果。

研討會的內容最近集結成册，即郭煥圭・趙復三編《台灣之將來—學術研討會論文集》（中國友誼出版公司），由此書可瞭解九位台灣學者是誰，以及其所發表的內容。

田弘茂（威斯康辛大學教授）「現代化與台灣政局」

林宗光（德雷克大學教授）「國際關係與台灣的未來」

邱垂亮（澳洲昆士蘭大學教授）「一九八三年台灣黨外的路線鬥爭」

范良信（科羅拉多大學教授）「亞洲新興工業國家——台灣將來的經濟展望」

翁松燃（香港中文大學教授）「台灣與國際體育政治」

張宗鼎（西德國家經濟統計研究所前研究員）「台灣的產業構造及其國際依存度」

郭煥圭（加拿大西蒙弗雷澤大學教授）「英國外交與台灣割讓日本」

劉進慶（東京經濟大學教授）「以中樞・衛星關係的觀點看台灣政治經濟的變遷與展望」

蕭欣義（加拿大維多利亞大學教授）「誰切斷祖國的臍帶——中台關係回顧」

其中約有一半的人名之前曾從雜誌看過，另一半則是第一次聽到。唯一住在日本的劉進慶，雖然之前見過兩、三次面，但並不算是熟識。蕭欣義曾參加本次在御殿場舉辦的「第十二屆世界台灣同鄉會」。他在演講中說「台灣自古以來屬於中國」的說法是「老王賣瓜」，看起來似乎是非常正直誠實的一個人。

中國方面有丁名楠、何方、張宣三、盛愉、廖秋忠、趙復三（中國社會科學院）、李家泉、陳士誠、管念倚（現代國際關係研究所）、朱天順、陳碧笙（廈門大學）、趙寶煦（北京大學）、鄭勵志（復旦大學）、黃威廉（貴州師範大學）、陳體強（外交學院）、郭炤烈（上海國際問題研究所）、周青（中國作家協會），以及致開幕詞的費孝通教授。中國方面並非全體出席參加研討，似乎也有僅提出論文者。

九位台灣學者受到中國熱情的招待，得以自由發言以及遍覽北京附近的名勝古蹟。之後，他們並同意在二年後的今年夏天，以大致相同的成員參加在廈門大學舉辦的第二次研討會。蕭、劉兩位教授在參加研討會之前，曾先參加在御殿場舉行的世界台灣同鄉會。

一九八三年十一月發行的《暖流》雜誌中，柳火木這號人物寫了〈海峽兩岸學者的對話〉這篇報導。藉由這篇報導，可知郭煥圭表示：「與中國的學者接觸之後，可以知道他們對於台灣問題的看法，而結果總是會得到『統一』的結論。」蕭欣義說：「大陸的學者似乎一直太過單純地思考台灣問題。他們認爲開羅宣言聲明台灣歸還中國，台灣人民也期盼統一，只是美國從中阻礙而已。這次的研討會終於知道台灣民衆對於民主的重視程度，並瞭解要解決台灣問題，牽涉很多非常複雜的因素。」范良信說出「中國學者的論述大致都符合『中國的統一』的官方立場」的感想。

如果不在中國舉辦就不能知道中國學者的想法，這種說法不是有點愚蠢嗎？在中國，學者不是只有在開發原子彈和氫彈時才會受到尊重嗎？此外，學者也經常被要求投身於政治，他們並非如日本及美國的學者一般，能自由地將理論反映至政府的政策。毛澤東將學者當成笨蛋是衆所皆知的事。另一個重點是，即使是學者，也都抱持著中華思想。這或許就是我心中早就對他們感到輕蔑的原因吧？

劉進慶在世界台灣同鄉會的第二天即出國，可憐的是蕭欣義。在「專題演講」裏演說「國際關係中的台灣經濟與文化」，卻被「爲何要到中國」、「台灣人到中國討論『台灣之將來』豈不是缺少主體性？」「在台灣與中國關係這麼微妙的時期，學者能爲眞理而到某一個地方嗎？」等尖銳問題攻擊，而不得不表明：「這次就算了。下次再也不去了。」

九位學者之中，劉、蕭兩人之外，令人印象最深的就是邱垂亮。他曾多次進出中國，並在香港及台灣的雜誌，以中國・台灣問題專家的身份撰寫文章。《台灣政論》之所以會被封殺，其主因也是因爲他在第五期寫了一篇爲中共宣傳的文章。他寫過「曾懷抱對毛澤東革命的幻想及希望」一文（《亞洲人》一九八三年十二月號）。連這樣的人物都參加的九位台灣教授團，不難想像其處境如何，以及浸淫在何種政治型態中了。儘管費孝通在開幕詞中不斷親暱稱呼「台灣同胞學者」「台灣同胞學者」，但事實上當其強調「不論台灣人或中國人皆源於同一種歷史起源，以共同的符號體系喚醒共同的感情，來瞭解客觀的世界」等貌似恭維、心實輕蔑的話時，與會學者也沒有任何一個人提出反駁，因此可說是完全地被「統戰」了。

## 對郭氏的批判現在反而成為對自己的批判

能決定台灣將來的，本來就是台灣人本身，與中國完全無關。因此，若說我們應盡可能地不要刺激中國，也想避開中國的阻礙，這種說法也適用於對日本及菲律賓等周邊國家。不過，與日本及菲律賓最大的不同是，中國曾說出「固有領土」或「堅決反對獨立」這種話，因此台灣人不得不多加注意這種對手。

中國有一句「與虎謀皮」的成語。既然已經知道中國的態度，到底能得到何種認同呢？即使提出「台灣即使獨立也不會成爲中國的敵對國家」、「台灣獨立是爲了相互的經濟援助及文化交流」等論調，我們也知道中國根本無法理解。

康寧祥說：「就中期而言，有必要檢視北京統治大陸的能力，在短期策略上，必須檢視大陸方面呼籲的誠意」，再以「短期的檢視」爲重點，舉出上述的四個條件。「中期」的作法實爲多管閒事。就像菲律賓馬可仕總統與我們的關係一樣，不論他有沒有統治能力，皆與台灣民衆無關。中國就是中國，並非台灣人所能參與。

有問題的是所謂四個條件。就我而言，這就像是中學生的作文一般，沒有檢討的價值（因為它充滿矛盾）。如果中國順水推舟，不但接受四個條件，甚至連十個條件都接受的話，我們又該如何呢？

中國在一九八二年制定的憲法第三十一條中，決定爲了統一台灣與香港而設置「特別行政區」，其前提是已經把台灣當成「特別行政區」。雖然剛開始看來似乎是遵守四個條件，但之後一定會假借各種藉口，將台灣慢慢變成「特別行政區」。請不要忘記中國在一九五九年三月違反與西藏之間締結的自治協定，揮軍進駐西藏並流放達賴喇嘛的前科。「特別行政區」或「自治省」是完全得不到保障的，這是台獨聯盟日本本部與日本的左傾學者及文化界人士一直爭論不休的問題之一。

蔣介石政權一直不願答應和平交涉，因爲他早就知道緊急時完全得不到任何保障。「同類相知」，國民黨當然很清楚共產黨所耍的手段。

最近中共對蔣介石政權的態度也出現微妙的變化。它以「政治學台北」加以揶揄，並提出「三民主義統一中國」的反向提案。揶揄及反向提案比起頑固的否決更須加以警戒。在這種政治潮流中，我們有必要檢討康寧祥四個條件的提案有何種意義？

去年八月二日病逝於美國維吉尼亞醫院、曾是黨外之雄的郭雨新，曾於一九八二年初受駐美中國大使柴澤民的邀宴。之後，傳出郭氏將組織中國訪問團的說法。此言一出，幾乎所有旅居美國的台灣人都加以反對，其中也有人大發雷霆憤而打他。聯盟日本本部也發出「不要背叛人民」的警告文（《台灣青年》一九八二年九月號）。台灣也有很多人拜訪郭氏或寫信勸他回心轉意。後來，郭氏終於打消訪問中國的念頭。

康寧祥擔任發行人的《八十年代》雜誌，曾在一九八二年十一月號的「台北話題」中舉出「郭雨新擬訪問大陸」，並在其中轉載林水泉（旅居洛杉磯，原台北市議員，曾參加獨立運動而入獄）給郭氏的公開信。其主旨爲：「國民黨到現在仍拒絕與中共談判。郭雨新如果前往大陸，會導致加速國民黨與中共談判的後果。國民黨一定會如此。因爲連三十年來身爲民主鬥士、呼籲台灣人民自決的郭雨新都可以到大陸，那麼國民黨進行國共談判有什麼不對？但如此一來，不就完全違背郭氏數十年來堅持的理念嗎？

再者，不能認爲郭雨新對台灣人民仍有影響力。政治人物的影響力必須取決於其本人的表現。一旦表現不佳，就會毀棄過去的名聲。不但晚節不保，且連現有的評價及尊敬也會化爲烏有。」

《八十年代》也介紹林水泉的評論：

「不論郭雨新是否到大陸，中共已徹底利用郭雨新達到宣傳的效果。一旦成行，則他在回來之後將不會再受到任何人的信任，最後只能成為中共的代言人。即使不去，中共也已經達到宣傳的目的。郭雨新已因此而受到台灣同鄉的猜疑或排斥。郭氏的損失可說難以估計。」

林水泉所言正確。諷刺的是，這些話不也適用於康寧祥嗎？台灣禁止輸入《朝日新聞》，因此知道「鮫島記者」報導內容的台灣人非常少。然而，由於它被醒目地刊載於日本的大報，台灣應該已經口耳相傳了吧，我也曾聽到「康寧祥有資格提出這種提案嗎？」或「他已經不是黨外領導者」等批評聲音了。

在日本還承認國民黨政府為中國代表的時期，不僅在野黨議員，連自民黨的反主流派、非主流派議員皆頻頻訪問中共，呼籲日本政府承認中共，以此作為自己的政治資本。部分媒體曾以「失意政客以北京為目標」加以諷刺。

落選的康寧祥以「鮫島記者」為對象所提出的交涉條件，是否也要以「中國牌」來募集自己東山再起的政治資本呢？若是如此，那真是太過冒險的做法。同時也讓人覺得，或許是蔣介石政權借康寧祥之口提出交涉條件吧？

國民黨利用台灣人的代表，且是海內外知名的康寧祥，對中國提出和平交涉的條件。如果評價不好，就把責任完全推給康寧祥，自己假裝毫不知情，再適當地處罰康寧祥，表現出自己的優點。如果台灣人反應良好，且中國也贊同的話，國民黨就可親自出馬成為交涉對手了。

以台籍日本兵補償運動爲例，最初的六、七年受到許多誹謗以及中傷，但自三、四年前開始，蔣介石政權一看到成功的預兆，便急忙與日本政府商議此事，以亞東關係協會作爲交涉補償問題的窗口。

明知中國人奸詐、狡猾，但台灣人至今卻仍然天眞。經歷豐富的康寧祥膽敢碰觸如此重大的題材，想必有相當動機及詳細盤算。但無論如何，他都必須覺悟到：這麼做，一定會遭到台灣人嚴厲的批評與抨擊。

（刊於《台灣青年》二九九期，一九八五年九月五日）

（陳清賓譯）

# 台籍前日本兵的補償問題(I)

台籍前日本兵的賠償問題是沒有祖國的台灣人刻骨銘心的悲哀。

這些台灣人被強制充軍或擔任軍屬，與日本人並肩作戰，有些戰死、有些負傷。從戰場回來的人雖有幸運保有四肢者，但多數都成爲殘廢。日本厚生省並沒有掌握負傷的人數，因爲大部份的人都直接從戰地撤回台灣，但以常情判斷可知負傷者當然會多於戰死者。假定戰歿者與負傷者的比例爲二比一，即可算出負傷者大約在六萬人左右。

他們在出征之際，日本政府曾保證：「不必擔心家族，政府會照料」，但事實上卻一點也沒照料，甚至從戰地寄給家族的生活費也沒有收到。

如今，日本政府宣稱「台灣人已經是外國人」，不但對戰死負傷者不予補償，甚至無意償還他們在戰地被凍結的軍郵存款。

然而，日本對自己的國民又是如何呢?自一九五二年美國解除佔領之後，政府立即開始補償，對戰歿者支付「遺族年金」六百七十九萬八千五百二十八日圓，「遺族津貼」(軍人以外的工作人員）六百一十九萬九千七百五十四日圓。以現在的滙率（一美元對二百日元）來換算，相當於每人三萬多美元。不管是「遺族年金」或「遺族津貼」，其後都隨著物價調漲再追加支付一一三萬四千日圓，約相當於五千美元。

對負傷者的賠償按其負傷程度支付「殘障養老金」。最嚴重的「特別項症狀」是支付四千二百九十三萬三千七百五十八日圓，其次的「第一項症狀」則支付二千六百二十八萬八千四百一十六日圓，即使最輕微的「第五項症狀」也支付九百六十二萬六千三百三十三日圓。

目前未尙領取政府支付津貼者有六萬一千一百六十二人，總金額達八千一百九十二億五千八百九十萬日圓。根據說明，所謂未支付津貼，包括薪俸、獎賞、退職金、歸鄉旅費、遺骨領取費、遺骨埋葬費等。例如，一九七五年在印尼被發現的李光輝（日本名中村輝夫），日本政府支付其戰地薪餉三萬八千日圓與歸鄉津貼三萬日圓，合計六萬八千日圓。此事遭致「未免太過便宜」的批判，日本政府才匆忙追加慰問金二百萬日元，但不可忘記的是，慰問金並不是法律規定的款項。

一九七九年八月，一群台灣人向日本政府提出按物價上漲水準歸還被凍結的軍郵存款的訴訟。一九八〇年九月判決：撤回按物價上漲水準之要求，但是郵政存款應該予以支付並加算利息。

根據郵政存款法，即使以複利計算，頂多也只能變成三倍。日治時代末期在台灣，三千日圓可以買到一甲水田，假設戰地存款爲三千日圓，即使變成三倍的九千日圓來歸還，現在也不足從台灣到日本機票的四分之一。

日本政府以國內法當擋箭牌的無情態度，台灣人無論如何也無法接受。不管日本政府如何以正義或人道來宣傳日本的外交方針，只要這個補償問題沒有解決，台灣人是不會信服日本政府的。不僅不會信服，甚至永遠也無法消除怨恨。

唯一値得欣慰的是，在日本人中還有一些是非分明者。這些人的看法是：「若在戰爭剛結束的凋敝時期，還有話說，如今已成爲經濟大國而不對過去的同胞、戰友有所補償，未免……」因此於一九七五年二月組織「台籍前日本兵補償問題思考會」(以明治大學宮崎繁樹教授為代表)。「思考會」在街頭進行啓蒙宣導活動，向政府、國會陳情，並爲明確補償義務，於一九七七年八月說服台灣島內的相關人士，在東京地方法院提出補償請求訴訟。訴訟內容是要求支付每一位戰歿者五百萬日圓的暫時補償金。

「思考會」開始活動六年以來，目前成員有議員、傳播媒體、文化人士、律師、戰友會及一般市民，已形成一股相當大的力量。

然而，當前的活動存在著二個巨大的政治障礙。第一個障礙就是日本政府。日本是由單一民族組成的國家，重視自己的國民，但對外國人就漠不關心，整體上心態較爲封閉。如此，自然國際觀也就相對遲鈍，這可由最近對越南難民的救濟對策明顯看出。

此外，日本對台灣人的補償亦顧忌到蔣政權及中國的反應。有議員指出「蔣政權並沒有提出要求」，而想藉此逃避責任的人也相當多。

另一個政治障礙就是蔣政權。蔣政權一開始就不重視這個問題。一九五二年簽訂的日華條約第三條中，曾規定針對補償問題另訂協定，但蔣政權並未妥善處理。不久，一九七二年九月日本與中國建交後，也就放棄日華條約。如今日本與蔣政權之間沒有外交關係，因此政府間就沒有解決這個問題的途徑。

對蔣政權而言，舊日本軍人及軍屬是為日本而戰，等於是背叛他的敵人，所以並不認為有必要照顧這樣的台灣人。

不過，沈昌煥外交部長於一九七五年二月指出：「台灣住民有直接向日本政府要求債務補償的權利。」但日本外務省回應「其本意並不明確」而未將其放在心上。

受到前述李光輝從日本領到幾百萬日圓的刺激，台灣這邊也發出要求補償的聲音。光是在報上刊登廣告的就超過五個團體，這還不包括個人直接向日本駐外機關的交流協會或政府機關詢問的案例。

每個團體組織都宣稱，補償問題即將實現，並向登記者收取登記費。至於這筆龐大的登記費如何運用，也有演變成詐欺案件而大打官司的例子。

蔣政權對這四處林立的團體甚為反感，很想加以壓制但又擔心會招致動亂，所以雖然聲明將妥善輔導，但事實上卻沒有任何行動，只是讓他們「自生自滅」。

如此一來，這個問題只好靠台灣人自己來與日本政府交涉。現在日本將近有二萬名的台灣人，這些人當中有很多是被送去參戰的舊日本兵與軍屬。照理說，這些人應該會關注這個問題，但事實卻不然。因爲他們大部分持有蔣政權的護照，由於知道蔣政權不重視這個問題，因而擔心若處理不愼，自己將被牽扯其中。

其中，有部分台灣人是支持中國的。這些人因爲中國政府沒有要解決的態度，所以也未採取任何行動。對於台灣人的這種狀態，日本政府並非不知情，但因看出台灣人的訴求背後沒有政府的支持，且台灣人本身也沒有凝聚成一個訴求的勢力，所以沒有想要解決的意願。

「思考會」所提出的訴訟，前後共公審十七次，於本月(二月)十六日結束審理，最遲將在秋天宣布判決。無論勝訴或敗訴，「思考會」的活動均將會受到很大的影響。

(刊於《台灣同鄉新聞》，一九八一年二月一日)

# 台籍前日本兵的補償問題(Ⅱ)

## ——昭和六〇年度預算中編列檢討費

各大報在一月六日分別報導，正在南美訪問的安倍外相於哥倫比亞首都波哥大指出：「日本將以居住在南美的巴西、阿根廷、巴拉圭等地的『在外被爆者』(在廣島和長崎遭受原爆後移住海外者)爲對象，在今年舉行核爆疾病的醫療檢診和健康診斷。」

讀賣新聞的報導指出：「至今對『在外被爆者』所施行的醫療檢診，絕大多數是以美國爲對象，然而自昭和五十二年實施此制度以來，卻不曾在南美舉辦過類似活動。依據現有的調查顯示，在巴西有一〇三名，阿根廷有十一人，巴拉圭有三名『在外被爆者』，但是因爲實態調查並不充分，所以估計實際人數應在此之上。外務省指出，今年派遣至南美的巡迴醫師團中，將有一支核爆疾病的專門團隊隨行，進行檢診任務。」

「在外被爆者」指的是已經取得外國籍的日本人，然而只要是與核爆症相關，即使是外國人也能接受檢診，此舉早由韓國人開創先例。

在稍早的新聞(昭和五十三年四月九日)中，朝日新聞也出現以下的報導。

「長崎市春日町的支援在外被爆者協會（代表：鎌田定夫，長崎造船大學教授）表示，除了長崎、廣島兩市以及厚生省、被爆者團體的證言之外，從最新的現場調查資料中得知，外國人被爆者總數有五萬四千一百餘人，其中估計約有二萬一千三百人已經死亡。

其中人數最多的是朝鮮人，約有五萬人（其中約有一萬六千到二萬人死亡），其次爲美國籍或日美雙重國籍第二代約三千人（其中約有一千人死亡），中國人約六百五十人（其中約二百二十人死亡），美國、荷蘭、英國、印尼等國籍的盟軍俘虜則約有四百四十人（其中八十人到一百人死亡），以及其他曾在長崎、廣島居住的歐美籍牧師等約三十人（其中三人死亡）。」

這裏的「中國人」指的就是台灣人——始終較南美合計人數爲多。就如同俗話所說「不怨天、不尤人」，台灣人未曾要求應享權益，這是只會怪自己「歹命」而含淚入眠的民族性使然。

昭和五十年三月二十八日，位於平河町全共連大樓的「考查前台籍日本兵的補償問題協會」（發起人代表：宮崎繁樹，明大教授）與台灣人方面的「前台籍日本兵補償要求委員會」（會長：郭榮桔氏）所共同舉辦的總誓師大會中，請到民社黨的永末英一議員（現任國會對策委員長）發表致詞，致詞中表示「行使正當的權利即是強化人類自身的存在」，這句話至今仍深植我腦海。

即使有「行使自己的正當權利」的這番主張，台灣人卻多半毫無反應，結果是遭受他人輕蔑，如同俗話「軟土深掘」所指，淪爲不被人重視的犧牲品。

不主張也不行使正當權利的理由，簡單地說，即是擔心得罪他人或害怕壞人，所以我常聽到「說了或做了這件事『會去得失人』(會招致他人怨恨)」這類的話。更何況當對方是權力掌握者或政府時，只好刻意忽視那些正當權利，一味地假意順從——服從所謂「仁政」「德政」。但此點充其量也只是「敢怒而不敢言」，隱藏其心底的恨意，等待報仇的機會，但大部份時候只是枯等而終至萎靡不堪。

以前台籍日本兵補償問題爲例，許多住在日本的台灣人表示「對嘛，對嘛。日本政府太過份了」、「是不是要發起什麼運動？請務必讓我參加」、「大概是蔣介石政權又在搞什麼鬼吧。戰後都已經過四十年了，爲什麼不在還有邦交時提出要求呢？」之類的意思，但眞正參加運動的人(盟員除外)不知道有沒有超過十個人。

昭和五十七年年底，亞東關係協會操控下的中華聯合總會、中華民國留日東京華僑總會、台灣同鄉會、華僑同志會、華僑商工聯合會共同組織「前台籍日本兵補償支援委員會」，但僅在當時召開記者會，卻什麼事也沒做，結果是不了了之。

擁有充分的正當理由，對手不是蔣介石政權而是日本政府，同時還有許多日本人參與協助，在如此優越的條件下，卻落得如此收尾，眞是令人不勝唏噓啊！

瞭解補償問題的人應該不少，日本政府在昭和六十年度預算中編列「檢討費用五百萬日圓」。以下記事是引用在所有報導中較爲詳細的《日經新聞》(十二月二十九日)。

## 給前台籍日本兵的補償　檢討費五百萬

自民黨政府在二十八日的政治折衝中，對於前台籍日本兵補償問題，決定在總理府預算中編入五百萬的檢討費。

政府折衝的結果：⑴前台籍原日本兵問題無論在外交上、內政上都有著重大的影響，所以檢討過程必須十分愼重。⑵在昭和六十年度預算的檢討費中編入所需費用五百萬日圓。⑶尊重檢討結果。這是首次日本政府將前台籍日本兵問題列入討論議程。

這則消息在當日即傳回台灣，雖說有些誇大其辭，然而從台灣報紙「報喜不報憂」的習性來看，到處宣傳補償實現在即等令人欣喜的消息，已經是十分了不起的事。

身爲「前台籍日本兵問題懇談會」會長兼事務局長，同是也是自民黨政調會「前台籍日本兵等相關委員會」(委員長：長谷川四郎議員)成員的有馬元治氏(鹿兒島二區)，曾對筆者言道：「檢討的結果不可能是否定的。五百萬日圓的檢討費，意味著政府總算準備開始動作。」

十二月三十日的讀賣新聞報導中，指出「在明年度預算編列前，將設立官房長官層次的私人諮詢機關」等消息。對於此類積極回覆的諮詢，政府是否能尊重其意而按進度執行補償工作？許多人都說不能太過樂觀。

對於被拘留在西伯利亞者的補償問題，日本政府在昭和五十六年年底同樣編列五百萬日圓的檢討費和調查費，並提至五十七年度的預算中。同時，日本政府也設立諮詢機關等相關政策，但經過二年議論的結果，決議不予補償。因爲有這種前例，所以我們仍必須有所警惕。

即使如此，從昭和五十年二月開始進行的補償運動，在適逢十週年的今年，雖然未有所突破，但這五百萬日圓預算的到來，不也可以說是運動的一大成果嗎？

（刊於《台灣青年》二九二期，一九八五年二月五日）

# 「匹夫難奪其志」的戰鬥（遺稿）

## ——台籍前日本兵補償問題二審敗訴後的勝利

今年夏天特別炎熱又忙碌，聯盟會議和世界台灣同鄉會年度大會相繼在日本召開，當來自全世界的台灣人各自離去時，已過八月中旬了。但王先生連稍做喘息的時間都沒有，因爲台籍前日本兵的求償問題又於八月二十六日在高院做判決，「思考會」的事務局長王（育德）先生，爲此大爲忙碌。二審判決說要儘快進行救濟，雖然引起輿論的廣大迴響，但王先生卻趕忙編輯「補償請求訴訟資料速報」，更爲本雜誌撰稿時中途病倒。明知是捧著一顆叫「狹心症」的炸彈，王先生猶辛勤勞累工作，我們只能說他是壯烈地戰死了。在此原樣刊出他未寫就的文稿。

（編輯部）

二次大戰期間，在不幸的台灣人之中，被徵召爲日本軍人或軍屬的人們可說是最倒霉的一羣了。他們大都是一些質樸寡言、出身下層階級的人。他們眞的是倒霉之至，既不知因何道理被抓去當軍伕、軍屬，在戰地的際遇也不好。如果碰上不好的部隊，更是受到和日本人完全不同的歧視待遇。投降之後，被劃出日本人之外，遭到留置，他們想，聯合國方面或許會當他們是中國人，給予禮遇，沒想到竟被當成「二等日本人」，受盡輕視與虐待。在中國戰線上的人尤其悲慘，生還回台灣後，被當成背叛祖國者，遭政府敵視，只能苟且偷生地活下去。

當我們展開要求補償運動之後，日本政府採取愛理不理的態度。

儘管如此，與「台籍前日本兵補償問題思考會」結識的已故鄧盛先生爲首的十三人，可說是幸運的。因爲，被「只要加入我們的組織，就可比別人更早取得補償」做宣傳口號的「討債團」騙走登記費用的可憐人，何止成千上萬。他們的登記費用被「討債團」幹部中飽私囊後，一部分作爲官員或立法委員的獻金，一部分則花費在共謀的日本政治無賴的遊樂費上。

戰爭已明顯呈現敗象的一九四四年時，依照日本的「學生出征」形式，台籍的大學、高中、專科在學學生，也被強制當志願兵，到了一九四五年，和日本內地一樣，台灣也實施了徵兵制。

不知爲何原因，我好像進入了眞空地帶，既沒有被強制當志願兵，也沒有被編爲徵兵。大學裡早我一年的學長的確被迫志願當兵，小我一歲唸中央大專部的弟弟也在台灣被徵兵。因爲我沒有從軍的經驗，「台灣鄉友會」的成員就批評我說：「王（育德）沒有從事求償運動的資格！」

從盧溝橋事變到太平洋戰爭初期，日本政府因爲無法相信台灣人的忠誠，只讓台灣人擔任不佩帶武器的軍需補給員。說軍務人員是很好聽，事實上是扛重物的軍伕、開墾農場的生產隊員。當時，從總督府下達新竹州要幾人、高雄州要幾人的分配額，官員或巡查就當場在街道、村庄當面吩咐每一個人「來這裡蓋章」、「沒有印章的，蓋拇指印也可以」，誰也無法違抗。結果，幾天後收到了到某處集合的通知書，在家人也不知道的地方接受短期訓練後，就直接帶到高雄或基隆用船載走，這就是所謂的既定命運。

如果他的父親在公家機關或警察界有些勢力的話，也許可逃過一劫。因爲只要人數夠了，張某被換成李某也沒關係。

根據厚生省於一九七三年四月十四日發表的統計數字指出，台籍軍屬有一二六七五〇人，軍人有八〇四三三人，合計二〇七一八三人，其中戰歿軍人有二一四六人、軍屬有二八一五八人，合計三〇三〇四人。有一七六八七九人退伍，其中已故的鄧盛先生、此次第二度來日本的洪火灶先生、洪坤圳先生、蘇鈴木先生，像他們那樣失去手腳的負傷者很多，每次看到他們嚴重的傷痕，都會因他們的痛苦難當和行動不便，感到如椎心刺骨之痛。

我從事求償運動，深切體認到的是，人的命運總是不可思議地糾纏在一起。或許許多人早已忘掉此事了，我再重提一次，「思考會」一九七五年二月二十八日在神田・學士會館舉行了創會儀式，那是因一九七四年十二月二十六日，中村輝夫一等兵（本名史尼勇，卻被任意取中國名為李光輝）在印尼的摩洛泰島被發現時，受到日本政府極盡無情的歧視待遇，乃由對此感到義憤填膺的台灣人和日本人共同組成的。

我參與「思考會」的契機，始自一九七四年十二月三十一日刊登於《朝日新聞》的一篇投稿：「溫馨地迎接中村先生吧！」這是二十八日就寫好的，但郵寄時不知被夾在何處，沒寄達，所以我親自跑一趟報社，結果幸運地被採用了。我論述道：如果我像在關島被發現的橫井先生、在菲律賓被發現的小野田先生一樣，有一天被帶到日本的醫院檢查有沒有疾病，也得待我塡補三十年的精神空白後，再決定要送回台灣或讓我留在日本並不遲等等。

「在日台灣同鄉會」三十一日傍晚召開對中村先生送返台灣的抗議記者會，因爲會長郭榮桔先生赴美不在，而由副會長的我主持。儘管時值大除夕，仍有十家左右的報社前來採訪，也有電視訪問，盛況一時。《朝日新聞》在當天的社會版用很大的篇幅報導，這是我們始料未及的成果。

讀過這篇報導，日本人喝新年酒的心情都一吹而散了。目前擔任「台籍前日本兵等問題懇談會」會長的是自民黨的有馬元治議員，當時正賦閒中的他打電話給我說：「王先生在做的事，我不能袖手旁觀。」希望能過來談談。因此，他們召集了十人左右的台灣協會、台灣關係戰友會的有關人員，組成了「溫馨歡迎會」，推選有馬先生爲會長。

我因為是獨立運動者，被冷眼看待。拍紀念合影時，也叫我不要加入。過年的三天連假結束後，「溫馨歡迎會」向日本政府陳情，同時在新宿及數寄屋橋（地名）作文宣活動。但其陳情文、傳單、看板，都是在聯盟內部製作的。出動到街頭宣傳的人員，也大部分是聯盟成員。

（刊於《台灣青年》三〇〇期，一九八五年十月五日）

【附錄】

# 割裂的民族

## ——是什麼力量使悲痛的民族苦悶轉化成獨立和統一的能量？

主　席　木下順三（劇作家）
與會者　藤島宇內（評論家）
　　　　國場幸太郎（沖繩問題研究會）
　　　　鄭雨澤（朝鮮總聯外務部）
　　　　王育德（台灣青年社代表）

### 沖繩戰後史

**編輯部**　最近大家常談到「民族意識」或「愛國心」。召開這個座談會即是針對民族意識或愛國心，希望能深入挖掘「民族」和「國家」真實面臨的問題，藉此檢討事實認知、脫離現實意識，甚至顛覆我們對事情的態度。

尤其是朝鮮、台灣、沖繩等直接面對需要迫切解決的「割裂民族」問題，從日本人對現代史負責的觀點來追求「獨立和統一」。我們希望透過討論，讓日本人更淸楚今後採取的行動。我們現在請主席木下先生進一步剖析這個問題。

**木下** 今天聚集在這裡的是朝鮮、沖繩、台灣的人士，也是背負所謂「割裂民族」苦難的菁英。就像剛剛編輯部所說的，日本大衆對自己本身是割裂民族的感受其實非常淡薄。原本應是日本人自己將其以日本民族獨立的形式來討論。但因爲日本人對民族的意識非常薄弱，應該如何思考我們的問題即十分困擾。所以我們將面臨民族問題的各位聚集在此，希望能多方探討民族的現狀及未來。

**國場** 在明治維新之前，沖繩屬薩摩的封建領土，但在明治政府統治下往近代化國家邁進。在日本軍國主義的統治下，沖繩本身不知不覺形成和日本帝國主義相同的意識和民族感情。嚐過來自日本本土差別待遇的苦難，造成劣於日本本土的自卑感，但對其他民族卻有著日本人的優越心態。

我想這不能說是沖繩人特有的心態，大概全體日本人都有這種想法吧？我身爲沖繩人，對現在的殖民地狀況非常不滿，期待亞洲．非洲所有殖民地解放運動以及與此相關之民衆，能將國際性意識盡可能延燒出去。我們自己本身更應如此。關於日本人曾經給亞洲各民族帶來的傷害，我們是否應視爲共同責任而好好反省。若不能立足於此，則戰後問題即不能往正確方向發展。

沖繩戰後史到現在仍有很多史實不夠明確，我想簡單談談美國佔領政策的經過。

第二次世界大戰中，沖繩在一九四五年爲美國所佔領。明顯地，美國是將沖繩當作日本領土，而依波茨坦宣言和海牙陸戰法規佔領敵國的領土，所以美國在沖繩制定嚴格的軍事統治，不承認市鎭村的自治權，居民處在和俘虜同等待遇的處境。以美國來說，她想驅逐日本在亞洲的統治力，在亞洲確立美國帝國主義的統治，而最大目的是取得對中國的權益。一九四五年美軍之所以佔領沖繩，是因從沖繩的地理位置來看，認爲其將來或許會和蘇聯對抗，所以必須佔領沖繩。

到一九四七年左右，戰時佔領就改爲被美國暫時統治，經濟方面是靠政府配給佔領地救濟援助物資，自由貿易、經營個人企業一概被禁止。流通貨幣可使用日本新鈔和B圓軍票，不過也只能在配給物資時使用。

從一九四八年左右，佔領政策開始產生變化，這是和美國對日政策的變化齊頭並進。因爲中國民主主義革命急速進展，導致亞洲情勢變化，美國駐軍才不得不儘快整備沖繩佔領體制，而於一九四八年開始思考如何讓佔領體制永續化。例如承認市鎭村自治權、讓當地人選舉首長，流通貨幣統一使用B圓軍票，合併沖繩、宮古、八重山、奄美四獨立銀行，成立新設的琉球銀行。同時，在同年年底允許經營個人企業，採取自由經濟政策。不過，沖繩本身因爲生產力持續荒廢，且隨著佔領體制的整備，所有經濟負擔全由居民概括承受。爲此，各種配給物質上漲，人民發起反加稅運動，且要求享有自治權。例如一九四九年三月左右，由美國直接任命的沖繩縣議會向軍政府提出總辭，以此要求設立有責任的自治機關。進入一九四九年後，美國開始在沖繩設立軍事基地，確立永久佔領沖繩的方針。

美國爲了落實佔領方針，讓日本重整軍備、恢復日本獨佔資本，而且和日本結成軍事同盟。之前的軍事基地都是露天的臨時軍舍或軍需品集結所等臨時性設施，但在一九五〇年會計年度內，美國議會提撥五千萬美元以建設軍事基地，之後預定每年提撥幾千萬美元以供建設之用。從一九四九年到五〇年，爲了再次進行永久性軍事基地建設，乃因應對日和約的狀況，在遠東軍司令部訂定整備佔領體制的具體方案。當時沖繩軍政府的西茲少將即有沖繩小麥克阿瑟之稱。

談到民族問題，美國是想盡辦法讓沖繩脫離日本。之前是佔領敵國領土的姿態，從一九四九年左右開始，是將沖繩當作日本帝國主義殖民地統治下的地域，屬於尚未解放的非自治地區。也就是說，沖繩在日本帝國主義統治下，和第二次大戰的朝鮮、台灣一樣，屬於應被解放的少數民族自治地域，未來應以獨立型態存在於世界。這是美國的目的，此點有很多證據可加以證實。今年五月副國務卿詹森曾敍述國務院的意見表示：「第二次世界大戰後，沖繩有所謂琉球民族主義，當時是主張讓沖繩獨立，只是後來無法實現。」

一九五二年十二月五日，遠東司令部基於上述考量，發出「美國政府關於琉球群島指令」，這就是後來佔領政策的基本方針。其後，由於發表著名的PLUS勸告（一九五六年六月），導致全島發生土地紛爭。其中提到「沖繩因爲沒有具挑戰性的國家主義運動，所以適於在遠東地區太平洋區域長期維持沖繩基地」。所謂具挑戰性的國家主義就是民族運動，但當地只有琉球人這個少數民族。一直到一九五七年六月發出現行佔領政策的根據「關於琉球群島施政的行政命令」之前，美國都按此既定方針順利進行統治。問題在於美國爲何採取此種政策？關於此點，連日本的革新政黨都發生意料不到的誤算。日本的革新政黨共產黨德田書記長在第二次世界大戰後公開表示：「沖繩是被日本壓抑的少數民族，他們終於被美國解放，讓我們慶賀沖繩的獨立。」以當時日本的狀況來看此種說法是無可厚非。日本民族主義在戰前是極端的國家主義，相當具有侵略性，故從否定此一極端國家主義的立場，所以才會出現上述的言論吧！

**藤島**　那是因爲沖繩出身的德田先生，年輕時受盡日本本土的差別待遇，因其被欺負的個人體驗而產生的不好回憶吧！

**國場**　此乃由於當時日本以天皇爲中心的國家意識在第二次世界大戰後已經崩潰，而自己本身的地域情感在崩潰的縫隙澎湃擁出。

**藤島**　美國好像就是利用那樣的弱點吧！

**國場**　是的，那種情況也發生於沖繩革新政黨的改革問題，甚至連人民黨也不例外。就是因爲那樣的情況，美國從一九四九年到五〇年才會開始著手整備剛才提到的佔領體制，沖繩的革新政黨對於美國這項佔領政策，一直到五〇年底都無法提出回歸日本的鬥爭任務。具體地說，一九五〇年九月聲明對日和約七原則，這項發表是明確要讓沖繩脫離日本。雖然如此，不過革新政黨並未提出沖繩回歸日本這一點，此事不是在後來帶來相當大的禍患嗎？

美國從一九五一年底正式讓沖繩列爲少數民族自治地域，採取擬制爲獨立國家的方針。在此構想下所建立就是現今的琉球政府，是其下轄有沖繩、宮古、八重山、奄美各群島的自治政府。表面上讓沖繩有獨立型態，但實質上卻由美國統治。經濟方面則回歸戰前的水準，不過島內此時反而急速發起大規模的回歸日本運動。這是從那個觀點產生的呢？我想首先是從長久歷史中所形成的民族意識之重生，並不是突然產生的，而締結舊金山對日和約就是回歸日本運動的契機。不過在朝鮮停戰後，杜勒斯將奄美大島歸還日本，取而代之的是美國無限期保有沖繩，因此下令宣佈禁止所有回歸日本的運動，使得回歸日本運動因而利用共產主義。連我們看來是思想相當保守的人都成爲鎮壓的對象。連資產階級民族主義也依次被鎮壓。當時最配合美國政策的是少數民族論者。因此，這些少數民族論者在一九五一年以後的行動明白顯示其反動頑固的保守思想。

從一九五四年到五六年，美國的鎮壓行動益發激烈。當時民衆的抵抗運動更擴展到軍事用地問題。恰巧日本也因朝鮮停戰、周恩來・尼赫魯和平五原則聲明、萬隆會議等世界性活動，處於恢復國家主權運動急速成長的時期。鳩山內閣也提出日．俄復交及加入聯合國問題。當時沖繩也在那些運動下蠢蠢欲動，到一九五六年發表PLUS勸告時，演變成全島性的土地紛爭。此時令人覺得最可惜的是，日本統治階層暫時擱置沖繩問題。總之，日本雖然終能恢復日俄邦交和加入聯合國，但美國無論如何均以維持沖繩基地的遠東政策而採取妥協之路。日本的獨佔資本往帝國主義邁進而承認美國的軍事政策，此舉造成沖繩的土地紛爭因此陷入困境。此時剛好沖繩當地資本和日本獨佔資本結合，配合日本獨佔資本的步調，沖繩的資本家也開始活動起來。在土地鬥爭之前，沖繩的全體人民都是以民族整體尋求和日本國民結合，但剛和日本國民達成結合的瞬間，立即出現階級性身份的分化。沖繩原本是屬於資本主義發達的日本的一環，但是至此更是明白地顯現在外。對於此種發展，美國認爲是沖繩演成全島土地紛爭，即不單只是琉球政府的政治危機，也意味著之前的佔領政策已經遭遇空前的體制危機。因此，這次不得不和日本獨佔資本妥協，在某程度上認同日本國家主義。即使是軍事用地問題，也因爲土地漲價或無法購買土地，必須改換政策變爲每年支付。經濟層面也應沖繩資本家的要求，一面和日本資本主義結合，讓沖繩經濟繼續成長，改爲以資本家爲根據而繼續佔領沖繩的政策。由於世界性的殖民地解放運動仍然持續昂揚，美國越來越難否定日本主權而繼續佔領沖繩。因此，甘迺迪總統發表承認沖繩是日本領土的聲明。經歷以上過程，現在日本獨佔資本主義統治下的日本國家主義成爲嚴重的問題。國家主義和軍事政策息息相關，美國軍事體制幾次聲明：沖繩是美國在遠東最重要的基地。這點在甘迺迪的聲明中看得到，同樣也刊載在衆議院軍事委員會的報告書。如果美國失去沖繩基地，不只美國在亞洲的軍事體制必須改變，連世界軍事體制都要改變。仔細想想，美國可自由使用的軍事核子、氫彈基地只有沖繩而已。當然，日本也可自由使用，只是不能隨心所欲。只有保住沖繩這個基地，要做什麼都可自由隨意。因此，只要沖繩不變，失去任何地方都無所謂。美國這樣的想法非常強烈。

日本和美國結成軍事同盟，追隨美國的軍事政策，只要踏上軍國主義復活之路，就無法否定美國在亞洲的軍事體制，也無法開口要求歸還中樞要塞——沖繩。這就是解決沖繩問題爲什麼必須配合和平問題的緣由所在。美國從沖繩撤走核子、氫彈基地而解放沖繩，才是最終保障亞洲的和平之道。日本人是否自覺到達成保障亞洲和平的責任就在自己身上呢？

## 我們為什麼會分裂

**木下** 接著請鄭先生發言。

**鄭** 朝鮮的情形和沖繩有點不同，它很清楚地屬於民族問題。以世界性問題來看，朝鮮、德國、越南等民族很明顯地分裂成南北或東西的狀況。朝鮮人民是單一民族，有著相同語言和自己獨創的表音文字，在四千年的歷史中於相同國土上和睦相處。不過，因爲一九一〇年起日本帝國主義者統治朝鮮三十六年，阻礙朝鮮民族的發展。一九四五年八月十五日，朝鮮人民從日本帝國殖民統治下解放出來，首次步上民族獨立和發展之路。不過，朝鮮從日本解放的十七年間，到現在國土上仍以軍事境界線分爲兩邊，民族分裂成南北韓。長久離別，漸漸忘記父母、兄弟的面貌，甚至連語言也越來越不一樣。

**藤島**　請說明一下語言分歧所帶來的影響和意義。

**鄭**　因爲政治・經濟・社會生活完全不同，很自然地產生不一樣的語言。在文字的連接上，北方重視語源採取「形態主義」，南方則是按照發音連綴文字，語源則變得曖昧，而且北方僅用諺文橫寫，南方則混雜漢字以縱式書寫。

這樣的狀況給全朝鮮人民帶來無可估計的痛苦，所以讓分裂的祖國早日和平統一，是全朝鮮民族最重要的課題。

爲了明白朝鮮民族分裂的根源何在，首先必須認識朝鮮解放迄今的足跡。

一九四五年八月，因爲蘇俄軍隊將朝鮮從日本殖民統治下解放出來，踏上自由、民主建設新朝鮮的第一步。不過，朝鮮很不幸地暫時被分裂成二個區域，三十八度線以北歸蘇俄軍隊統治，三十八度線以南則屬美國軍隊統治，這種分裂原本應該只是暫時性。

解放後的朝鮮人民基於自己的創意，在南北各地創立人民的政權機關——人民委員會。北朝鮮的蘇聯軍隊尊重人民委員會幫助其發展。一九四六年二月，基於民主主義各政黨及大

衆團體統一戰線，創設北朝鮮臨時人民委員會，同年進行無償徵收、無償分配的土地改革、

重要產業國有化、勞動法令和男女平等權法令，徹底實施民主改革。

不過，一九四五年九月登陸南朝鮮的美國，強制解散朝鮮人民自己創設的人民委員會，

讓朝鮮接受全盤日本帝國主義殖民地統治機構的「軍政」。因害怕日本戰敗而綣縮在角落的地

主及貿易資本家、親日派及民族反叛者又開始昂首闊步、橫行霸道。

基於波茨坦宣言或雅爾達協定，朝鮮問題開始在聯合國中進行協調。在聯合國的協調下，一九四五年十二月在莫斯科召開蘇・美・英三國外長會議，決定讓朝鮮發展成民主主義獨立自主的國家，因而成立民主主義臨時政府。這是在朝鮮民主發展上當時所做唯一正確的決定，朝鮮人民舉國上下支持這項決定。基於莫斯科三國外長會議的決定，爲了成立朝鮮臨時政府，一九四六年和一九四七年二次在漢城舉行美蘇共同委員會。不過，美國一開始即提出不合理的主張，導致美蘇共同委員會破裂。舉一例加以說明，美蘇共同委員會因此變成「成立朝鮮臨時政府，須和南北朝鮮政權・團體協商」，美國唆使李承晚叫囂「反對莫斯科三國外長會議的決定」。另一方面屬於協商團體的有北朝鮮二十八個團體，以及南朝鮮提出的四二五個政黨、團體。當然這些有很多都是一人一黨及僅存一晚的幽靈團體、親日派及獨裁政治團體等。根據美國方面的資料，依這些團體所申報其代表的人數總計竟達七千萬人，幾乎高出當時南朝鮮居民人數的五倍。

爲此，美蘇共同委員會決裂，阻礙朝鮮政府邁向統一之路。美國蹂躪一九四七年十月的國際公約，違法將朝鮮問題提到聯合國議程，影響聯合國內部各國，只讓南朝鮮邁向單獨「政府」之路。爲了反對這項政策，南朝鮮人民發動總罷工及武裝運動，最後演變成激烈戰鬥。一九四八年四月，南北朝鮮召開幾乎包括所有政黨、社會團體的聯席會議。這些會議有李承晚的敵手金九及金奎植等南朝鮮保守右翼政治家參與。金九回到南朝鮮後，爲李承晚派系的恐怖分子殺害，聯席會議暫時由未參加會議的李承晚臨時政權掌控。這個會議反對美國只讓南朝鮮成立單獨「政府」，強烈要求成立朝鮮統一政府。

不過美國忽視這個民族的願望，一九四八年五月十日以刀槍押著南朝鮮人民，強行舉行只有南朝鮮的單獨選舉，使李承晚當上傀儡政權的總統。此舉延長朝鮮的分裂，朝鮮統一之日遙遙無期。

朝鮮人民爲了避免被美國造成永久分裂，防止朝鮮成爲美國殖民地，乃於同年八月二十五日在南北朝鮮同時舉行最高人民會議的選舉。北朝鮮的投票率高達九九・九七％，南朝鮮雖有美國帝國主義和李承晚的激烈鎮壓，但還是有七七・五二％前往投票。如此，大家有志一同於九月在金日成首相的領導下，根據民主主義創設朝鮮人民共和國政府。

共和國政府從創建開始，反映全朝鮮人民的共同意志，要求所有外國軍隊從朝鮮撤離，朝鮮問題交由朝鮮人民解決，爲了和平統一和獨立，主張合理的道路只有一條。蘇聯政府配合這樣的要求，在一九四八年底前從北朝鮮地區撤軍。

不過，美國帝國主義者不只以各式各樣的藉口繼續佔領南朝鮮，還在一九五〇年六月二十五日，唆使李承晚臨時政權對北朝鮮展開突如其來的侵略戰爭。

這場歷時三年一個月的朝鮮戰爭，朝鮮人民獲得歷史性的勝利。但在美國的武力侵略下，朝鮮人民承受比太平洋戰爭更龐大的損害，不得不於一九五三年七月二十七日協調停戰協定。

美國在停戰協定墨跡未乾之前，立即於同年八月簽訂「韓美相互防衛條約」，使美國軍隊合法永久佔領南朝鮮。

相對地，參加朝鮮戰爭的中國人民志願軍，在一九五八年十月二十六日之前，已經全部從朝鮮撤軍。

留在朝鮮的外國軍隊，只剩佔領南朝鮮的美國軍隊和跟隨美國的部份軍隊而已。這些軍隊成爲朝鮮和平統一的唯一障礙。

美國繼續蹂躪停戰協定擴充軍備，強化南朝鮮的核武、飛彈基地，在軍事邊界附近不斷進行挑釁性的軍事演習。

美國帝國主義殖民地掠奪政策的結果，讓南朝鮮經濟陷入不可挽回的破局，有六六〇萬人失業、一千萬人無飯可吃，可說處在慘不忍睹的「活地獄」悲慘境遇。

被解放的北朝鮮卻以「千里之駒」銳不可擋的氣勢展開經濟建設，擁有高度技術的重工業基地和輕工業基地，具有獨立自主的民族經濟，成爲先進的工業・農業國家。這是解救南朝鮮經濟破局和落後的人民生活，邁向朝鮮和平統一之路的強力物質保障。

只有達成和平統一祖國，南朝鮮人民才能從殖民地的痛苦和落後生活被解救。南朝鮮還是有傀儡政權的政治危機和美國帝國主義殖民地統治體制的慢性危機。

衆所周知，一九六〇年四月南朝鮮人民對美國帝國主義和李承晚臨時政權長年的獨裁統治，爆發積壓已久的憤怒而推翻李承晚政權。

美國一方面使用武力鎭壓南朝鮮人民，另一方面再樹立一個傀儡政權張勉。因爲南朝鮮人民識破張勉詭計，爲了推動朝鮮和平統一和南北經濟文化交流，南朝鮮人民發動張勉無法阻止的激烈運動，於是張勉唆使傀儡軍隊內部的極端獨裁分子，引發非法軍事武裝叛變，進行史無前例的軍事獨裁統治。不管美國帝國主義如何耀武揚威，在南朝鮮的軍事政權日益孤立，已經瀕臨崩潰前夕。因此，這次美國妥協以進行「日韓會談」，希望透過引進日本軍國主義勢力，以使自己能夠度過在南朝鮮殖民地統治的危機。

如上所述，朝鮮國土分裂和民族分裂的根源，在於美國軍隊佔領南朝鮮。妨礙朝鮮和平統一的就是美國帝國主義本身。

解決朝鮮問題、讓朝鮮邁向和平統一的唯一之路，就是美軍從南朝鮮撤退，朝鮮主權不再受到外國干涉，由朝鮮人民自己透過南北朝鮮統一選舉，創設統一政府。這就是朝鮮和平統一的基本原則。

今年六月，共和國最高人民會議，爲了讓美軍撤離南朝鮮，一面呼籲展開全民族性的鬥爭，一面呼籲南朝鮮當局簽訂南北朝鮮互不侵犯條約，以美軍撤離爲條件，並要求南北軍隊人數降至十萬或是十萬以下。這是爲了朝鮮和平統一，朝鮮人民當前重要的課題。

## 台灣的歷史命運

**木下**　接著請王先生談談台灣的歷史和現狀。

**王**　首先我必須聲明反對座談會〈割裂的民族〉這種題目，因爲我認爲台灣的情況不同。台灣的歷史是殖民地歷史。十六世紀後半開始有福建、廣東居民移居台灣，此時台灣不是任何人的領土，所以日本倭寇將台灣當作根據地，中國海盜——如顏思齊、鄭芝龍（鄭成功的父親）也將台灣當作根據地。接著，荷蘭佔據台灣。荷蘭不是從中國手中取得台灣，只是登上主權不明的島嶼而確立統治權（先占），且持續三十八年之久。接著，鄭成功趕走荷蘭人。鄭成功是爲恢復自己父親的根據地才趕走荷蘭人，當時台灣的移民約有十五萬人，而且是統治階層。鄭成功高喊反攻大陸，和現在的蔣氏政權非常類似，鄭成功的政權內部有二個方向，反攻大陸和建設新獨立國家。不過強烈希望反攻大陸的是統治階層，結果因頻頻向中國出兵而惹惱清朝，最後憤怒的清朝舉兵殲滅鄭氏政權。中國政權此時才首次進入台灣領土。清朝認爲台灣是海盜之島，有潛在的亂民，故乃採取隔離政策。不過因福建、廣東不斷鬧飢荒，因此移居台灣的人民不斷增加，雖然清朝政府下令禁止移民，但移民還是越來越多。殲滅鄭成功時，據說台灣已有二十五萬人口。在甲午戰爭後，台灣割讓給日本時，台灣人口已增加至二百五十萬人。甲午戰爭後，台灣被日本帝國主義進行殖民統治。日本統治台灣五十一年，接著國民黨政府進駐台灣，這些都是殖民地統治。

歷時四世紀的殖民地歷史，台灣人的思考方式已經和日本人、朝鮮人大相逕庭。台灣人對日本的統治反而較能接受，因爲和以前的清朝或和現在的國民黨政府相比，台灣人覺得日本的統治還算差強人意。

其次是國民黨政府的統治。衆所周知，這是少有的腐敗政權。在日治時代的五十一年間，台灣已經逐步走向近代化。其中，當時第四任總督兒玉源太郎、民政長官後藤新平進入台灣，進行日本國內也沒有的大規模科學性政治，這是非常重要的事。後藤新平以生物學原則統治台灣、著重科學調查，以這樣的方針進行施政。但是清朝二百年間的統治和國民黨政府的統治，並未平等地視台灣人爲中國人，且不准台灣人有任何抱怨。以這樣的態度統治台灣，其所作所爲完全不考慮台灣的特殊狀況，所以日本統治台灣算是比較成功的。國民黨政府被中共趕出大陸之後，一九四九年蔣介石逃亡到台灣，當時約帶領二百萬中國人來到台灣。日本統治台灣五十一年間帶來四十萬日本人，國民黨政府僅在數年間卻帶來二百萬中國難民，台灣人一律將這些人稱之爲難民，絕不稱之爲同胞。這些統治階層凌駕台灣人之上，而且高唱反攻大陸。將擁有六十萬軍隊的中央政府原封不動地遷移到台灣，在台灣重建統治機構。台灣人在日本統治末期有六百五十萬人，現在則有九百五十萬人。二百萬大陸難民以統治者身份凌駕九百五十萬台灣人之上。我想大家可以推知國民黨政府會展開什麼樣的政治。只是爲什麼國民黨政府可以存活迄今？它是靠著兩個力量支撐，其中一個是來自美國，另一個就是中共。美國給予國民黨政府經濟支援，今天如果沒有美國的經濟支援，恐怕國民黨政府不出一個月就會崩潰，另一方面中共則給予國民黨政府精神支援。雖然中共應該打倒國民黨政府，而且幫助受虐的台灣人，但卻在面對台灣人時卻加以忽視，其呼籲合作的對象是蔣介石或是蔣介石的兒子蔣經國。我倒想問問台灣人有何感觸？

台灣人曾挺身反抗國民黨政府的腐敗統治，在一九四七年（也就是國民黨政府接收台灣一年半後）爆發全島規模的起義。國民黨政府的統治給台灣帶來重大的災難。台灣人從日本人那裡學到法治主義，國民黨政府卻目無法紀。例如台灣人排隊等待巴士，國民黨政府的人則插隊坐上巴士，「你們就是接受日本的奴化教育，才會排隊等待巴士。」中國人教授在教室吐痰，台灣人若加以勸說則馬上就被斥責。這些都是台灣人無法忍受的地方。

由上可知，彼此之間完全沒有所謂同胞的感情。一九四七年二月二十八日，台灣爆發二二八事件，台灣人喊著「將中國人趕出去」，襲擊數百位中國人。但是中國人其後展開的鎮壓行動非常殘忍，數萬台灣人遭到慘不忍睹的屠殺，被屠殺的台灣人比日本五十年間殺害的台灣人還多得很。不過這次二二八鎮壓行動確實發揮功效，完全制服台灣人的抵抗。台灣人只能在心中想著總有一天要報仇，中國人也了解台灣人的心理。試想如果台灣再發生一次二二八事件，會變成什麼樣的地獄呢？在擔心會再發生二二八事件的情況下，台灣人和中國難民開始對立。

有些人逃過二二八鎮壓行動而暫時藏身香港，並創設台灣再解放聯盟。此聯盟其後一分爲二，一個投靠大陸中共，一個來到日本。投靠大陸的就是台灣共產黨人，這些人響應毛澤東的呼籲而參加聯合政府，但其後卻爲中共所整肅。因爲台灣人本身的台灣意識太過強烈，因而成爲中共的眼中釘。例如中共派遣台灣人到農村從事勞動時，台灣共產黨的謝雪紅向中共進言「台灣人來自炎熱地帶，現在被送到新疆或西藏實在太可憐」，不過中共不但聽不進去，反而指責其「包庇台灣人」，成爲加以整肅的原因之一。

來到日本台灣的人後來如何呢？他們在日本發起獨立運動。獨立運動起初是以要求聯合國託管爲目標，但目前是以完全獨立爲目標。

與獨立運動相關的台灣人是如何看待美國呢？一個是對美國抱持反感，質問美國爲何要支持國民黨政府。如果沒有美國的支援，台灣人靠自己的力量隨時可能打倒國民黨政府，所以美國支持國民黨政府簡直是豈有此理。不過，同時我們也希望美國站在我們這一方。其實台灣始終都是中共覬覦的地方，爲了防止中共侵略台灣，可以依靠的只有美國的軍事力量，因此獨立運動者也不可能與美國爲敵。

其次，是台灣人對日本的感情。就像昨天（九月二十二日）《朝日》專欄所述，因爲台灣非常流行日本歌，台灣人依然使用日文，中國人乃因厭惡此點而加以禁止，但台灣人卻故意特地使用，這就是民族的反抗，有人甚至希望日本再統治台灣。當然這只是比喻的想法。總之，日本對台灣是見死不救甚至沉默不語，有些日本人還將台灣當作中國的內政問題，對現實認識不清的情況非常嚴重。我對日本期待很深，希望在座的各位日本人能理解此事。

## 日本人的責任

**木下** 接著可否從日本的觀點提出問題？

**藤島** 以日本人的角度思考沖繩問題時，誠如剛剛國場先生所說地，隨著美國佔領時間越長，階級對立的要素更強烈，我們必須注意那樣的狀況。住在日本本土的日本人，常不知道問題的重點何在，甚至認爲沖繩只是個遙遠的島嶼，雖對島上人民寄予同情，但只是像對待外人般的聲援罷了。相對地，日本政府做了什麼？日本資本和沖繩資本的關係如何？那些資本在美國的軍事統治、資本統治下如何運作？也就是說，日本本土的人如何從自己主體性的立場思考沖繩的回歸問題？本土的日本人如何對美國和日本政府提起問題？那是容易遺漏的問題。思考沖繩問題的原罪意識是日益消逝或逐漸加深？例如今年秋天即有沖繩議會的選舉，日本本土的自民黨是支援沖繩自由黨的，不但池田首相加以聲援，連美國都出資幫助選舉。此時，本土的日本人不能只站在聲援沖繩革新民族的立場加以聲援，而是必須在日本本土運作。日本有必要重視美國統治沖繩的力量，但對此統治力量所提出的任何要求，是否都只要從本土日本人的立場思考？為了跳脫從日本人的角度思考問題，應該在情感上設法認識沖繩。

接著是朝鮮問題。在美、日兩國對沖繩的經濟援助發生問題的同時，正好日韓會談正式展開。日本的國家資本在美國統治下援助南朝鮮的軍事政權。所謂軍事政權就是張勉時代強烈鎮壓自由談論「南北和平統一」的民衆，而其政權本身還在美國的統治之下。因此，使用日本資本是「因為對方窮困，所以加以幫助」，這是友好之路、訴之溫情的議論，因而在日本很容易通過。日本資本若伴隨著軍事協助，則究竟有什麼危險？只要不觸及這點，即很容易看清日韓會談的本質。因為新聞報導也不願報導這點，所以日韓會談的本質在國民之前就不會顯得太露骨。由此可知也就是說，日本人心中還是根深蒂固地將朝鮮當作殖民地。

接著談台灣問題。以前日本從中國奪取台灣時，台灣民衆全副武裝和日本軍隊對抗，此點的史實記錄非常清楚。雖然王先生非常高興台灣由日本統治，可是如果持續日本現在的社會體制，則台灣非常有可能再度淪爲日本的殖民地。美國的社會體制也不能光靠軍事解決，目前台灣的經濟是自給自足的體制，若考慮到此一問題，則台灣由日本統治五十幾年可說是不幸中的大幸。然而，現在日本人實在不能肯定這種侵略行爲。那是違反解放殖民地的世界情勢。

**木下** 以日本立場來說，就算中日友好、日韓友好，但問題依然是問題。總之，彼此單靠良好的交流，問題還是會惡化，因爲日本曾經對包括台灣在內的殖民地，做過非常殘忍的事。雖有良好交流，還有存在無法消弭的罪孽，光靠今日的友好交流很難將罪孽一筆勾消。日本人內心懷抱著那樣的原罪意識，單靠今日彼此的友好交流，我們無法保證不會再發生侵略行爲。我們的文學作品中，只有極少數那樣的作品。不過這不光是文學問題，還涉及政治、文化各層面和每個人的各種立場，因此是必須眞心深入思考的問題。沒有任何證據可以證明戰犯及擁有相同想法的人，會徹底改變他們的侵略想法。因此，我們必須更深刻思考這些人一旦位居要職，侵略行爲就會變成既成事實。

## 獨立或殖民地統治・苦悶的台灣

**藤島** 我想請教鄭先生，朝鮮在言語上都說民族統一，不過似乎有些統一論者認爲不是靠朝鮮民族自己的力量完成統一，關於這點……

**鄭**　為了和平達成朝鮮統一，無論政治或經濟都不是要依賴外來勢力，而是須靠朝鮮人民的力量來完成，這是重要的前提。現在掌握南朝鮮權力的不是朴正熙軍事政權，他們都依賴外來勢力而生存，他們不認為朝鮮北方和南方的力量關係是問題。他們口中高唱朝鮮「統一」，「統一」是「勝共統一」──戰勝共產主義的統一、或「滅共統一」──消滅共產主義的統一。因此，他們必須依賴美國的軍事力量，要求美國的軍事援助。光是那樣還不足夠，最近連日本的獨佔資本都被引進南朝鮮，結果讓南朝鮮陷入美國和日本軍國主義雙重的殖民地狀況。

**藤島**　想請教王先生的是，現代殖民地主義有軍事層面、經濟層面、行政、文化從屬等立體性的殖民地問題，雖然在軍事上贊成由美國主導，但另一方面聽說日本亦在台灣投下大量資本，例如看台灣報紙刊登的廣告，有很多名字是台灣的公司，但事實上卻是日本公司的子公司，或許台灣人都是受雇階級。一般台灣民眾可以得到多少利益可說是個問題，而且台灣是不是也有階級分化的問題？此點應該會產生不同的意見。如何從日本資本進出台灣、台灣內部意見分歧的觀點解釋獨立論？

**王**　在此我希望不要有所誤解，剛剛我說台灣人在日本殖民地時代有不錯的生活，是比較性的問題，我絕不是在謳歌日治時代，只是在相對的比較上顯得日治時代還算不錯。我自己本身也做過抗日工作，這點也請大家理解。

當然，日本和美國應該避免將台灣當成殖民地。但到底是當中共的殖民地好呢？當日本的殖民地好呢？還是當美國的殖民地好呢？如果只能選擇其中之一，台灣當然會選擇日本或美國，但最理想的是台灣成爲獨立自主的國家，藉由台灣的中立化，美國撤離在台灣的軍事基地和第七艦隊。另外，中共也不要攻打台灣，才能開始貢獻亞洲和平。

其次是日本資本進出台灣的問題。這是台灣人無法掌控的事，但因爲日本資本是和國民黨政府結合，因此才會引來台灣人的怨恨！

木下先生說的原罪意識，我認爲台灣人不會那樣要求。不過非常感謝日本人能夠思考到這樣的問題，這也是日本人要如何協助台灣的問題。問題絕不是日本從清朝那裡奪得台灣，就必須把台灣歸還清朝。五十一年的統治不論好壞，應該都帶給台灣歷史某種影響。

關於台灣，我希望日本人主張民族自決的原則。

**木下** 關於您對中國的想法，如果單從現在國民黨政府腐敗即類推中國全體的狀況，好像……

**王** 關於此點，正如我們常常指出的，「國民黨政府惡劣而中共是好的」此種推論完全無法證實。中共之前對台灣的聲明，或到大陸的台灣人到底受到什麼樣的待遇，這些都使我們必須愼重考慮。就各種情況看來，中國人是非常不信任台灣人的，只要不信任感無法消除，彼此就不是平等對待的同胞。只要在中共統治下，台灣人就完全沒有幸福保障。

**藤島** 我想社會改革是個問題。

**王** 我想台灣將來還是會實施社會改革、民主社會主義。

**藤島** 可以徹底改革成功嗎？

**鄭** 我們都將台灣當作中國的一部份，認爲台灣是中國的固有領土，有著不可分割的密切關係，而且還是同一民族，這點看法您認爲如何？

**王** 關於這點，剛剛關於歷史的部份已經簡單說過，鄭先生所說的固有領土是從什麼時候開始的呢？台灣正式成爲清朝領土是在一六八三年，因此絕不是中國固有的領土，剛剛鄭先生說「南北朝鮮只分離十七年語言就已改變」，台灣已經和中國分離四百年，有十代之久。不能無視這個歷史事實，尤其語言已經完全不同。

**藤島** 我們從世界歷史來看，一個民族形成一個國家，這個想法形成於歐洲及日本資本主義國家發達的過程。中國的情形非常不同，中國內部現在有五十一個民族，五十一個民族形成一個中國。台灣人百分之九十八屬於漢民族，和本土產生文化性的差異，自己本身沒有民族自決的根據。王先生似乎從一開始就認爲台灣是經過外國的殖民統治後才獨立，因爲這是罕見的想法，請王先生詳加說明。

**王** 這是多數民族的問題，確實有部份人主張台灣是中國的一個自治省，我想如果可以完全自治或許也是一種方法，可是如果觀察西藏的案例……

**藤島** 談到西藏問題，西藏的各領導階層對社會改革如何反應？封建領主和位居高位的部份喇嘛拒絕土地改革，爲了保存殘酷的農奴制度，不斷發生社會問題。南朝鮮也是，就是有那樣的想法，才被外國殖民地主義利用。

**王** 新國家獨立後，某些台灣人或許可以創設共產政權，但那是獨立以後的事。台灣爲了達到獨立而仰賴外國支援，這是殖民地解放的法則，先前已經有很多案例。如孫文接受日本援助、阿爾及利亞接受突尼西亞及摩洛哥援助等都是如此，這是不得已的事。台灣是個島嶼國家，面對六十萬軍隊，如果沒有外國支援如何能夠成功？台灣解放問題是國際性規模的問題，不是台灣自己本身的問題。睥睨新國際情勢，自己的力量薄弱，如有可能甚至想藉助惡魔的力量，這是無可奈何的心情。

**國場** 我的問題是：在國際性的運動中，應該往歷史發展的方向運作。所謂民族國家並不是國家利害的對立，而是眞正的歸屬感，所有人都生活其中的體制。爲了接近那樣的過程，台灣和中國分離是否爲較有效且妥當的方法？還是台灣和中國統一才是保障亞洲和平之路？就算形成一個國家，在積極努力建構世界和平的體制中，必須明確地往自己道路邁進，還須在國家中創造具備民主意識的人民。

**藤島** 我認爲剛剛國場先生談到人類連帶關係是件非常重要的事。例如日本侵略中國時曾創設滿洲國。那時滿洲族、蒙古族、朝鮮族、漢族語言和風俗大異其趣，但由於對漢族統治階層的反感，變成想要自決的情感。日本就是利用那種情感創設滿洲國，但實質上是日本爲所欲爲。自決剛好爲民族主義所利用，這是引進外國勢力必定出現的做法，不注意這點的話，自決就會成爲被人利用的工具。

**王**　我們很清楚引進外力確實有如走在危橋上。但如果不引進外力，什麼事都做不成的時候，應該怎麼辦？可以默默地袖手旁觀嗎？不冒險怎麼獨立？

**藤島**　是否情勢眞演變到必須那麼做，我想也是個問題。

**國場**　能夠成爲獨立國家，確保國家主權平等彼此尊重，我想那是最好的。問題是連那麼廣大的中國都不能加入聯合國，我們不能忽略美國無法承認中國主權的情況。

**王**　我們並沒有忽略，其實我們也很努力推動讓中國加入聯合國，將中共排除在外是件不合理的事。不過，中共加入聯合國和台灣獨立是兩回事，阻撓中共加盟聯合國依然解決不了台灣的問題。

台灣不願再做殖民地，台灣人希望脫離殖民地統治，如果再成爲中共的一部份，我想還是無法脫離殖民地的地位。

## 沖繩回歸日本運動

**木下**　以整體來說，這是國際性的問題，也是世界史判斷的問題。我想這必須再深入討論。不過是否能談談沖繩回歸運動？

**國場** 關於沖繩回歸問題，日本本土人民只是冷漠地表達希望沖繩回歸本土。即使是相同的回歸運動，其內容依階段還是會有變化。從對日和約前後到一九五七、五八年甚至和以後相比，沖繩回歸日本運動的內容完全不同。一九五七到五八年左右，除了部份用少數民族的想法加以離間外，要求回歸日本的想法非常熱烈。在當時的運動中，一般知識份子已經扮演指導角色。當時完全不允許成立工會，農民也不許進行土地鬥爭，因此是以一般小、中學的教師和政府機關職員為重心，運作回歸日本運動。人民黨及社大黨站在共同戰線，一起參與回歸日本運動。為了從美國帝國主義佔領統治下獲得解放，無論如何沖繩都必須回歸日本。當時人民黨雖也認為必須從美國帝國主義解放出來，但卻以少數民族的立場進行獨立運動，我想這是件很困難的事。其後，人民黨學習現實歷史的進展，不再進行獨立運動，反而擔任回歸日本的前衛性運動，讓解放運動走向健全之路。當時民族不分彼此，均從正面反對美國將沖繩設定為少數民族的自治地域，進行使沖繩脫離日本的佔領政策。這裏已不是階級問題，所有人都反對美國的佔領政策。那個時期依然反動的就是所謂少數民族的意識形態。沖繩有所謂民主同盟的革新政黨。仲曾根源和與德田先生是擁有共同創設共產黨經驗的委員長，以少數民族論的思想執著於琉球獨立，因此民主同盟在一九五〇年底左右陷入解散狀態。之後，一九五〇年創設社會大衆黨，以對抗另一批人創立的共和黨。民主同盟有很多革新派加入，共和黨則是由保守派人士集結創設。一九五一到五二年間，人民黨、社大黨相互對抗，確立沖繩應該獨立的理論。不過，百分之九十以上的人希望沖繩回歸日本，所以這些政黨存在的基礎很快消失。但是，當美國強烈鎮壓沖繩回歸日本運動時，回歸派人士乃以反共結成同盟。再就這些運動的經濟、社會條件觀之，當時只有以軍事基地收入進行經濟重建，產業持續荒廢。例如復興金融金庫只貸款給住宅和商業，卻不貸款給農業。尤有甚者，所有耕地的百分之二十三廢耕，光是沖繩本島即大約荒蕪百分之四十，農業陷入困境，勞工應有權利完全被剝削，薪水因國籍不同而有差別，一般沖繩人都領著接近奴隸的低微薪水。就是因爲這樣，沖繩人全體沒有階級之分，任何人無論如何都想回歸日本。長久在文化經濟生活中脫離日本，以致經濟發展一籌莫展，從而形成和平統一的客觀條件。

一九五七到五八年日本加入聯合國前後，沖繩回歸日本運動也發生很大的變化。經濟層面雖然不夠完全，但也出現戰後資本家，且以商業資本爲重心，那些商業資本也和日本獨佔資本結合。關於沖繩問題，當時代表日本獨佔資本的政權，並不是以恢復日本主權和美國交涉，而是以一種用讓步取得勝利的方式進行交涉。例如沖繩人民要求出口砂糖，日本資本則要求投資精糖工廠。美國也退讓一步，從而在日本獨佔資本和當地資本互助的體制下，進行佔領統治。

民族意識問題最具特徵的是沖繩戰後的狀況。剛開始是和美國交戰後被其佔領，接著就是處於有如俘虜的境遇。我想這是日本歷史的特殊性，一旦失去國家支援，剩下的就是村落共同體的連帶關係，也就是血緣和地緣連接的連帶關係。那是對佔領者保存自己生活的連帶關係，而且就從那裏慢慢重生國家意識。美國佔領後的一九五八年到六〇年左右，以資本家爲重心的保守勢力走在革新勢力前面，所以日本本土的人士會對沖繩激烈的全島性土地鬥爭突然冷卻感到納悶。六〇年的選舉中，自由民主黨在沖繩大獲全勝，或許日本也會覺得很奇怪。後來勞工及農民的人數也增加，使得革新勢力越來越強盛。觀看最近的傾向，即使在農業地域，一九六〇年之前自由民主黨的保守勢力，逐漸轉移到革新勢力。和革新勢力合作的問題是國際相關的目標如何轉變？之前的日本回歸運動似乎已明顯地減弱其國際相關運動力量。尤其是關於擁護和平問題，是不是已被迫默許軍事基地的存在？還有一個問題是靠自己的力量根本無能爲力。這些都可在聯合國殖民地解放宣言獲得解決，還有蘇聯提出的問題中都有意識地和沖繩問題結合，這是今年開始沖繩的動向。

## 民族統一和國際性的相關之路

**木下**　我想之前的話題已經呈現我們的方向，接著請對這些發言再補充。

**藤島**　我想請問鄭先生的是，推動朝鮮和平統一運動的究竟是什麼力量？現在阻礙朝鮮民族統一的就是美國軍隊佔領南朝鮮，所以讓美國軍隊從南朝鮮撤離，是朝鮮和平統一的先決條件，也是重點所在。推動朝鮮和平統一的力量，第一就是強化共和國北半部的民主基地。也就是說，讓北朝鮮的政治、經濟發展更加堅固。第二是強化南朝鮮人民反美救國的鬥爭，加強統一戰線。第三是強化國際和平民主勢力，尤其是爲了祖國和平統一，鼓勵朝鮮人民的鬥爭。至於要如何加強支持國際和平民主勢力的體制，我想這些都是問題。

現在在美國帝國主義的指示下，南朝鮮軍事政權和日本政府建立「東北亞軍事同盟」，爲了防止朝鮮和平統一而急於早日進行「日韓會談」協商，我想阻止「日韓會談」是日、韓兩國人民的重要課題。

雖說是割裂的民族，朝鮮也好、日本也好，或是沖繩、台灣也好，割裂民族的苦惱都根源於美國帝國主義佔領和戰爭、侵略政策。我們要讓割裂的民族統一，確保亞洲和平，亞洲人民必須緊密團結，讓美軍撤離亞洲。

**王**　說到台灣，首先達成台灣人獨立自立的先決條件，須先推廣和中國、日本的友好關係，接著再訂定貢獻亞洲和世界和平的外交方針。

**木下**　大家想說的話還很多，但因爲時間不太夠，主席只有指名發言的機會。以日本來說，與其說是想說的話很多，倒不如說內容太複雜，不好好整理無法表達。就像剛開始所說的，日本不是三十八度線而二十七度線割裂的民族。在日本談到民族，很自然地提及民藝（民族藝能），而且用二個名稱同時稱呼日本民族藝能和沖繩民族藝能也不奇怪。這個問題直接屬於政治問題，思考、意識問題都必須是自己的。對沖繩問題不能有切身之痛，是因爲日本成爲近代化國家後，將沖繩當作殖民地加以統治。對此，本土日本人已經變得遲鈍而沒有感覺，這是長久以來根深蒂固的感覺。想要讓本土日本人對沖繩問題有所感受而不再遲鈍，必須提出平行相關的問題。只是情況一有變化，相信問題又會週而復始。今天不是沒有時間，而是這種座談會需要花費很長的時間，而且僅止於提出問題讓大家說明狀況的程度而已……

**編輯部** 非常謝謝大家蒞臨討論。

（刊於《現代の眼》一九六二年十一月號）

【附錄】

# 台灣愁緒

## ——島民的苦惱與獨立運動的未來

### 台灣運命與日本的將來

——我們一直從事台灣問題研究，今天想針對最近台灣在國際上的地位以及和日本的關聯，向您請教未來台灣的方向。

現在台灣是在國民黨政府的統治之下，但它並不是追求台灣人自身和平或幸福的政權。台灣人雖然祈求獨立運動能夠成功，但因國民黨政府政權還算安定，經濟生活也處於小康，所以獨立運動一直未能積極推動。

其實在日本也好，美國也好，都有流亡人士在推動獨立運動，在日本也有這樣的志士，但是他們也沒有展開任何具體行動，首先想就這個部份請教……。

**王**　我認爲台灣人對民族運動的關心和日本人的想法是一致的，所以我選擇日本做爲民族運動的基地。如果雙方想法不一致，我們就必須從頭考慮如何推行運動了。現代日本人的心理與思想非常多樣化，我很高興今天能夠在此談論這個話題。

——美國尼克森總統先前發表將前往中國訪問一事，國際上最矚目的中共進入聯合國問題亦終於落實。在此情況下，有人擔心台灣獨立會因外在因素而無法實現。甚至在國際情勢完全扭轉到全以中國爲中心時，台灣獨立眞的能夠實現嗎？台灣的民衆是否感受到這樣的變化呢？……

**王** 有關尼克森前往中國一事，連日本內閣總理大臣都大爲驚訝，所以對我們而言，當然更是震驚。

美國一方面宣稱「日本是盟友」，一方面又避開日本而直接和中國會談。這種做法是否妥當呢？姑且不論給人的感受如何，但美中兩國這種馬基維里主義式的政治折衝，實令弱小民族感覺不悅。另一方面，南越解放戰線也好，北越也好，亦都表明對大國中共的不滿。我們台灣人在評估美國不足倚賴之同時，會相當信賴日本。但從第三者看來，日本究竟態度如何，令人擔憂，因爲這關係到我們自己的前途，這種情緒是無法掩飾的。

台灣四面環海，因此只能以貿易立國。這正好和日本的立國條件相同，可說是日本的縮影，台灣人的命運也關係到日本人的命運。因此，日本的憂國之士也認識到：「這不僅是台灣人的問題，也攸關日本人的生死」，希望能夠藉此瞭解我們的運動，同情我們的立場。

## 尼克森訪中憂喜參半

我們對尼克森的訪中，認爲是憂喜參半。局外人或許認爲獨立運動已不可能成功，但我們反而覺得這更是獨立運動的機會。

關於尼克森訪中，美方事實上也有苦衷。雖然情勢迫使尼克森必須前往大陸，但另一方面，中共國內也是困難重重，這可說是互相讓步的折衷方法。此舉使美國比較容易從越南撤退，但可以想見，中共亦會對北越及南越解放陣線施壓。

那麼，台灣又將如何呢？我不認爲美方會妥協而將台灣交給中共。如果美國眞的無條件把台灣拱手讓給中共，那可說是冷戰結構成立以來最嚴重的變化。如此一來，勢必牽扯到柏林圍牆的問題，甚至波及其他各種事件。

台灣雖然是個小島，但現在儼然成爲東西陣營的一個銜接點，也是美國防衛亞洲的中樞要地。如果把台灣無條件送給中共，單是在亞洲造成的變化便無法想像，甚至會影響美國對越南、泰國、日本的安保條約，屆時又將如何安撫這些國家呢？

如此看來，美國是無法輕易放棄台灣的。雖然曾不斷出現各種小道消息，例如美國大使邁雅表示，美國一定會設法保住國府在聯合國的席位或者保護台灣。不過對美國而言，承認國民黨政府是中國唯一合法政府也是迫不得已，大家也都看出那是虛構的主張。這樣一來，不承認國民黨政府代表中國，又要保護台灣的唯一方式，不就只有承認「台灣共和國」一途嗎？

## 國共合作或國台合作

談話順序有些顚倒，但若考慮到蔣介石現在的立場，台灣島內動搖的情況似乎超過我們的想像。大衆都很擔心台灣是否會被中國統治。曾於今年六月回到台灣的日本台僑告訴我：「就我接觸過的台灣人而言，他們都擔心自己的財產該移往何處？今後如何是好？」

目前台灣約有二百萬以蔣介石爲首的中國人，此點有些複雜。

對握有政權的人而言，生存之道只有兩條。一是國共合作，一是國台合作。也就是說，認定中華民國是中國正統政府一事已行不通，那麼，如果要立足台灣，應如何是好？如果不能立足台灣，又將如何處理？一種做法是把台灣當成禮物送給中共，也就是國共合作，但這不是馬上就能進行的，那是已經沒有退路時的最後打算。另一種作法是國台合作，也就是完全不考慮回歸大陸，就在台灣重新出發。換言之，便是與台灣人團結合作。

最近，和我們比較接近的中國人即說：「對我們而言，令人頭痛的並不是獨立運動的人，而是從大陸來台、過著貧窮生活的中下階層。」同樣是中國人，這些人卻無法在台灣過著舒適的生活。他們大多是跟著部隊來台，年紀老化後只好退役，到山上造路或留在都市當清道夫，過著窮困的日子。事實上，現在握有實權的人也擔心這些人會萌生共產主義的念頭。去年即有部份人士被查出是潛伏的匪諜而遭到檢舉，這些人才是最叫人頭痛的問題。相反地，提倡獨立運動的人在排斥中共一事上立場相同，因此最近國府對獨立運動者的拉攏較以往來得積極，連我也感受到這個變化，不禁讓我深感時代眞的變了。（笑）

## 蔣介石只有在台灣才能安穩度日

再來看國民黨政府進行國共合作的情形。

大約三百年前，鄭成功政權被清朝攻滅，將鄭氏一族遷往北京。他們雖被賜予官銜地位，但事實上卻被架空，鄭政權的中堅幹部也被遣返大陸本地。

另一方面，在文化大革命中遭整肅的人可分爲兩派。其一爲劉少奇一派，另一爲在國共內戰最後階段背離國民黨前來投降的一派。這些人曾經風光過一陣子，但在文化大革命時仍被清算，而且不只其本身一代，連子孫也難逃一劫。

從這些前例看來，即使國共合作，蔣介石政權仍不能放心。至少，如果想保有現在舒適快樂的日子，便只能留在台灣。換言之，國民黨政府即使進行國共合作，還是毫無益處，於是只能和台灣人合作，所以獨立運動者即使評估目前的力量不足，仍不該在這個節骨眼上妥協。

獨立論者中，也有極端的國家主義者。在這些人眼中，「在國府擔任議員或謀求官職的台灣人都是敵人。只要身為國民黨員，就是敵人，蔣介石更是敵人……。」如此一來，到處都是敵軍，沒有半個同夥，所以他們什麼也做不了。我完全不能同意這樣的看法。

—— 這麼說來，像李萬居那樣主張民主化的作法是否較好？

**王** 因為島內的人有所顧忌，所以只能要求國民黨政府民主化，無法有進一步的要求，不過，能做到這樣，也值得鼓勵了。另一方面，海外有言論自由，所以不妨高聲鼓吹「獨立」。站在彼此的立場，不投機取巧，即能和諧地合奏勝利的樂聲……。

## 時間站在我們這一邊

—— 您覺得要「建立屬於台灣人的台灣」，只有以國台合作的形式，循序漸進，才能成就台灣獨立。我們完全同意。

但是，此時應有台灣的民族主義者登高一呼，或是由國民黨提出「聯合國承認中共政權，美國並與其恢復邦交，我們終究要被中共所併吞，不如建立反共的台灣共和國」，但是我們絲毫看不出有此跡象。如果我們是在日本的台灣獨立派，即會不惜付出任何犧牲代價，致力於打倒蔣介石政權。這樣的說法對王先生或許過於失禮，但台灣人不知是太老實，還是生活過於安逸，似乎尚未形成整體的反擊意願……。

**王** 沒錯。台灣人不夠積極，我們也都知道，而且深深地反省。有時也會覺得心急如焚，甚至令人感到難過。這是因爲台灣的經濟已經成長到某種程度，大家的生活也都相當安定，以致於無法凝聚爆發的力量。另一方面，大家都樂觀地認爲，「時間站在我們這一邊」，奢望時機終究會成熟，而不認爲國際情勢會有急轉直下的緊急轉變，因此時間上多少有所拖延。

## 「漢賊不兩立」政策的改變

到明年五月爲止的十個月內，台灣島內可能將會發生重大的改變。之前謠傳蔣經國將在今年六月策動政變，美國爲了阻止此事發生，已派遣特種部隊集結於菲律賓及琉球。從這裏可以證明，美國對蔣經國還是心存疑慮。日本人的擔心和台灣人相同，即害怕把蔣經國逼急了，不知道他會採取什麼手段？美國也是如此，所以一聽到蔣經國政變的謠言，便急忙集合軍隊。

不過，蔣介石也是另一個令人憂心的炸彈。蔣介石有著反共的意識，自認是第二次大戰以來唯一還活著的政治家，所以絕不可能和中共合作。他對日本的信賴度反而較高，但相對上也非常頑固。他們可說是一對叫人困擾的父子(笑)。

「中共一旦加入聯合國，我國便退出」，台灣一開始即如此主張。「漢賊不兩立」——也就是絕不和中共妥協。中共一旦進入聯合國，我國便退出該組織，只要自己存在的一天，絕不讓中共加入。堅持己見的蔣介石讓部下們相當頭痛。這樣強硬的態度是行不通的，所以日本和美國也都非常擔心，不斷加以說服。這也是台灣人所希望的。也就是說，代表台灣人的政權藉由蔣介石或國民黨政府來確保在聯合國的席位，對我們是比較有利的。

但是相反地，我們也必須考量國民黨政府退出聯合國時的狀況。或許有人會引用西德或韓國之例，認爲沒有加入聯合國，不也可以自立自強嗎？但是台灣的國際情勢與此有所不同。美國及日本對國民黨政府的存續與否相當重要，美國一旦承認中共，即很難和台灣保持以往的關係。日本亦然。如果日本政府和國民黨政府斷絕關係，轉而承認中共才是眞正的中國，再加上自稱是中國的中華民國退出聯合國，則其對台灣的經濟援助政策恐怕也無法持久。

如此一來，台灣的經濟肯定發生危機。現在台灣經濟已發展到某種程度，也相當安定，因此大家還可以保持沈默，但一旦經濟無法像現在這般成長，則一千五百萬人口對政治的影響，恐怕會讓國家的根本發生動搖。目前蔣介石也對此相當困擾，而台灣人，是否可將此視爲獨立的契機呢？

## 對外省人的異樣感

——可否略爲談論目前的獨立運動？

王　大家可能都認爲這是短期內無法解決的問題，所以一直都很消極，覺得有的是時間。

——從歷史看來，要推展這種運動，需要英雄人物出現。如果沒有全體國民認可且懷抱雄心大志的人物出現的話……這是否也需要一種登高一呼的舉動……。

王　在國外具有知名度的人要進入台灣並不容易，爲了讓島內的組織更有效率，我們有時也會要求爆發性的行動。

——現今的國民黨中沒有偉大的人物嗎？

王　我不在其中，所以並不清楚，但我知道，非合法行動的進行並不順利。

——我認爲台灣到現在都還沒有覺醒。我從以前便對獨立運動感到疑惑。先前提到的二二八事件，目的在於「打阿山」，並非獨立運動。其後，「半山」(在日本時代前往大陸的台灣人)慢慢掌權，要推動台灣獨立運動更是容易遭到分化。二二八事件其實是進行獨立運動的最佳時機，但卻將重點放在打倒大陸人，最後在砲灰中無疾而終，錯過大好機會。之後雖有雷震或李萬居在台灣主張民主化，這是由台灣人和外省人一起建立國家……。

　但是，要利用美中這種外在因素，在島內一舉以革命方式進行獨立運動，對台灣人而言是困難的。所以除了由美國擺出高姿態，日本也跟進之外，暫時可能沒有其他方法。或者是因島內的民主化逐漸成形，由於台灣人佔八成以上，屆時再藉由國民公投迫使蔣介石政權下台。除了這兩種方式之外，從台灣人的民族性來看，要產生革命性行動是很困難的。

**王** 這對台灣的民族運動是很嚴重的問題。雖然部份人士懷有自己和中國人是不同民族的意識，但大多數人恐怕不是這樣認爲。他們總覺得二者在某處有共通點，因而導致至今仍在原地踏步。

在日治時代，姑且不論自己是否和中國人相同，至少很淸楚我們不是日本人，所以政治運動興盛。然而，對於現在的外省人，與台灣人在某種程度上有相同的性質，所以不覺得他們是外來民族，也無法有強勢的排外運動。不過契機的形成是不可預知的，這也是歷史引人深思的地方……。

您認爲二二八事件單純只是打倒中國人，而非獨立運動，但是從當時的三十二條要求（王添灯起草）來看——這是我們向國民黨政府提出的條件——雖然字裏行間並未出現獨立二字，但實質上卻可說是要求獨立的宣言，例如其中有「守衛台灣的軍隊全部採用台灣人」等條項。

## 民族運動成熟度爲七〇%

——此種獨立「要求」本身就很奇怪。獨立是需要爭取的，而不是用要求的。獨立終究是要逼迫對方而獲取的……。

**王**　外國有位總統曾說過，「獨立」並非放在銀盆中順手擷取的……。

**——**　因爲認爲外省人和自己是同一種族的觀念根深蒂固，所以頂多只是痛揍外省人一頓罷了。所謂民族運動的形成，必須依靠日本或美國這樣外來的因素才能產生，對台灣人而言，民族運動並非是自發性的。

您的兄長是東大畢業且擔任檢察官，如果他沒有在二二八事件中喪生，現在想必是身居要職的大官。因此，您對這樣的問題應該相當清楚，台灣人不知是已經習慣，還是本質相當忠厚，或是因身處熱帶而感情比較豐沛……。

**王**　但我認爲現在民族運動的成熟度已有七〇%。要達到百分之百的成熟，需在獨立之後靠自己去教育。民族運動的形成與靠美國或日本的幫助並沒有關係，這只是讓政治鬥爭成功的過程之一，之後仍是要從自我教育開始，才能臻於完美，唯現在七〇%的成熟度也不容忽視。

許多評論家（如大宅壯一、臼井吉見）來到台灣時，有一點讓他們感到很驚訝，那便是計程車司機口中常說「打倒清國人」，他們這種同仇敵愾的想法，也是民族運動的一種。我從不說本省人或外省人，因爲本省與外省之間是不存在民族性的，所以我都說中國人和台灣人。我雖有這樣的思想，但對長年生活在不看、不說、不問狀態下的台灣人而言，要有這樣的想法是很困難的。我們沒有自我教育，只有蔣介石灌輸的三民主義。在學校長達二十年用標準的國語教育大家「我們中國人的祖先……中國歷史文化如何偉大……」，這些都無助於醞釀台灣人的民族運動。

## 於殖民地體制下隱忍二十年

——我個人認爲：就現實問題而言，日本就算是爲了自己的利益，也應該協助台灣獨立。國共合作造就的是蔣介石的台灣，而非台灣人的台灣。對他們而言，國共合作是爲了免於斬首示衆的苟延殘喘。但是一旦國共合作，最後終究要落入中共手中，屆時最頭痛的還是日本。因此，對日本而言，即使只是爲了維持自由主義陣營，除了幫助台灣獨立之外，可說別無他途。美國也好，日本也好，就算付出犧牲的代價，也應該協助台灣獨立。只有這一切成功的時候，才能形成連其他三〇%的人也認爲「我們不是中國人，而是台灣人」的民族意識，而這三〇%將比過去的七〇%發揮好幾十倍的精神力量。

不論在美國或東南亞，都有人在推動台灣獨立運動，您認爲其間有可能形成國際性的合作嗎？

**王** 當然有。我本身所屬的「台灣獨立聯盟」便是世界性組織。現在我除了擔任日本本部中央委員之外，同時也兼任整個聯盟的中央委員。這是世界性規模的組織之一。

剛才您一針見血地指出我們獨立運動的痛處。不過，台灣可謂是一種畸形的殖民地，蔣介石來台統治台灣人，可說是一種殖民地體制，以外來政權剝奪台灣人的民脂民膏。如果日本人處於此種狀態，將自始即無法忍受，但台灣人卻忍耐了二十年。在殖民地體制下，若缺乏外國的援助是不可能獨立的。但奇怪的是，美國到現在仍爲了打擊台灣人而銷售武器給蔣介石。日本也在經濟上援助蔣介石，台灣人到底該如何是好？……。

既然日本心知肚明，如果台灣不能獨立，對日本而言是一個問題，那麼希望日本能對蔣介石在民主化上施加壓力，然後暗地援助台灣獨立運動。

## 在日本成立獨立運動後援會

——從國際上的獨立運動看來，學生運動多爲導火線之一，但在台灣可能推動學生運動嗎？另外，以日本爲中心的台灣留學生有可能推動這類的運動嗎？

**王**　在台灣的學生運動徹底被打壓。學生之間暗藏許多問題，但卻沒有爆發的能量。之前有阿部先生和小林先生的事件，我認爲，幫助我們的日本人牽扯到台灣內部的事件，不但危險，也沒有必要。但日本人至少可以在日本舉辦演講會——雖然不知會有多少人參加，演講者可以有日本人，也有台灣人……。到目前爲止，日本人尚未辦過任何一場支持台灣獨立的演講會。他們可以進行這樣的集會，卻一直沒有舉辦，或許是因爲顧慮到蔣介石，也可能是怕惹怒中共，對將來不利，然而日本是擁有一億人口的大國，不應被他國頤指氣使，眞正可以透視將來的日本人應該挺身而出。

從前，頭山滿先生或當時玄洋社的志士們，即曾在日本政府支持清朝時做過同樣的事。

## 獨立後以建設「福利國家」爲目標

——日本人的確常常顧慮到蔣介石。除了反共或反蔣的獨立運動之外，不是也有爲建立「台灣共產國」的獨立運動嗎？

**王** 最近的確出現此種運動，但勢力並不龐大。

——如此一來，雖說是台灣獨立運動，但卻反而被共產黨利用。您所倡導的獨立聯盟是反共陣線嗎？

**王** 我保證絕對是。

——延續剛才的話題，您認爲在倡導民族自決的共產主義者中，也有主張在台灣建立共產主義國家的獨立運動嗎？

**王** 今年起開始有人倡導，但目前還只是二、三人的集團。他們也推出中文簡介，不過是批判毛澤東的，走的恐怕是蘇聯路線。

——這有點像日本的共產黨。（笑）

**王** 也可以這麼說，但詳細情形，我並不清楚。

——日本共產黨也可因反毛而協助台灣獨立運動。若非如此，他們便會加入中共的一方。

王 他們提倡台灣獨立後以共產主義進行經濟建設。我們在「福利國家」這點上意見統一。對我們而言，共產黨也很棘手，故也曾討論是否將共產黨視爲非法的問題。

## 在第二、三階段中出場的留學生們

——持續剛才的學生問題，海外的台灣留學生目前如何？

王 因爲無法在國內進行學生活動，因此集結海外學人便成爲我們的工作之一。這雖然是困難的事，但有相當的成果。

——不過這麼一來，國內的學生可能也難掩心中的焦急，因爲他們不想被蔣介石磨去雄心壯志。

王 沒錯。大家在心中都暗想，一旦時機成熟便加入行動。這不僅是學生的想法，一般人也是如此。二二八事件時也一樣。當時有些人在前一天還向中國人低頭，卻在一夜之間搖身一變，猛撲中國人。

——在日本，有多少台灣留學生？

王 目前在日本有二、三千人，若再包括美國，則總數約一萬人。美國那邊比較多。

——這些人在資本主義社會中，不關心政治而一心研究學問，只想娶妻生子過著平安的生活。一旦發生獨立問題，他們眞的可以成爲推動的力量嗎？

王 是的，但可能要到第二、三階段才會出場。

——但這些人若不出頭，就失去意義了。

王 這倒未必，因爲大家都有不平及不滿。無論是對蔣介石或對當今體制，都有怨言，所以不太可能回到台灣。

——某些日本記者因少數台灣留學生認爲自己的國家是中共，便渲染成好像所有台灣留學生都捨棄蔣介石而投向毛政權，我對此感到極度不滿。

王 沒錯，現在的日本記者都過於偏頗。

## 見風轉舵的旅日台灣人

——旅日或旅美的台灣獨立運動者常只針對台灣人大聲疾呼，卻很少呼籲日本人或美國人正視此一問題，這點請務必也要進行。

王 眞是不好意思。所謂家醜不可外揚，但在日本約有三萬名台灣人，其中某些人在東京擁有幾百億的資產，卻大多吝於出錢出力。他們眼見沒有任何好處，所以不可能拿錢出來，因此一直以來都舉著蔣介石的旗幟。其中或許也有人抬出毛澤東的旗幟。這些人雖然同爲台灣人，卻毫無同心協力的情感，因而獨立運動光是要籌措資金，便困難重重。

——日本人或許較有志氣，在七七事變前後便有民間人士募集資金援助印尼志士們，因此我對旅日台灣人之行爲感到不齒。等到台灣眞的獨立了，這些人一定又會高喊「我是台灣人」……。

王　此點我相當同意。不過屆時就算捐出他們一千萬，也不値得佩服，現在的一百萬反而更有價値。

## 迷惑的日本記者

——台灣獨立聯盟本部在哪裏？

王　總本部在美國。去年一月逃出台灣、短暫停留瑞典、去年底又到美國的彭明敏教授是現任最高領導人。

——美國的資金來源呢？

王　大多來自美國的留學生。日本的資金來源不是留學生，而是我剛才批評的台人企業家。募款的感覺不太好……。（笑）在日本的台僑——我不說是華僑——大多會受日本動向的左右，因此以政府爲首的日本輿論一旦覺得台灣應該獨立，這些人便會反轉過來幫助我們。與其我們直接開口，不如利用日本媒體的影響較大。

不過日本的記者實在奇怪，即使我們一再解釋說明，總是以「日本的報導都是如此」爲由，不肯接受。這叫人眞傷腦筋。

## 以成立「中台國」為目標，循序漸進

如果台灣成爲中共國土之一部份，對日本在東南亞的發展將造成重大阻礙。

——或許應說將一舉完全失敗吧?!不過，之前的日華合作委員會卻沒有任何財界人士出席，連韓國都感到震驚。如果因爲顧忌中共而沒有參加日華合作委員會，那麼緊接著的日韓合作委員會恐怕也將功虧一簣……。

**王** 日本自以爲聰明的佈局，結果反而大爲吃虧，究竟最後將會如何轉變呢?

——剛才都提到具體的問題，我們一定得推動台灣獨立運動，希望這本小冊子能對您有所幫助……。台灣獨立運動的基本方針就是由台灣人建立台灣——以「中台國」爲目標循序漸進。

**王** 這樣比較不會得罪蔣介石吧?

——美國和日本都樂於見到這樣的結局，而且以漸進的方式不但給足蔣介石面子，也較好辦事。對外部雖是如此，但在國內，卻希望能早日推進國民黨政府的民主化。

## 首先由小型運動著手

**王**　有關這部分，之前我們日本本部的許世楷委員長曾投書《每日新聞》表示：「以保衛台灣的獨立爲先決條件，至於二百萬的在台中國人，則是台灣獨立後的內政問題。」因此，以在日本推行獨立運動爲試金石，舉辦演講甚至示威遊行都有其意義。剛開始只要可容納二、三百人的小型會場就可以，從中便可看出有多少人會來參加，會造成多少迴響。

**—**　開始時可能會寥寥無幾吧?!但從歷史上看來，獨立運動家也好，宗教家也好，都是孤寂地獨自起步的。說到這裏，不禁又想起台灣人爲何在二二八事件中沒有行動……。

**王**　二二八事件時，台灣獨立的時機尚未成熟，那是在一九四七年的時點，當時連日本人都還不夠豐裕……。我是在那個時候來到日本，當時報紙的頭條都還在報導「八高線」電車的悲慘事故。

總結來說，如果美國在今年秋天的聯合國大會中承認中共加入，日本也會跟進，國際上便會承認中共才是代表中國。但是如果以美國爲主的自由主義陣營承認台灣是獨立國家，蔣介石便不會退出聯合國，從中即可產生國台合作的出發點。以島內民主化讓台灣人陸續進入政權，以極爲民主的方式讓台灣人經營台灣，要解決台灣問題，不也只有這個方法嗎？如此一來，我們也好，在美國的台灣人也好，可以在精神物質雙方面有所援助，也可以發起言論行動——如街頭演說。對現在的台灣人而言，我們除此之外，已經沒有別的手段……。

〔資料〕

## 台灣獨立運動概論

約在二百八十多年前，清朝消滅鄭氏一族，佔據台灣（一六八三年）。此後到一八九五年被日本統治爲止的二百一十二年內，從一六九六年的「吳球之亂」起，劉卻、朱一貴、吳福生、黃教、林爽文、陳周全、高襄、林永春、楊良彬、張丙、林供、吳瑳、戴萬生、施九緞等，單是有記錄可查的大動亂即多達十五起。這全都是抵抗清朝暴政而發生的動亂，朱一貴、林爽文、張丙之亂是爲了「改元」的國事行爲，但尚非形成「由台灣人統治台灣」的獨立鬥爭，其格局尚不出一時衝動的動亂行爲。

到了日本統治之後，雖有些許零星的抗爭，但都不如朝鮮的獨立運動激烈或具組織性，至少在日治時期並未發生獨立運動之必要條件——革命。因此，台灣人眞正企望且籌畫的台灣獨立，可說是在日本結束台灣統治之時，亦即因日本敗戰而發生的轉機。

一九四五年，當時在橫濱開業行醫的吳振南，以及出身台灣且爲貴族院議員的林獻堂等人，爲阻止中國軍登陸台灣，曾想過藉美軍來爭取獨立。不過，當時許多台灣人卻沈浸在回歸中國的喜悅之中，並不歡迎這個運動，結果僅止於向美軍陳情，便結束活動。他們其後在東京組織「台灣民主獨立黨」，「台灣人統治台灣」的獨立運動才第一次出現具體雛形。

國民黨政府接收台灣之後，將台灣視爲對中共內戰的基地，比日治時代更加倍進行掠奪，因此在一九四七年二月二十八日發生全島民衆反抗的「二二八事件」，但不幸受到強大武力鎮壓。然而，台灣人因爲這個事件而萌生獨立意識。之後雖亦曾嘗試幾起反抗行動，但並沒有眞正的獨立運動，頂多只有反對國民黨政府專制的動亂而已。

除此之外，從日本統治時代起便是共產黨員的謝雪紅，及廖文毅等，在香港組織台灣再解放聯盟，但在尚未採取行動之前，謝雪紅即前往北京，而廖文毅經由菲律賓潛入東京，與吳振南等人之台灣民主獨立黨合而爲一，於一九五六年二月十八日召開第一次臨時國民會議，成立「台灣共和國」臨時政府。但是，廖文毅在國民黨政府的懷柔政策下回到台灣，郭泰成其後就任臨時總統。在日本還有以王育德先生擔任中央委員的世界性獨立運動團體「台灣獨立聯盟」（委員長：彭明敏　日本本部委員長：許世楷）等組織，積極推動台灣獨立運動，但尚未有足以扭轉情勢的力量。這便是獨立運動的軌跡。

（刊於《日本政治文化所・政治資料》一〇二期，一九七一年九月）

【附錄】

# 日本難道沒有民族偏見嗎？

## ——有關中村輝夫事件

以下是今年一月十二日七時二十分大阪電台對王育德的專訪。

**王**：在橫井、小野田事件時，有很多日本媒體蜂擁趕到現場報導，日本政府也派遣相當多具有決策力的官員趕到當地。但此次事件卻僅有厚生省副科長一個人前往現場。媒體的追踪報導也是相當冷淡。

**問**：正如您所說的，當初中村先生的願望是回到台灣，但在日台灣同鄉會向三木首相提出要求，建議先將中村先生接到日本。這雖是實情，但其眞意又是如何呢？

**王**：這主要是鑑於中村先生的精神狀態非常不穩定。雖然他說想回台灣故鄉是實情，但是當他最初被尋獲時所發出的第一個聲音是：他是日本軍人。我認爲第一句話往往代表其最眞誠的心境。我認爲能支撐中村先生連續三十一年在叢林中奮鬥掙扎的精神支柱，是他自認是忠勇的日本軍人的這種意識形態。誠如部分媒體所報導的，中村先生其後卻

『說東就東』『說西就西』，處於一種很容易受人誘導而回答問題的精神狀態。這三十一年間，中村先生對故鄉台灣的記憶幾乎是在一種停頓狀態。他對台灣的印象仍停留在昭和十九年出征時（也就是日本統治下的台灣），而非蔣介石來台後所統治的台灣。這點請務必瞭解。

問：他既然停留在昭和十九年的情景，是否應先回到日本受大家熱烈迎接？

王：是的，在日本經過一段期間的肉體及精神休養，並漸漸吸收一些資訊後，再來瞭解他的眞正意向。我眞希望他能經過這個過程來調適。

問：嗯！台灣報紙也說日本政府應該補償中村先生。若以三十一年間謹守忠誠地爲帝國陸軍效命來說，這代價是相當低廉的。這事件所引發的責難是：誰應爲此事負責。這點您的看法如何呢？

王：中村先生是高砂族，雖然有很多說法，但可確定他們對於金錢並不是很執著，給他再多的金錢，不如給他一點應得的關心與體諒。

問：原來如此。

王：對台灣政府而言，中村先生就如同大多數台灣人一樣，是以日本軍人身份去和盟國軍隊作戰，因此視中村先生爲敵軍，心裏不怎麼痛快。

問：正是如此！台灣政府當然不會很熱誠迎接中村先生的歸國。

王：此次日本中央政府官員幾乎沒有人前往迎接，不是嗎？

問：若和橫井與小野田的待遇相比，確實不同。

王：所以說，日本政府應該熱誠將中村先生迎接到日本，然後再讓中村先生回台灣，這才是對今後中村先生在台灣生活的一個補償。見到日本如此熱誠地接待中村先生，台灣當然也就不會對他冷淡。提供中村先生這種國際性的背景，才是對中村先生的一種實質補償。

問：嗯！橫井先生及小野田先生目前仍然是單身漢，回國後可重建新生活，但中村先生在老家面臨種種的複雜問題，相對上將更為辛苦。

王：因為在印尼時大家都騙他說，回國後生活會過得比較好，且告訴他母親尚健在，妻子正引頸等待他歸來。但如一回到台灣，看到母親已過世，妻子早在二十年前就改嫁，應該會很難接受。這些事若早在雅加達時就告知還好，我想中村先生日後的想法將會改變。我認為這對他是一種殘酷的精神打擊，今後在生活上可能會思念家人成疾。

問：嗯！王先生可把這問題當作一個契機，代他向日本人提出訴求吧！

王：日本人滿口仁義及人道，但實際上並非如此，這難道不是一種潛在的人種偏見嗎？日本人若想成為一個大國民，必須徹底改頭換面。

問：原來如此！感謝王先生指教！

王先生今天的一席話中提到人種偏見，姑且讓我們仔細想想，我們雖然嘴說不應有人種偏見，但實際上我們內心深處是不是仍存有此一偏見呢？我認爲有必要再度省思。

（刊於《台灣青年》一七四期，一九七五年四月五日）

（陳奕中譯）

# 王育德年譜

| | |
|---|---|
| 1924年 1月 | 30日出生於台灣台南市本町2–65 |
| 30年 4月 | 台南市末廣公學校入學 |
| 34年12月 | 生母毛月見女史逝世 |
| 36年 4月 | 台南州立台南第一中學校入學 |
| 40年 4月 | 4年修了，台北高等學校文科甲類入學。 |
| 42年 9月 | 同校畢業，到東京。 |
| 43年10月 | 東京帝國大學文學部支那哲文學科入學 |
| 44年 5月 | 疎開歸台 |
| 11月 | 嘉義市役所庶務課勤務 |
| 45年 8月 | 終戰 |
| 10月 | 台灣省立台南第一中學(舊州立台南二中)教員。開始演劇運動。處女作「新生之朝」於延平戲院公演。 |
| 47年 1月 | 與林雪梅女史結婚 |
| 48年 9月 | 長女曙芬出生 |
| 49年 8月 | 經香港亡命日本 |
| 50年 4月 | 東京大學文學部中國文學語學科再入學 |
| 12月 | 妻子移住日本 |
| 53年 4月 | 東京大學大學院中國語學科專攻課程進學 |
| 6月 | 尊父王汝禎翁逝世 |
| 54年 4月 | 次女明理出生 |

| | |
|---|---|
| 55年 3月 | 東京大學文學修士。博士課程進學。 |
| 57年12月 | 『台灣語常用語彙』自費出版 |
| 58年 4月 | 明治大學商學部非常勤講師 |
| 60年 2月 | 台灣青年社創設，第一任委員長(到63年5月)。 |
| 3月 | 東京大學大學院博士課程修了 |
| 4月 | 『台灣青年』發行人(到64年4月) |
| 67年 4月 | 明治大學商學部專任講師 |
| | 埼玉大學外國人講師兼任(到84年3月) |
| 68年 4月 | 東京大學外國人講師兼任(前期) |
| 69年 3月 | 東京大學文學博士授與 |
| 4月 | 昇任明治大學商學部助教授 |
| | 東京外國語大學外國人講師兼任(→) |
| 70年 1月 | 台灣獨立聯盟總本部中央委員(→) |
| | 『台灣青年』發行人(→) |
| 71年 5月 | NHK福建語廣播審查委員 |
| 73年 2月 | 在日台灣同鄉會副會長(到84年2月) |
| 4月 | 東京教育大學外國人講師兼任(到77年3月) |
| 74年 4月 | 昇任明治大學商學部教授(→) |
| 75年 2月 | 「台灣人元日本兵士補償問題思考會」事務局長(→) |
| 77年 6月 | 美國留學(到9月) |
| 10月 | 台灣獨立聯盟日本本部資金部長(到79年12月) |
| 79年 1月 | 次女明理與近藤泰兒氏結婚 |
| 10月 | 外孫女近藤綾出生 |
| 80年 1月 | 台灣獨立聯盟日本本部國際部長(→) |

| | |
|---|---|
| 81年12月 | 外孫近藤浩人出生 |
| 82年 1月 | 長女曙芬病死<br>台灣人公共事務會(FAPA)委員(→) |
| 84年 1月 | 「王育德博士還曆祝賀會」於東京國際文化會館舉行 |
| 4月 | 東京都立大學非常勤講師兼任(→) |
| 85年 4月 | 狹心症初發作 |
| 7月 | 受日本本部委員長表彰「台灣獨立聯盟功勞者」 |
| 8月 | 最後劇作「僑領」於世界台灣同鄉會聯合會年會上演，親自監督演出事宜。 |
| 9月 | 八日午後七時三〇分，狹心症發作，九日午後六時四二分心肌梗塞逝世。 |

# 王育德著作目錄

（行末●爲〔王育德全集〕所收冊目）

黃昭堂編

## 1 著書

1 『台湾語常用語彙』東京・永和語学社，1957年。 ❻
2 『台湾——苦悶するその歴史』東京・弘文堂，1964年。 ❶
3 『台湾語入門』東京・風林書房，1972年。東京・日中出版，1982年。 ❹
4 『台湾——苦悶的歴史』東京・台湾青年社，1979年。 ❶
5 『台湾海峡』東京・日中出版，1983年。 ❷
6 『台湾語初級』東京・日中出版，1983年。 ❺

## 2 編集

1 『台湾人元日本兵士の訴え』補償要求訴訟資料第一集，東京・台湾人元日本兵士の補償問題を考える会，1978年。
2 『台湾人戦死傷，5人の証言』補償要求訴訟資料第二集，同上考える会，1980年。
3 『非常の判決を乗り越えて』補償請求訴訟資料第三集，同上考える会，1982年。
4 『補償法の早期制定を訴える』同上考える会，1982年。
5 『国会における論議』補償請求訴訟資料第四集，同上考える会，1983年。

6 『控訴審における闘い』補償請求訴訟資料第五集，同上考える会，1985年。

7 『二審判決“国は救済策を急げ”』補償請求訴訟資料速報，同上考える会，1985年。

### 3 共譯書

1 『現代中国文学全集』15人民文学篇，東京・河出書房，1956年。

### 4 學術論文

1 「台湾演劇の今昔」，『翔風』22号，1941年7月9日。

2 「台湾の家族制度」，『翔風』24号，1942年9月20日。

3 「台湾語表現形態試論」(東京大学文学部卒業論文)，1952年。

4 「ラテン化新文字による台湾語初級教本草案」(東京大学文学修士論文)，1954年。

5 「台湾語の研究」，『台湾民声』1号，1954年2月。 ❽

6 「台湾語の声調」，『中国語学』41号，中国語学研究会，1955年8月。 ❽

7 「福建語の教会ローマ字について」，『中国語学』60号，1957年3月。 ❾

8 「文学革命の台湾に及ぼせる影響」，『日本中国学会報』11集，日本中国学会，1959年10月。 ❷

9 「中国五大方言の分裂年代の言語年代学的試探」，『言語研究』38号，日本言語学会，1960年9月。 ❾

10 「福建語放送のむずかしさ」，『中国語学』111号，1961年7 ❾

月。

11 「台湾語講座」,『台湾青年』1～38号連載,台湾青年社,1960年4月～1964年1月。 ❸

12 「匪寇列伝」,『台湾青年』1～4号連載,1960年4月～11月。 ⓮

13 「拓殖列伝」,『台湾青年』5,7～9号連載,1960年12月,61年4月,6～8月。 ⓮

14 「能吏列伝」,『台湾青年』12,18,20,23号連載,1961年11月,62年5,7,10月。 ⓮

15 "A Formosan View of the Formosan Independence Movement," *The China Quarterly,* July-September, 1963.

16 「胡適」,『中国語と中国文化』光生館,1965年,所収。

17 「中国の方言」,『中国文化叢書』言語,大修館,1967年所収。 ❾

18 「十五音について」,『国際東方学者会議紀要』13集,東方学会,1968年。 ❾

19 「閩音系研究」(東京大学文学博士学位論文),1969年。 ❼

20 「福建語における『著』の語法について」,『中国語学』192号,1969年7月。 ❾

21 「三字集講釈(上)」,『台湾』台湾独立聯盟,1969年11月。 ❽
「三字集講釈(中・下)」,『台湾青年』115,119号連載,台湾独立聯盟,1970年6月,10月。

22 「福建の開発と福建語の成立」,『日本中国学会報』21集,1969年12月。 ❾

23 「泉州方言の音韻体系」,『明治大学人文科学研究所紀要』8・9合併号，明治大学人文研究所，1970年。 ❾

24 「客家語の言語年代学的考察」,『現代言語学』東京・三省堂，1972年所収。 ❾

25 「中国語の『指し表わし表出する』形式」,『中国の言語と文化』，天理大学，1972年所収。 ❾

26 「福建語研修について」,『ア・ア通信』17号，1972年12月。 ❾

27 「台湾語表記上の問題点」,『台湾同郷新聞』24号，在日台湾同郷会，1973年2月1日付け。 ❽

28 「戦後台湾文学略説」,『明治大学教養論集』通巻126号，人文科学，1979年。 ❷

29 「郷土文学作家と政治」,『明治大学教養論集』通巻152号，人文科学，1982年。 ❷

30 「台湾語の記述的研究はどこまで進んだか」,『明治大学教養論集』通巻184号，人文科学，1985年。 ❽

### 5 事典項目執筆

1 平凡社『世界名著事典』1970年，「十韻彙編」「切韻考」など，約10項目。

2 『世界なぞなぞ事典』大修館書店，1984年，「台湾」のことわざを執筆。

### 6 學會發表

1 「日本における福建語研究の現状」1955年5月，第1回国際東方学者会議。

2 「福建語の教会ローマ字について」1956年10月25日，中国語学研究会第7回大会。 ❾
3 「文学革命の台湾に及ぼせる影響」1958年10月，日本中国学会第10回大会。 ❷
4 「福建語の語源探究」1960年6月5日，東京支那学会年次大会。 ❾
5 「その後の胡適」1964年8月，東京支那学会8月例会。
6 「福建語成立の背景」1966年6月5日，東京支那学会年次大会。 ❾

### 7 劇作

1 「新生之朝」，原作・演出，1945年10月25日，台湾台南市・延平戯院。
2 「偸走兵」，同上。
3 「青年之路」，原作・演出，1946年10月，延平戯院。
4 「幻影」，原作・演出，1946年12月，延平戯院。
5 「郷愁」，同上。
6 「僑領」，原作・演出，1985年8月3日，日本，五殿場市・東山荘講堂。 ⓫

### 8 書評(『台灣青年』掲載，数字は號數)

1 周鯨文著，池田篤紀訳『風暴十年』1 ⓫
2 さねとう・けいしゅう『中国人・日本留学史』2 ⓫
3 王藍『藍与黒』3 ⓫
4 バーバラ・ウォード著，鮎川信夫訳『世界を変える五つの思想』5 ⓫

5　呂訴上『台湾電影戯劇史』14　⓫
6　史明『台湾人四百年史』21　⓫
7　尾崎秀樹『近代文学の傷痕』8　⓫
8　黄昭堂『台湾民主国の研究』117　⓫
9　鈴木明『誰も書かなかった台湾』163　⓫
10　張文環『地に這うもの』180　⓫
11　加藤邦彦『一視同仁の果て』226　⓫
12　滝沢毅『中国革命の虚像』229　⓫
13　黄昭堂『台湾総督府』248　⓫

**9　論文**（各誌）

1　「台湾演劇の確立——栄光に輝く茨の道」，『中華日報』文芸版，1946年3月21日。　⓫
2　「文学革命と五四運動」，『中華日報』文芸版，1946年4月19日。　⓫
3　「封建文化の打破——台湾青年の進むべき道」，『中華日報』文芸版，1946年6月7日。　⓫
4　「孔教の再認識」（上）（下），『中華日報』文芸版，1946年7月26日，8月1日連載。　⓫
5　「彷徨へる台湾文学」，『中華日報』文芸版，1946年8月22日。　⓫
6　「内省と前進の為に——台湾人の三大欠点」，『中華日報』文芸版，1946年9月5日。　⓫
7　「見合結婚に就て」，『中華日報』文芸版，1946年9月21日。　⓫
8　「三伯英台在台湾」，『華僑文化』（神戸），1953年12月，　⓫

1954年1月号連載。

9 「台湾光復後的話劇運動」『華僑文化』(神戸)，1954年4月。 ⓫

10 「連雅堂で想うこと」，『台湾公論』4号，1959年12月。 ⓮

11 「ある台湾独立運動者の主張」，『世界』1962年4月号。 ⓬

12 「自由を愛する諸国民に訴える」，『新勢力』1962年4月号。 ⓬

13 座談会「引き裂かれた民族」，『現代の眼』1962年11月号。 ⓬

14 「台湾独立運動の真相」，国民政治研究会講演録，1962年6月8日。 ⓬

15 「日本の台湾政策に望む」，『潮』1964年新春特別号。 ⓬

16 「日本の隣国を見直そう」，『高一コース』1964年6月号。 ⓬

17 「台湾独立への胎動」，『新時代』1964年7月号 ⓬

18 「台湾の独立運動強まる」，『全東京新聞』1442号，1964年2月19日。 ⓬

19 「ライバルの宿命をもつ日中両国」，『評』1965年4月号。 ⓬

20 「日本・中国ライバル論」，『自由』，1965年7月号。

21 「反面教師」，『日本及日本人』1970年陽春号。

22 「ひとつの台湾」，『経済往来』1971年2月号。

23 「台湾人の見た日中問題」，『評論』1971年5月15日号。

24 座談会「ある独立運動の原点」，『東洋公論』1971年8月。

25 「台湾は愁訴する——島民の苦悩と独立運動の将来」，日本政治文化研究所，政治資料，102号，1971年9月。 ⓬

26 「中華民国から『台湾共和国』に」，『新勢力』1971年11月号。

27 「台湾人は中国人と違う——民族を分ける4世紀の歴史」，

『台湾』台湾独立後援会，4号，1973年1月15日。
28　「台湾は台湾人のもの」，『自由』1973年2月号。　⓬
29　「日中正常化後の在日華僑」，『電子経済』1973年3月号。
30　座談会「台湾人の独立は可能か」，『東洋公論』1973年5月号。
31　「台湾人元日本兵の補償問題」，『台湾同郷会新聞』1981年3月1日号。　⓬
32　「台湾と日本」，『瑞穂』9号，1981年7月。
33　「台湾を見棄ててよいか」，『さきもり』1982年1月号。

## 10　『台灣青年』論文・随筆（数字は號數）

1　「台湾の新聞かく安保闘争を論ず」3　⓭
2　"Cua wu khi Tapani"4　❺
3　「パスポートを取り上げられるの記」5　❿
4　「兄王育霖の死」6　❿
5　「謝雪紅の教訓」6　⓮
6　「破産に瀕せる台湾の教育」8～9，11，17，21，25連載　⓭
7　「国府は沖縄の日本復帰に反対する」9　⓭
8　「寓話と堕した『大陸反攻』——蒋経国の矛を以って蒋介石の盾を攻む——」9　⓭
9　「呉主恵，この唾棄すべき文化幇間」13
10　「台南の2・28と私」15　⓮
11　「台僑は独立の母」24　❿
12　「兄の死と私」27　❿
13　「『偏安』映画の標本——『薇薇的週記』を見て」30　⓭

王育徳全集 13

32 「いい加減に迷妄から醒めよ——蒋政権派『華僑総会』役員に忠告」205 ⑬
33 「恒例『光復節』の二重奏」206 ⑬
34 「私のアメリカ旅行報告」206，208〜212，214連載 ⑩
35 「台湾人よ，坐して死を待つのか」220 ⑫
36 「2・28の3つのポイント」222 ⑭
37 「韓愈名誉毀損騒動」224 ⑬
38 「『台湾青年』20年の回顧」231〜234連載 ⑩
39 「台湾『民族化闘争』関連年表」234
40 「繁栄の裏の腐蝕——台湾中部のPCB中毒事件」236 ⑬
41 「恩人・竹林貫一氏を悼む」236 ⑩
42 「越えられぬ溝」238〜239連載 ⑩
43 「陳若曦の彷徨は何を教えるか」241〜243連載 ②
44 「『台湾共和国』の文化政策」244 ⑫
45 『台湾人を愛し通した池田敏雄さん」247 ⑩
46 「第二代中国人の意識形態」251〜254連載 ⑬
47 「葉島蕾と彼女を陥れた特務たち——海外の『第二代中国人』」255 ⑬
48 「台湾のグリーンカード」255〜257連載 ⑬
49 「『建国70周年記念』の恥さらし——あるインチキ出版の話」262 ⑬
50 「蔡培火は長生きしすぎた」269
51 「敵は大中国主義」272〜276連載 ⑫
52 「台湾人が目覚める」282 ⑫

53 「狂った社会の中の哀れな精神病患者」284 ⓭
54 「タカサゴ族，進化それとも消滅」285～286連載 ⓭
55 「台湾人元日本兵士の補償問題60年度予算に検討費つく」292 ⓬
56 「アメとムチの文化政策の一環――文献委員会の功罪」293 ⓭
57 「藤堂明保先生の思い出」294 ❿
58 「漢字のアリ地獄」295～296連載 ❽
59 「漢字の死亡公告」297 ❽
60 「大中国主義と台湾民族主義の戦い――蒋政権40年の統治」298 ⓬
61 「康寧祥氏の『和平』見解のナゾ」299 ⓬
62 遺稿「『一寸の虫にも五分の魂』の戦い」300 ⓬

## 11　詩・小説

1 「七絶四首」，『翔風』24号，1942年9月20日。 ⓫
2 「過度期」，『翔風』24号，1942年9月20日。 ⓫
3 「春の戯れ」，『中華日報』文芸版，1946年5月9日。 ⓫
4 「老子と墨子」，『中華日報』文芸版，1946年7月3日。
5 「鬍的」，『La Mancha』創刊号，1950年11月。 ⓫
6 「現時台湾政治歌」，台湾独立聯盟伝単。 ⓫

Ong Iok-tek

Ong Iok-tek

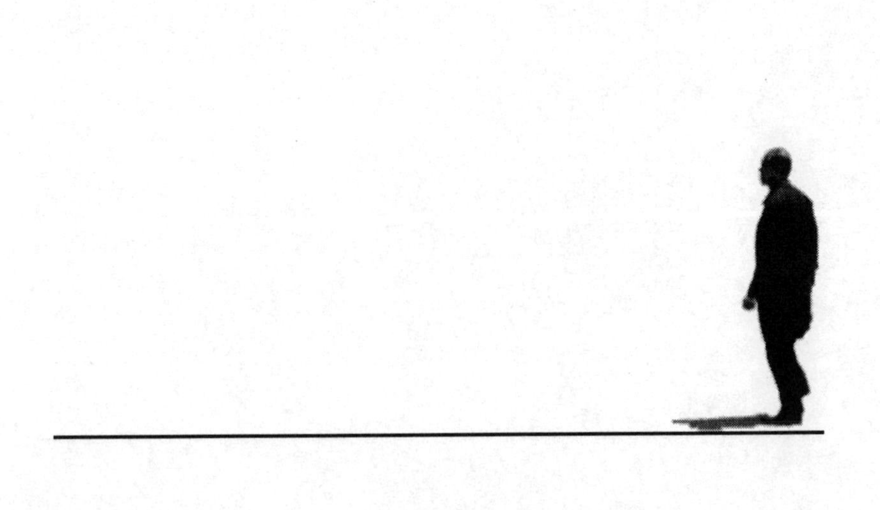

Ong Iok-tek

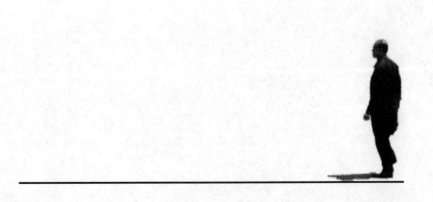

國家圖書館出版品預行編目資料

台灣獨立的歷史波動／王育德著，侯榮邦等譯. 初版. 台北市：前衛，2002［民91］

384面；15×21公分.

ISBN 957-801-351-5(精裝)

1.台獨問題－論文，講詞等

573.07　　91004244

# 台灣獨立的歷史波動

日文原著／王育德

漢文翻譯／侯榮邦等

責任編輯／邱振瑞・林文欽

前衛出版社

地址：106台北市信義路二段34號6樓

電話：02-23560301 傳眞：02-23964553

郵撥：05625551 前衛出版社

E-mail：a4791@ms15.hinet.net

Internet：http://www.avanguard.com.tw

社　　長／林文欽

法律顧問／南國春秋法律事務所・林峰正律師

旭昇圖書公司

地址：台北縣中和市中山路二段352號2樓

電話：02-22451480 傳眞：02-22451479

獎助出版／ 財團法人|國家文化藝術|基金會 National Culture and Arts Foundation

贊助出版／海內外【王育德全集】助印戶

出版日期／2002年7月初版第一刷



ISBN 957-801-351-5

定價／320元